Ricardo Hirsch

CORRENDO ATRÁS PARA CHEGAR NA FRENTE

Ricardo Hirsch

CORRENDO ATRÁS PARA CHEGAR NA FRENTE

ns

São Paulo, 2021

Correndo atrás para chegar na frente
Copyright © 2021 by Ricardo Hirsch
Copyright © 2021 by Novo Século Ltda.

EDITOR: Luiz Vasconcelos
ASSISTÊNCIA EDITORIAL: Tamiris Sene
PREPARAÇÃO: Thiago Fraga
REVISÃO: Flavia Cristina Araujo
DIAGRAMAÇÃO: Plinio Ricca
CAPA: Luis Antonio Contin Junior

Texto de acordo com as normas do Novo Acordo Ortográfico da Língua Portuguesa (1990), em vigor desde 1º de janeiro de 2009.

Dados Internacionais de Catalogação na Publicação (CIP)
Angélica Ilacqua CRB-8/7057

Hirsch, Ricardo
  Correndo atrás para chegar na frente / Ricardo Hirsch. -- Barueri, SP : Novo Século Editora, 2021.
  224 p. : color

ISBN 978-65-5561-233-2

1. Hirsch, Ricardo 1976- Biografia 2. Esporte I. Título

21-2209   CDD 927.96

Índice para catálogo sistemático:
1. Hirsch, Ricardo 1976 - biografia

<ns
Uma marca do Grupo Novo Século

Alameda Araguaia, 2190 – Bloco A – 11º andar – Conjunto 1111
CEP 06455-000 – Alphaville Industrial, Barueri – SP – Brasil
Tel.: (11) 3699-7107 | E-mail: atendimento@gruponovoseculo.com.br
www.gruponovoseculo.com.br

*A jornada sempre será mais
importante que o destino,
e ela sempre será melhor quando
vivermos todos estes dias
com quem amamos.*

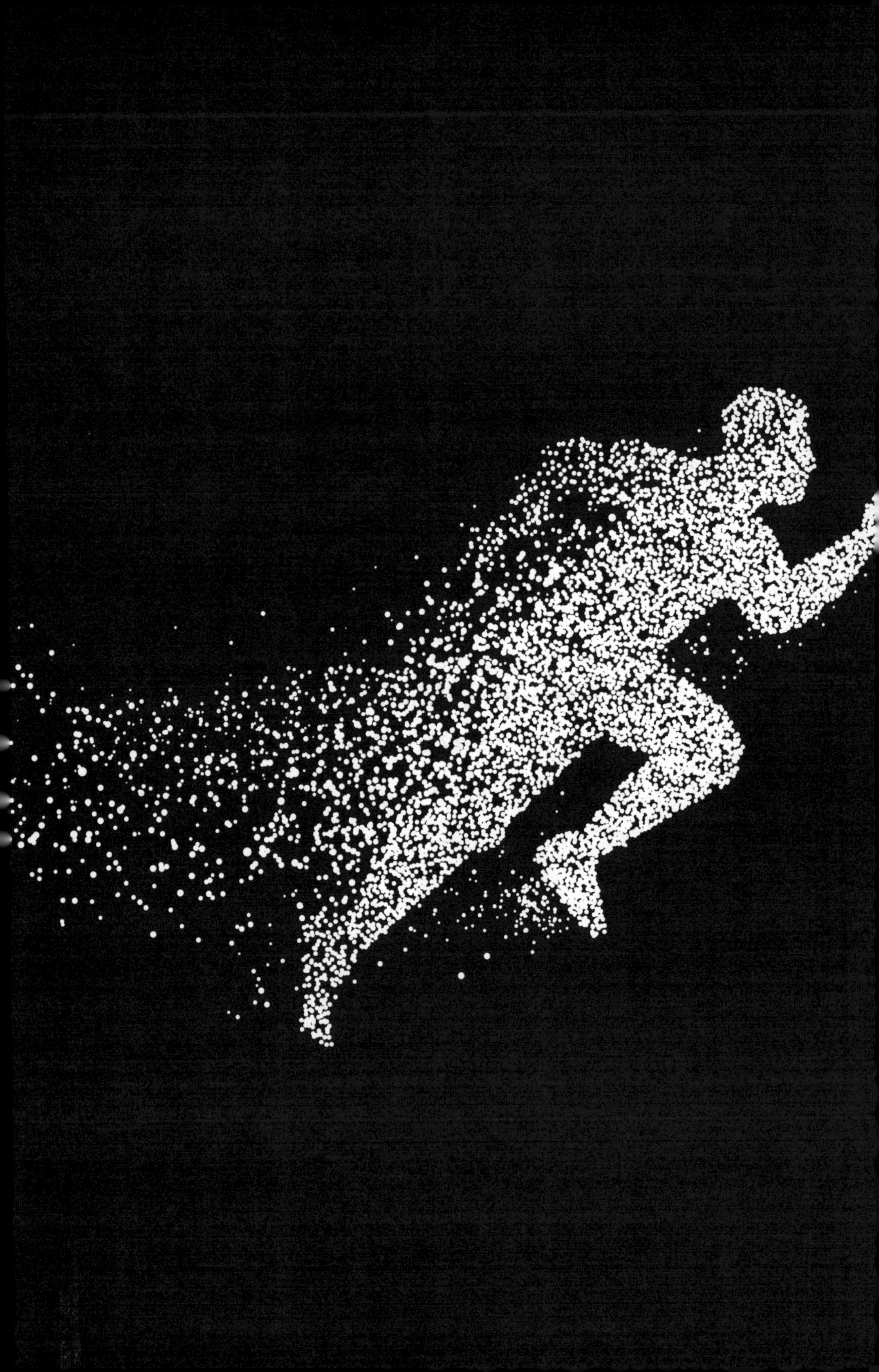

Sumário

Prefácio por Sérgio Xavier 8
Prefácio por Renata Hirsch 10
1998 – A ignorância (às vezes) é uma dádiva 11
1999 a 2000 – Mudanças 19
2001 – Primeiro Ironman. A culpa foi da manteiga?! 27
2002 – Team work 35
2003 – Descontração 39
2004 – Reaproximação pelo esporte 44
2005 a 2007 – Resiliência 50
2008 – Iron, Maratona SP, filho e Stoneman 55
2009 – Long Distance de Pirassununga 61
2010 – É nos detalhes que o diabo mora 67
2011 – Acredite em você 75
2012 – Oportunidades de crescimento 83
2013 – Confie no processo 91
2014 – Conquistas e lições 103
2015 – Quando o corpo para você 112
2016 – Aprender mesmo na ausência 123
2017 – A vida ensina e fortalece 128
2018 – 20 anos a mais e 10 minutos a menos 139
2019 – Mas que Boston 149
2020 – Valores 163
Depoimentos de amigos 165
Agradecimentos 221

Prefácio POR SÉRGIO XAVIER

O sonho de dez a cada dez jornalistas da minha geração era ganhar um Prêmio Esso. No final do século passado, a consagração profissional viria em uma grande reportagem que poderia ser feita em jornal, revista, rádio ou TV. Aquela reportagem que desvendaria segredos, enredaria poderosos, mudaria os destinos de muita gente e, claro, nos faria famosos. O prêmio Esso de Jornalismo era a chancela disso tudo, o Oscar da nossa profissão.

Demorei muitos anos para aprender e perceber que a realização plena poderia vir de outras formas. Já com certa rodagem na profissão, me deparei com algo conhecido por "jornalismo de serviço". Como a própria expressão já entrega, é o jornalismo focado nas necessidades do consumidor. O repórter de rádio ou TV que informa lugares de vacinação, o *site* que oferece receitas culinárias, e por aí vai. A minha ficha caiu (outra expressão que denuncia a idade do escriba) quando fui convidado para editar uma revista sobre corrida de rua chamada *Runner's World*. Ali, descobri o privilégio de fazer um tipo de jornalismo infinitamente mais prático do que o "jornalismo dos prêmios". Mudava tudo. Mudava, principalmente, o objeto da reportagem. Se em uma revista de futebol (eu comandava antes a *Placar*), nosso foco era no craque, no ídolo, na celebridade, na *Runner's* escrevíamos sobre o próprio leitor. Falávamos dele para ele mesmo. Singelo, mas poderoso.

O privilégio do jornalismo de serviço se materializava nas recompensas proporcionadas pelos leitores. Nunca imaginei que poderia receber um e-mail de alguém dizendo "Obrigado, a reportagem que vocês fizeram mudou a minha vida". Gente que perdia peso, saía da depressão, ganhava amigos. Quanto vale esse reconhecimento?

Nessa época, minha empáfia de "jornalista formado nos bancos acadêmicos" foi atropelada por outro fato: conheci profissionais de outras áreas que tinham contribuições tão ou mais relevantes que as dos jornalistas. Médicos, nutricionistas, treinadores, psicólogos, tanta gente capaz de transmitir conteúdo relevante para os nossos leitores. Foi nessa época também que conheci e passei a admirar o treinador Ricardo Hirsch, irmão da minha colega jornalista Dani. Não sabia, mas o técnico também era comunicador como eu. Mais do que a formação, porém, o que chamava a atenção era a sua compreensão do processo todo. Ricardinho, como treinador, já era um tremendo "jornalista de serviço", e nem desconfiava disso. Porque não passava simplesmente a orientação técnica para melhorar a performance do seu atleta. Fazia questão de transmitir o conhecimento. Queria contar a história, encantar, prender a atenção, talvez sentisse que assim os resultados viriam mais fáceis.

Estava na cara. Bastaria surgir uma oportunidade para o treinador desenvolver sua vocação jornalística. E ela veio, com o convite para comandar o programa *Revezamento 5X5* na Rádio Bradesco Esportes, do Grupo Bandeirantes. Sob um certo aspecto, era quase uma covardia. Ricardinho rapidamente "enganava" seus entrevistados, atletas das mais diversas modalidades. Com experiência de atleta da pesada e de treinador, ele fazia os entrevistados se esquecerem que aquilo era uma entrevista. Virava uma conversinha de atletas, uma resenha, zero formalidade. Uma delícia, enfim. E, com o conhecimento técnico jornalístico, não deixava o fio da meada se perder.

A capacidade para transmitir informações, amarrar raciocínios e elevar o nível dos debates ficou ainda mais evidente no *podcast 3 Lados da Corrida* que faz freneticamente duas vezes por semana com os amigos Danilo Balu e Rodrigo Roehniss (como eles conseguem, como arrumam tempo?). Faltava um registro mais pessoal dos treinos, das provas, dos aprendizados, das histórias juntadas nesses anos todos. Bom, não falta mais. Um dos melhores jornalistas de serviço que conheço merecia ser premiado. Não com um Esso, mas um livro cheio de histórias bem contadas. A bem da verdade, nós é que fomos premiados com a generosidade do Ricardinho para dividir todo o seu conhecimento.

Sérgio Xavier
Jornalista e corredor

Prefácio POR RENATA HIRSCH

Sempre gostei de fazer esportes na escola, mas, com certeza, conhecer o Ricardo me fez gostar e praticar muito mais.

Logo que o conheci e começamos a namorar ele me deu um par de tênis e falou: "Apareça no treino amanhã de manhã", e depois daquele dia, na Universidade de São Paulo (USP), só parei de praticar durante os meses de gestação dos nossos três filhos.

Passei a viver um mundo cheio de sorrisos, amizades e comecei a perceber que o seu otimismo, o fato de sempre ver o lado positivo das coisas, por pior que seja a situação, me fez acreditar que o esporte poderia me ajudar. E mesmo descrente que poderia correr 10 km, o Ricardo me mostrou que eu poderia ir muito além disso. Fiz algumas maratonas, várias meias-maratonas, mas o principal é que só estou escrevendo aqui porque o esporte que ele tanto ama me salvou.

Algo que chamou muito a minha atenção, que aprendi e trago para minha vida profissional e dentro de casa, é que somos capazes de ir muito além. Eu não acreditava que pudesse correr uma maratona, ele nunca duvidou.

O Ricardo me fez acreditar, mesmo eu tendo dúvidas da minha capacidade. Ele sempre acreditou muito em mim, mais do que eu mesma. Eu passei a ver que encorajar pessoas, sejam amigos, parentes ou alunos, era uma das várias virtudes dele. Com poucas (e verdadeiras) palavras ele levanta a autoestima das pessoas que o cercam, tranquiliza e motiva.

Ele faz das suas palavras, atitudes, e dá o exemplo a quem está por perto. Incansável, prestativo e extremamente companheiro, é presente na vida dos nossos filhos e participa das infinitas brincadeiras como se não tivesse acordado às 4 horas da manhã e se exercitado por centenas de quilômetros.

O amor pela vida, pelos filhos e pelo esporte transborda, e qualquer esporte, não apenas corrida e o triatlo. O Ricardo respira tudo relacionado às várias modalidades esportivas e aos atletas, se interessa pelos diversos universos e quando fala a respeito, seus olhos brilham e cativam a todos que estão por perto.

Aprendi a correr junto com ele (mesmo ele falando sem parar), a apreciar esses momentos, a conhecer novos lugares através da corrida com quem amamos.

Um paizão que corre, em todos os sentidos, para treinar, trabalhar, estar conosco e que luta sempre fazendo o seu melhor.

Se hoje eu sou uma pessoa que treina porque gosta, que sente falta do exercício quando o dia começa sem treino, é porque ele me ensinou que o desenvolvimento no esporte nada mais é do que o desenvolvimento na nossa vida: com altos e baixos, questionamentos, certezas, conquistas e muita saúde para vivermos como e com quem desejarmos.

RENATA HIRSCH
Esposa e maratonista

CAPÍTULO 1

1998 – A ignorância (às vezes) é uma dádiva

Parece que foi ontem. Era final de 1994, ano de muitos acontecimentos e de muitas mudanças no cenário nacional brasileiro, inclusive para mim.

A seleção brasileira havia se sagrado tetracampeã mundial de futebol. Perdemos um dos nossos maiores ídolos do esporte, Ayrton Senna. O Plano Real se solidificava e apontava que o Brasil poderia dar certo, e eu... bom, eu completava 18 anos e alcançava a tão sonhada maioridade.

Acho que a maioria das pessoas se lembra de quando atingiu esse marco na vida.

Chegar aos 18 anos é o que um jovem mais deseja na vida. Parece que vira uma chave e, a partir de então, transforma-se, de fato, em "adulto", apto a realizar feitos incríveis, sem limitações ou impedimentos, pronto para reescrever e desenhar as próprias histórias, de acordo com o que bem entender. Quem é maior de idade, além de ser obrigado a votar, pode dirigir, ingerir bebida alcoólica (sem precisar se esconder), cuidar do próprio nariz... uma alegria!

E nada se compara à sensação de conquistar a "alforria da adolescência". Sim, a partir desse momento, o jovem acredita que terá toda a liberdade e autonomia de que precisa para abraçar o mundo, realizar todos os seus sonhos e conduzir a vida conforme seus anseios e ideais. Afinal de contas, a partir dos 18 anos está "livre" das amarras dos pais, pronto para "voar". Mas o mais importante é: poder dirigir (dentro da lei, claro), ainda que seja, por exemplo, até a padaria que fica a duas quadras de casa.

Enfim, os 18 anos de idade são de suma importância na vida de todo mundo. Uma chancela de liberdade.

E comigo isso não foi diferente. Essa nova liberdade impactando minha vida. Mas algo mais profundo começava a acontecer. Foi em 1994 que a semente do esporte, como estilo de vida, passou a germinar na minha mente, no meu coração.

Sou o quarto e último filho de uma família que sempre foi pautada pela disciplina, rigidez, trabalho duro e fortes laços familiares. Nascido e criado em São Paulo, a partir da segunda metade dos anos 1970, desde muito cedo estive envolvido com a prática esportiva.

Sempre fui muito incentivado pelo meu pai, amante inveterado de esportes. Tive como exemplo meu irmão mais velho, Renato, que também sempre praticou muitas atividades físicas desde criança.

Somos de uma geração que ainda tinha liberdade de brincar nas ruas, de desenvolver e praticar atividades ao ar livre, compartilhando experiências com outras pessoas, estabelecendo relações mais próximas e mais humanas. Certamente daí surgiram e afloraram algumas das minhas habilidades e preferências por determinadas modalidades esportivas que pratico até hoje.

Correr e pedalar sempre foram minhas atividades favoritas, até porque jogar futebol não conta – afinal, isso está impregnado no DNA de cada um de nós, brasileiros, que gostam do bom e velho esporte bretão, reinventado em terras tupiniquins, o qual, infelizmente, sob meu ponto de vista, como amante dos esportes e educador físico, monopoliza demasiadamente a atenção das nossas crianças e adolescentes.

Conforme eu disse, sempre adorei correr e pedalar, e acredito que a minha aptidão física – meu chassi de grilo (quase) queniano, montado sobre pernas de camelos egípcios anabolizados – tenha contribuído para isso, além de minha genética relativamente privilegiada (aqui, devo um especial agradecimento aos meus pais e ancestrais). Esses atributos, por sua vez, possibilitaram que eu tivesse um desempenho destacado em brincadeiras e atividades que exigiam tais qualidades.

Pelo fato de eu ser o mais novo em uma família numerosa e ativa como a minha, imagine como a situação de caçula acabava exigindo de mim! O famoso "sebo nas canelas" e "pernas para quem te quero" nunca se aplicaram tão bem a alguém quanto a mim.

É impressionante como o instinto de sobrevivência e de preservação da integridade física faz aflorar uma série de habilidades que nem de longe conheceríamos se não tivéssemos que enfrentar determinados obstáculos. Graças ao bom Deus (e às minhas pernas) sobrevivi aos meus irmãos mais velhos. E não apenas isso. Também me destaquei.

A partir de brincadeiras de infância (ou fugas?), fui tomando mais gosto por atividades físicas, especialmente corridas, em que eu claramente levava vantagem em relação aos demais.

No colégio, nas ruas, no clube, muitas vezes era eu quem chegava primeiro em disputas e apostas que vivia fazendo com os outros, tanto com crianças e adolescentes da mesma idade como com os mais velhos. E era contra estes últimos que eu mais gostava de disputar... e tentar ganhar! Estávamos sempre nos desafiando... nos provocando, a bem da verdade – como qualquer um que tenha esse espírito de competição e queira superar os seus limites.

Esse fogo da competição vive dentro de cada um de nós, em maior ou menor intensidade, mas vive.

Tenho como princípio não alimentá-lo de forma predatória, procurando evitar que o que chamo de "lado negro da força" da competição tome conta dos meus objetivos, relações e aspirações. É inegável, no entanto, que qualquer pessoa, com o mínimo de senso competitivo, quer, pelo menos, superar os seus limites, buscando alcançar objetivos pessoais e estabelecer marcos importantes em sua vida.

E foi justamente em 1994, incentivado pelo meu irmão, que comecei a correr de forma mais séria.

Participei de uma prova de 10 km, no campus da USP, a Universidade de São Paulo, onde muitas dessas provas aconteciam (hoje é muito mais um polo de treinamento na capital paulista). A partir de então, tomei gosto pela coisa e nunca mais parei.

Passei a treinar com uma assessoria profissional, que, naquela época, não era a febre que se tornou alguns anos depois, a fim de direcionar meus treinos de forma mais especializada, dirigida e profissionalizada.

A partir de 1996, os treinos e provas foram se intensificando. Passei a treinar com um grande amigo e parceiro da vida toda, Luiz Fernando Uva – na época, ele já praticava esporte de alto rendimento (automobilismo) –, a fim de que um ajudasse o outro a se preparar cada vez melhor, cada um com seu objetivo, e mirando alcançar suas próprias metas.

Além da corrida, em 1997 comecei a praticar triatlo, e uni todas as minhas aptidões (exceto a natação) e gostos por variadas modalidades esportivas.

Incentivado por outros tantos amigos, parceiros e meu próprio treinador na época, o Marcos Paulo Reis, decidi que faria minha primeira Maratona na famosa prova da Disney, em Orlando, Estados Unidos, no início de 1998.

Nada melhor do que estrear nas longas distâncias atravessando o mundo da fantasia, onde os sonhos se tornam realidade e tudo é possível. Porém, eu não sabia ao certo o que me esperava e o que significava, de verdade, o desafio de uma Maratona.

Graças à "ignorância" do tamanho do desafio, fui levando meus treinos da forma que dava e do meu jeito. Naquela época eu já trabalhava e estudava (abordarei esse tema em outro capítulo) e conciliava essa rotina com os treinos para a prova que aconteceria no começo de 1998, logo na segunda semana de janeiro (como em todos os anos).

Em setembro de 1997, fui correr uma prova/treino de 21 km, como forma de preparação, no Guarujá, litoral paulista. Nessa prova, experimentei sensações antagônicas, que começaram realmente a despertar em mim diante do desafio que eu havia me proposto a enfrentar.

Obtive um excelente resultado. Cheguei à segunda posição geral. Senti o gostinho todo especial de uma conquista e de alcançar um desempenho muito bom. O tempo não lembro ao certo, mas foi bastante especial e pude perceber do que eu era capaz. O trabalho que vinha sendo feito estava na direção certa e entendi um pouco melhor o que estava por vir.

Mas como nem tudo são flores, foi nessa prova que pela primeira vez na vida me lesionei de forma um pouco mais séria. Fui diagnosticado com uma lesão no joelho esquerdo, a famosa síndrome da banda iliotibial (tendinite clássica do corredor). Nada mais é do que uma inflamação, dói e limita quando se anda, corre, desce escadas e, às vezes, até quando se está deitado.

Foi um balde de água fria. Ou seja, após um excelente resultado, praticamente em uma das minhas primeiras provas de longa distância, de repente aparece essa lesão. Claro que hoje consigo compreender muito melhor as razões e, também, o quão importante ela foi. Veja, não é que eu ache que lesões sejam boas. Não se trata disso. Mas muitas vezes (para não falar sempre), lesões surgem, em casos como o meu, para nos trazer aprendizados e nos ajudar a compreender um pouco melhor nossos limites. O corpo fala e quando não o escutamos, ele grita.

Muito provavelmente se eu não tivesse sofrido com essa lesão naquele momento, poderia ter encarado consequências muito piores, até mesmo durante a própria prova que havia colocado como meta, o que poderia gerar frustrações ainda maiores.

Seja por um treino mal dimensionado, um esforço exagerado, uma preparação inadequada, uma sobrecarga de treinos, ou mesmo uma má-formação genética, uma lesão pode aparecer quando menos se espera. Daí para a frente, ao identificar as causas, você tem a oportunidade de fazer ajustes e, assim, proteger-se melhor, evitar ou minimizar os riscos de novas lesões.

A partir desse episódio, passei a reconhecer (ou assim achei) um pouco melhor os meus limites e as minhas dificuldades, ou seja, adquiri um autoconhecimento maior e fundamental para me preparar mais adequadamente.

Fui liberado a retornar aos treinos apenas em outubro de 1997, isto é, a três meses da prova. Como eu disse, ainda não tinha tanta dimensão do desafio que estava por vir, mas já começava a entender um pouco melhor minha própria dinâmica e meus limites.

Obviamente, quando retornei havia regredido alguns estágios, mas não dei muita bola e voltei com tudo, animado para cumprir os treinos passados pelo treinador, tomando os cuidados necessários para não andar algumas casas para trás.

Em dezembro de 1997, às portas da prova, fui fazer o meu treino mais longo em Ilhabela, novamente no litoral paulista. Você pode imaginar como estava o clima naquela época do ano. À beira-mar, pleno verão, a própria sombra tentava buscar um refresco, para ter uma ideia. Eu até gosto de temperaturas elevadas quando estou praticando esportes, mas também não sou nenhum beduíno do Saara que não sofre (tanto) com o calor.

Enfim, estavam previstos em minha planilha de treinos, para aquele dia, 34 km. Lembro muito bem. Mas não rolou! "Azedei" feio e simplesmente não consegui finalizar o treino, parei nos 32 km e fui andando (ou me arrastando) até a casa em que estávamos hospedados. A partir de então, percebi alguns pontos muito importantes e que me ajudaram a "voltar" à Terra novamente.

Havia sofrido uma lesão há pouco mais de dois meses, ainda não tinha retornado à minha forma física. Quando tive essa quebra no meu treino mais longo, passei a me questionar se conseguiria completar o desafio.

Porém, mais uma vez, entendi um pouco melhor sobre os limites físicos e mentais em situações como a que eu estava vivendo. Compreendi, de fato, a importância de dar atenção aos detalhes e de aprender a ler melhor os sinais e as mensagens que o corpo e a mente enviam a todo momento durante o período de preparação para uma Maratona.

Apesar de tudo, novamente tive a prova de que é na dificuldade que tiramos nossas maiores e mais preciosas lições.

Dei uma baixada na bola e segui em frente, de forma bem mais humilde, em direção ao meu objetivo: completar minha primeira Maratona.

Embarquei para Orlando na companhia da minha irmã, da minha mãe (que sempre esteve presente e foi uma das maiores incentivadoras da minha vida esportiva) e da minha tia, irmã da minha mãe e que nunca havia viajado para os Estados Unidos.

Durante os dias que antecederam a prova, fiz dois treinos bem leves pelas ruas de Orlando, e eles me fizeram perceber e lembrar que a temperatura estaria bem mais baixa em relação à dos treinos no Brasil e que lá não existia asfalto, só concreto – isso contribui para ganhar um pouco mais de velocidade, uma vez que você responde de forma mais rápida ao impacto e à força aplicados, mas, em contrapartida, exige e desgasta mais a musculatura e as articulações do que o asfalto. Em paralelo a isso, via os olhos da minha tia brilhando o dia inteiro, sorrindo como se aquilo fosse um sonho.

Naquela época, poucos brasileiros haviam corrido aquela prova, então tínhamos pouca informação. A internet engatinhava para se democratizar no mundo, eu era marinheiro de primeira viagem. Estava perdido e sem noção alguma de que ainda seria noite na largada e que estaria muito frio. Eu estava de short, camiseta regata, boné (virado para trás) e óculos escuros, e, nas mãos, onze, isso mesmo, onze sachês de carboidrato gel (na época, o único que chegava e existia no Brasil era da marca Squeezy).

A bateria do relógio de cronômetro havia acabado no dia anterior, então fui com o da minha irmã, que era daqueles modelos de surfista da época, com pulseira de velcro e uma tela única que não permitia ver o tempo da volta que marcaria a cada placa de milha completada, ou seja, teria que fazer conta durante todo o percurso.

Chegado o grande momento, minha meta principal (como desde sempre foi e até hoje é) era me divertir. Apesar de todo o suporte que tive com assessoria e profissionais especializados, minha experiência ainda era pequena. Eu não tinha muita noção de como seria a prova e, somado a isso, ainda tive os perrengues durante a preparação. Enfim, não tinha muita ideia do que aconteceria ou qual poderia ser meu resultado.

Com o relógio da minha irmã no pulso, conferindo o laço duplo no tênis para não desamarrar.

Estabeleci um *pace* médio de 4min15seg/km para a prova e assim larguei no dia 11 de janeiro de 1998.

Longe do que eu gosto, a temperatura era baixa, muito frio, logo às seis horas da matina, horário da largada, junto com os corredores da meia-maratona naquele ano. Mas não me preocupei muito com isso.

Desde o início da prova, estava comigo Daniel, um amigo e parceiro de treino e de assessoria, que eu sabia que correria em um ritmo parecido com o meu. Dessa forma, eu poderia acompanhá-lo, mantendo um ritmo sólido e contínuo.

Milha a milha – essa é a marcação das provas nos Estados Unidos – íamos controlando nosso ritmo e puxando um ao outro, para que não reduzíssemos nosso *pace*. Além da ajuda, também tinha certa competição, mas de forma saudável, sempre no intuito de cada um puxar o outro a fazer o seu melhor e conseguir alcançar seus objetivos.

E assim fomos batendo nas mãos de quem estava assistindo à prova – inclusive de todos os personagens da Disney presentes ao longo dos 42 km –, fazendo gesto de aviãozinho com as mãos, mas sempre focados em cada milha até chegar aos 30 km. Nesse momento, o Daniel acabou apertando um pouco o ritmo e optei por não acompanhá-lo, respeitando o meu corpo, meus limites, mesmo sabendo que poderia ir junto, mas que talvez não conseguisse sustentar até a linha de chegada.

Naquele momento, as frustrações sofridas ao longo da minha preparação me ajudaram a tomar essa decisão e, sem as lições tomadas e o aprendizado absorvido, muito provavelmente eu teria seguido com o Daniel e, invariavelmente, quebrado mais adiante. Mantive firme o *pace* inicial e, mesmo "perdendo" meu parceiro de prova, sabia que poderia alcançar um ótimo resultado, faltando apenas 12 km para o final. Com a cabeça no lugar, consegui acertar uma convivência pacífica com as dores e o controle eficaz do fôlego que ainda me restava.

Chegando à marca dos 36 km, percebi que minha decisão havia sido acertada. Estava pronto para apertar o ritmo e conseguir, assim, melhorar um pouco mais o meu resultado. Imprimi um ritmo de cerca de 4 min/km, e sabia que conseguiria sustentá-lo até o final da prova.

Ultrapassando um corredor próximo à linha de chegada.

É importante lembrar que era minha primeira Maratona e aquela experiência toda era novidade. Não me recordo muito do que se passava pela minha cabeça naquele momento, mas já percebia que conseguiria cumprir a meta que havia traçado no começo da prova: completar o percurso com muita diversão.

Estava me sentindo bem, forte e capaz, o que acabou me impulsionando nos quilômetros finais, me ajudando a fazer um final de prova muito bom.

A poucos metros do final, avistei o Daniel na minha frente. Percebi que ele não havia aberto tanta distância de mim e que eu tinha conseguido manter um ritmo muito bom ao longo de toda a prova.

Pronto. Cruzei a linha de chegada com 2h56min, o tão sonhado Sub 3 (para muitos, apesar de na época não ter a menor ideia do que isso poderia significar), completei a prova feliz, curtindo e entendendo o verdadeiro sentido de encarar os 42,195 km.

Eu estava *amarradão* naquele momento. Tinha alcançado meu objetivo e estava me sentindo muito bem. Sabia que tinha dado o meu máximo e que havia conquistado um grande feito. Mas ainda não tinha a menor ideia de que completar a Maratona abaixo de três horas era "*so big deal*".

Só fui perceber isso quando, pelo telefone do hotel, consegui falar com o Marcos Paulo Reis (MPR), que havia ficado no Brasil, e contar da prova e do resultado. Considerando a reação dele, percebi que talvez tivesse alcançado uma performance que nem ele esperava.

É justamente por isso que digo que, às vezes, a "ignorância é uma dádiva". Sem muita informação e confiando naqueles que me auxiliaram desde o começo da minha preparação, passando por todas as dificuldades que eu enfrentei, consegui, na minha primeira Maratona, atingir um resultado pouco esperado (mas desejado), tanto para mim como para os demais.

Não se tratava de falta de confiança, pelo contrário. Foi a ausência de qualquer expectativa de onde eu poderia chegar que me ajudou a alcançar um resultado tão expressivo naquele momento. Essa Maratona, sem dúvida, foi uma das experiências mais marcantes na minha trajetória e, assim como os meus 18 anos, passou a ser um marco na minha vida pessoal e profissional.

Certamente passei a encarar os desafios de forma totalmente diferente, muito mais consciente das minhas habilidades e limitações, mas ainda com muita coisa para aprender.

Ficaram algumas lições fundamentais dessa primeira experiência em Maratonas. Por exemplo, a importância da dedicação aos treinos, saber respeitar nossos limites e entender até onde podemos ir, disciplina e adaptabilidade, capacidade de superação e ajuste de rotinas. Esses, entre outros, foram os aprendizados que tive nesse ciclo, que me ajudaram (e ajudam até hoje) a construir minha história no esporte.

CAPÍTULO 2

1999 a 2000 – Mudanças

Minha formação profissional inicial foi na área de comunicação. Eu sempre tive uma ligação com esse setor e gostava da ideia de, eventualmente, me tornar um grande publicitário. Iniciei minha carreira bem cedo, trabalhando para uma produtora de vídeos, na qual eu conseguia, embora muito jovem, ganhar um bom dinheiro.

Desde cedo o esporte me ensinou muita coisa e eu assumi importantes responsabilidades. Iniciava minha vida profissional de forma muito dedicada e bastante peculiar. Enquanto um adolescente de classe média geralmente só se preocupava com os estudos e questões mais superficiais, como o "rolê" do fim de semana, eu já encarava o "batidão" da rotina de um setor bastante ativo e que sempre exigiu bastante de seus profissionais.

Não importava minha pouca idade, sempre fui muito demandado e cobrado, desde o início, e não deixava a peteca cair. Fazia o meu trabalho com muita dedicação, entregando o melhor possível.

Busquei formação acadêmica cursando, paralelamente ao trabalho, a faculdade de comunicação. O ritmo não era fácil. Conciliar toda essa rotina com os treinos não era tarefa das mais tranquilas. Essa configuração exigiu que eu fortalecesse uma das características mais marcantes da minha personalidade: a disciplina. Sem ela, eu jamais teria conseguido concluir os objetivos aos quais havia me proposto desde então, em especial como atleta que, àquela altura, ainda tinha uma janela para o alto rendimento.

Voltando da minha primeira Maratona, o ritmo de trabalho estava frenético. Mudei de emprego e passei o ano de 1998 imerso em projetos atrás de projetos, muitas vezes passando madrugadas em claro, sem horário e rotina definidos.

Estava definitivamente levando uma vida bastante incompatível com a rotina de alguém que queria praticar atividade física na intensidade que eu desejava. Mas era o que havia para aquele momento e eu tinha de me adaptar.

Em 1999 entrei para uma equipe de provas de aventura, mirando completar a mais importante prova nesse segmento até então: a Expedição Mata Atlântica (EMA).

Como não poderia ser diferente, a rotina de preparação para uma prova desse porte não é moleza. Assim como no triatlo, provas de aventura geralmente combinam diversas modalidades esportivas em uma só competição, além de outras habilidades, exigindo dos atletas capacidade de adaptação às diferentes modalidades e resiliência, que, muitas das vezes, não faz parte da nossa rotina diária de treinos.

Existe, ainda, o fator geográfico desse tipo de prova. As de aventura são praticadas em locais imersos na natureza, às vezes selvagens, e a rotina de treinos demanda muitas viagens. É preciso se acostumar aos ambientes inóspitos que temos que encarar e que não estamos acostumados. Caso não se dedique de fato a uma preparação adequada, você corre o risco de não ter uma boa experiência.

Outra questão importante é o fato de ser uma prova praticada em equipe – naquela época éramos um trio, mas pode ser disputada em dupla ou quarteto –, o que insere mais uma variável nessa equação. Estar alinhado com seus parceiros de equipe, ao longo dos treinos e na prova propriamente dita, é fundamental para um bom desempenho, tanto individual como coletivo. Caso haja algum descompasso nesse relacionamento, a chance do caldo entornar é grande. Pude perceber que era como estar em um ambiente corporativo: lidar com diferentes ideias, estratégias, personalidades e tudo que o convívio extremo e diário proporciona.

Minha experiência, nesse caso, não foi das melhores. Por todos os fatores que eu acabei de mencionar, o projeto da EMA não correu conforme esperado. Dificuldades de adaptação às rotinas de treino, viagens e provas preparatórias, falta de complacência de um dos meus "parceiros" de equipe por não entender a fase na qual eu vivia como autônomo e a minha lesão me impediram de seguir até o final do projeto. Fui dispensado da equipe e não participei da prova. Percalços como esses são capazes de nos derrubar, seja no esporte ou no trabalho.

Muitos questionamentos surgiram a partir dessa situação, bem como muito aprendizado. Hoje entendo melhor as razões que levaram a esse desfecho e quais as dificuldades que eu e os demais membros da equipe enfrentamos e que me impossibilitaram de concluir esse projeto.

Repito: é na dificuldade que crescemos e evoluímos. Entender e compreender essa lição é importantíssimo para nossa evolução. Saber reconhecer os próprios erros e contextualizar as ações e atitudes alheias que podem nos afetar é muito importante para o autoconhecimento e para fazer uma melhor leitura daqueles que nos rodeiam.

Passado esse episódio, redirecionei meu foco para outros objetivos. Em novembro de 1999, participei do meu primeiro triatlo de longa distância, que tinha 1,9 km de natação, 90 km de ciclismo e 21 km de corrida – a mesma distância de um meio Ironman, mas a prova não era da franquia oficial, por isso o nome diferente. O cenário era a Academia da Força Aérea Brasileira (AFA) que fica em Pirassununga, no interior de São Paulo, aproximadamente duas horas da capital paulista. Eu me sentia cada vez mais confiante e bem preparado, alcancei um resultado significativo para uma primeira prova dessa distância (4h54min), mesmo depois da frustração do episódio EMA.

À esquerda, saindo para correr os 21 km. À direita, terminando a prova.

Esse resultado me deu força e confiança para voltar a mirar um projeto de Maratona. E a escolha não foi difícil: Chicago, em outubro de 2000.

Uma das chamadas *majors*, a Maratona de Chicago é uma prova muito procurada tanto por atletas profissionais como por amadores, justamente por possuir um percurso bastante favorável, plano, com um clima ameno (pelo menos na média), em que muitos conseguem alcançar excelentes resultados, além de ser uma prova bem organizada e prestigiada no meio das corridas de rua.

Porém, como desafio pouco é bobagem – e a idade ainda me permitia certas extravagâncias –, resolvi, como preparação para Chicago, correr a Maratona de São Paulo, em junho daquele mesmo ano.

Além de servir como preparação, também entendia que seria uma forma de homenagem à cidade em que nasci, cresci e vivi a minha vida toda. Sou daqueles que têm orgulho das suas origens, então, sempre que possível, procuro prestigiar os nossos "produtos", ainda que deixemos a desejar, em vários aspectos, em comparação com eventos e provas no exterior e mesmo em outras cidades aqui no Brasil – mas nada que diminua meu entusiasmo pela minha cidade, até porque as corridas viriam a ser meu ganha-pão e nada mais justo do que essa valorização.

A preparação para a prova correu sem maiores perrengues ou episódios marcantes. Apesar de um volume menor de treinos do que eu havia realizado para a Maratona da Disney, eu me sentia forte e preparado para o desafio. Havia adquirido uma experiência maior em termos de prova dessa magnitude, além de outras experiências que me conferiram uma bagagem maior e mais "casca" para enfrentar projetos como esse.

Talvez o mais marcante nessa preparação tenha sido a capacidade de conciliar todas as variáveis que afetavam e influenciavam a vida.

Aprender a compor harmonicamente situações profissionais e pessoais (por exemplo, estudos, vida social e família) com os treinos e toda a preparação para um objetivo como o proposto – a arte de negociar comigo e com o mundo –, talvez tenha sido minha maior conquista.

A partir daí, passei a desenvolver uma capacidade muito mais apurada de conciliação de todos esses pontos, sem deixar que nenhum deles se sobrepusesse ao outro e gerasse um desequilíbrio muito significativo em minha rotina.

A arte da harmonização do ritmo de vida me conferiu uma habilidade importante tanto para o meu desenvolvimento como atleta naquele momento quanto para minha formação como profissional do esporte e da saúde (já antecipando aqui um pouco da minha mudança na trajetória profissional).

Aprendi a equilibrar os *trade-off* que me eram impostos, abrindo mão de certas coisas em favor de outras, a fim de alcançar um objetivo maior. Não é nada fácil, mas muito gratificante quando você percebe que os esforços e "sacrifícios" feitos valeram a pena.

Quando percebi, já estávamos em junho e a Maratona de São Paulo havia chegado.

Obviamente, minha expectativa era outra. Agora eu tinha parâmetros de comparação em relação à minha primeira Maratona e, dessa forma, marcas que gostaria de superar. Claro que eu desejava pelo menos repetir o tempo feito em Orlando, pouco mais de dois anos antes. Mas, no fundo, o desejo era de melhorar meu tempo logo nessa prova-treino, mesmo sabendo que o objetivo maior era Chicago.

No quilômetro 15 da maratona, terminando de subir os 4 km da Avenida Sumaré.

No entanto, cada experiência, uma lição. Dessa vez não foi diferente. Apesar de um conhecimento maior dos meus limites, obstáculos e dificuldades envolvidos, ainda não tinha uma visão tão ampla de todo o cenário envolvido.

Apesar da distância entre as provas ser a mesma, cada prova é uma prova e cada Maratona possui suas peculiaridades. Não se trata de uma prova de pista, em que as variáveis são mais controláveis e os desvios são menos acentuados.

Uma corrida de rua possui muitos elementos que podem influenciar o desempenho dos atletas. Por exemplo, o trajeto, a umidade, a temperatura, a altitude, a densidade de participantes, a organização, enfim, inúmeros fatores que trazem um tempero especial e diferente para cada prova.

São Paulo tem suas características específicas e talvez eu não tenha percebido isso de cara. A começar pelo percurso. A geografia da cidade e o trajeto – na época era um pouco diferente do percurso atual, mas não menos difícil – não eram favoráveis às performances muito rápidas. Por envolver subidas e descidas, entradas e saídas de túneis e pontes, ou seja, um percurso bastante acidentado, é possível compreender a dificuldade de manter um ritmo mais constante e homogêneo, sem muitas variações e que afetem a performance de cada corredor.

Na verdade, não é que eu não soubesse da influência desses fatores. Claro que sim. Apenas não queria acreditar que fossem me prejudicar a ponto de me impedir de repetir, pelo menos, a performance já realizada. Também não se tratava de subestimar a prova, mas a inexperiência somada a um excesso de confiança talvez tenha prejudicado minha capacidade de "leitura da prova".

Passando os 21 km na frente do Parque Villa Lobos ainda sem sofrer.

E de fato eu sofri mais do que eu havia sofrido na Maratona da Disney e mais do que eu esperava. Caminhei nas saídas de túneis, lutei contra dores e uma limitação que não tinha ideia de que enfrentaria durante a prova. Mas aconteceu. Claro que o desânimo me abateu quando percebi que, pelas parciais que vinha fazendo, sequer repetiria o tempo que havia feito na terra do Mickey.

Foi quando "trombei" com o Marcos Paulo Reis durante o percurso. Ele estava acompanhando os seus alunos (dentre eles eu) ao longo da corrida. Quando o vi, apenas pensei em pedir desculpas pelo fato de que não conseguiria repetir a performance anterior. E foi nesse instante que fui surpreendido. Vendo a frustração estampada no meu rosto e a "derrota" quase tomando conta de mim, o Marcão não perdeu tempo e tratou de me incentivar, de me colocar para cima, de mostrar que não tinha nada que pedir desculpas, que estava a caminho de mais uma conquista incrível, que não tinha que baixar a cabeça, e sim ter orgulho do feito que estava prestes a completar. No momento não consegui compreender tão bem, mas aquilo me mostrou o quanto é importante termos mentores, sejam eles amigos ou treinadores.

Ele me acompanhou por um pequeno trecho com uma bike e, confesso, não esperava essa reação dele. Mas isso apenas mostrou a grandeza do profissional que ele é e o quanto ele conhece e entende o que faz, reforçando minha admiração pelo profissional, amigo e ser humano Marcos Paulo Reis.

Aquilo serviu como uma injeção de ânimo e me impulsionou até a reta final da prova. Completei a Maratona em 3h6min, exatos 10 minutos a mais do que havia feito na Disney. As emoções eram estranhas. Era um misto de alegria com frustração, que não sabia muito bem explicar. Sabia que poderia ter feito melhor (como já tinha feito), mas também compreendi, imediatamente, que aquele era o melhor que eu podia entregar para aquela prova, naquele dia.

Compreendi, depois, o *cenário*. Consegui enxergar melhor todo o contexto e o que era possível ser feito naquele cenário. Isso acabou amenizando a frustração que eu senti depois da prova e me manteve no trilho para o objetivo daquele ano, que era a Maratona de Chicago.

Não havia tempo para ficar me lamentando. Era me recompor e seguir na direção do objetivo maior. Logo teria que encarar mais 42 km e não podia ficar remoendo frustrações. Lições aprendidas, vida que segue.

Entre junho e outubro de 2000 (período entre as provas de São Paulo e Chicago), além dos treinos, acabei amadurecendo uma ideia que vinha martelando minha cabeça havia tempos.

Eu estava cada vez mais inserido no meio do esporte, especialmente como estilo de vida, o que me fazia sentir mais e mais distante do meu antigo *status quo* e do *way of life* do mundo publicitário. Eu realmente pensava e estava disposto a dar um *shift* na minha vida e na minha carreira profissional naquele momento.

E, assim, parti para Chicago naquele ano. Havia determinado que, concluindo a prova e retornando para o Brasil, eu daria uma guinada na minha vida profissional. Partiria para uma nova empreitada relacionada ao esporte, mas ainda sem nada definido e planejado.

Para Chicago havia uma motivação extra. Uma competição informal entre os alunos da MPR para ver quem teria a melhor performance. Esse lance não era minha praia. Nunca foi. Mas era uma forma de "pilhar" todos que fossem correr naquele momento.

Chegando lá, mantive a mesma rotina cumprida antes das provas, sobretudo em relação à alimentação, mas que se mostrou inadequada para mim a partir de então. Eu nunca tinha tido problemas com isso. Sempre me alimentei de acordo com a orientação nutricional personalizada e direcionada para mim e para as provas que participava. Na época, isso implicava uma dieta rica em carboidratos às vésperas da prova, o famoso *carb load*.

Essa estratégia, no entanto, passou a não funcionar mais.

Em Chicago, a superingestão de carboidrato pré-prova, aliada ao meu metabolismo, não produziu um efeito adequado. No dia da prova não me sentia muito bem. Apesar da primeira metade da corrida ter passado para uma marca boa e próxima do tempo que eu gostaria de completar a prova (1h24min), a partir daquele momento a situação "azedou" para o meu lado (mas não só para mim).

Lembra da "competição" interna do pessoal da MPR? Até a marca da meia-maratona estavam todos no páreo.

Dali em diante, o cenário virou de ponta-cabeça. Um dos alunos sequer completou a prova, abandonando-a antes da linha de chegada. Eu comi o pão que o diabo amassou a partir de então, com problemas estomacais e intestinais, que me puniram por toda a segunda metade da prova. Completei os últimos 21 km em 2h14, quebrando completamente minhas expectativas de melhorar minha marca pessoal. Apenas um dos companheiros conseguiu completar a prova dentro das expectativas e, assim, venceu a "minicompetição" entre os alunos da MPR.

Próximo à meia-maratona e já apareciam indícios de problemas intestinais e estomacais.

Cheguei quase que me arrastando, bastante debilitado em função dos problemas que enfrentei ao longo da prova.

Mais uma vez tive que lidar com frustrações. Eram novas sensações. Nunca havia sofrido dessa forma ao longo de nenhuma prova. Passar mal por situações externas era uma novidade nada bacana para mim.

Fiz questão de comprar as fotos oficiais da prova mesmo não tendo sido uma boa experiência, pois deixaria por meses à vista no criado-mudo uma foto minha cruzando a linha de chegada, cabisbaixo, andando e extremamente chateado... Sabia que vê-la seria um incentivo para que eu não deixasse aquilo acontecer novamente, era preciso digerir a lição.

A alimentação nunca havia sido um problema para mim, mas, a partir daquele momento, passei a conviver com esse tipo de dificuldade que me atormentou por algum tempo até eu aprender efetivamente como adaptar a melhor dieta às minhas características e ao meu metabolismo.

Lá estava eu, mais uma vez, enfrentando uma situação de desconforto e dificuldade. Mas isso já não era tão importante.

Todas as mudanças que vinha passando naquele momento superaram qualquer frustração que pudesse estar sentindo. Não havia nada que eu pudesse fazer além do que foi feito. Uma situação extraordinária e fora do meu controle acabou agindo e influenciando na minha performance em Chicago.

Mas a minha decisão de fazer uma mudança radical na minha carreira profissional, naquele momento, era muito mais importante e gerava muito mais angústia do que qualquer resultado de prova que eu pudesse ter tido.

O futuro incerto que se originava no horizonte me trazia uma mistura de ansiedade e medo, apreensão e incertezas, mas uma paradoxal tranquilidade pairava sobre mim, dando-me a certeza e a segurança de que estava tomando a decisão correta e que boas coisas estavam por vir.

CAPÍTULO 3

2001 – Primeiro Ironman. A culpa foi da manteiga?!

O Bug do Milênio ao final do ano 2000 foi um fiasco. O apocalipse que preconizaram meses antes não aconteceu e, ao contrário do que muitos achavam (e até esperavam) que fosse acontecer – ou seja, não teríamos que nos preocupar com o amanhã após a virada do ano – foi por água abaixo. O sol continuava a surgir dia após dia e o leão estava lá, à solta na savana, nos obrigando a sair para caçar todos os dias e a estar vivos quando o pôr do sol chegasse.

Uma nova jornada se iniciava na minha trajetória na segunda metade do ano 2000. Retornando de Chicago, após completar minha terceira Maratona em menos de três anos, eu estava decidido a mudar meu caminho profissional.

Junto com a minha irmã, Camila, fundei a Personal Life, assessoria esportiva dedicada à prestação de serviços focada em saúde e bem-estar por meio da prática de atividade física, especialmente em treinos para corridas de rua.

À época, o mundo das assessorias ainda era bastante reduzido, com poucos profissionais atuando e muitas oportunidades pela frente. Minha irmã já estava inserida no mercado, havia trabalhado para outras assessorias, e eu estava envolvido na prática, vivenciando o dia a dia do esporte, o que me instigava a estar cada vez mais mergulhado de cabeça nesse mundo.

A fundação da PL foi mais um marco na minha vida. Dei uma guinada radical na minha carreira profissional, que provocou inúmeras mudanças na minha vida em geral.

Para utilizar um termo bastante usado nos dias de hoje: resolvi *pivotar* minha carreira totalmente naquele momento.

Quantos de nós já fizeram isso? Quem nunca passou por uma situação desse tipo em sua trajetória profissional ou em um negócio próprio ou em uma empresa em que estava trabalhando? Mudanças nesses moldes são muito comuns e exigem muita coragem, esforço, capacidade de planejamento, resiliência, foco e, como não poderia deixar de ser, uma boa dose de sorte também – mas essa só se manifesta se acompanhada dos outros requisitos.

A minha dedicação e o meu foco passaram a ser direcionados totalmente a esse novo desafio. O resto do ano de 2000 foi trilhado para estruturar o negócio e colocá-lo em pé, a fim de concretizar mais um sonho: ser bem-sucedido no universo das assessorias esportivas e do mercado fitness.

Busquei também uma formação técnica, ingressando numa faculdade de educação física para unir todas as pontas relacionadas a esse novo negócio com mais embasamento e credibilidade.

No início de 2001 surgiu um novo desafio esportivo: completar um Ironman.

Fui instigado por um amigo e parceiro de treino, o Daniel. Lembra dele? Aquele mesmo da Maratona da Disney. Ele me colocou bastante pilha para encarar mais esse desafio. Em 2001, pela primeira vez o Ironman Brasil seria realizado em Florianópolis, sob a tutela de outro grande amigo, Carlos Galvão (da extinta Latin Sports).

Dois anos antes, eu havia feito meu primeiro meio Iron, com um bom resultado, e todos esses fatores combinados contribuíram para eu decidir encarar meu primeiro Ironman. Além disso, do ponto de vista do meu então novo negócio, seria bastante interessante. Não dá para negar que, na época, ter um Ironman no currículo seria bom para um *coach*, já que conferiria bastante credibilidade. Poderia solidificar o conhecimento e a experiência na prática, reforçando a relação de confiança dos alunos com o seu treinador e o trabalho desenvolvido e aplicado por ele.

Esses são os chamados *turning points*. Tanto na vida como no mundo dos negócios, seja qual for o seu porte, em algum momento passamos por um período de revisão de estratégia, mudança estrutural ou de modelo operacional, correção de desvios ou caminhos a seguir e até mesmo ingresso no desconhecido, a fim de dar uma sacudida e renovada nos desafios e objetivos.

Eu estava justamente nesse momento. Tinha uma mudança radical na minha carreira profissional e um novo desafio pela frente. A janela de seguir pelo profissionalismo e me dedicar ao esporte de alto rendimento já havia passado. Tinha descartado essa possibilidade no ano anterior e já havia decidido que iria seguir no mundo dos esportes, mas de forma diferente.

Minha escolha foi me aprimorar e poder auxiliar aqueles que queriam alcançar seus objetivos no esporte amador. Meu propósito era prestar um serviço de forma mais humanizada, focado nas individualidades de cada um, aprimorando cada vez mais minha visão em relação ao *approach* correto para a prestação de serviços nesse campo.

Alinhando todos esses pontos, iniciei uma nova rotina de treinos focada nas três modalidades que integram o triatlo e as provas de Ironman, além de todos os "acessórios" que permeiam esse esporte.

O triatlo não se resume a nadar, pedalar e correr. Até mesmo pela carga exigida nessas três modalidades, combinada com as longas distâncias de uma prova de Ironman, outras atividades são fundamentais para complementar todo o trabalho que envolve uma preparação, por exemplo, a musculação/fortalecimento, o alongamento, a nutrição e a recuperação, entre outras questões como a preparação psicológica e o fortalecimento mental e uma conexão (por que não?) espiritual.

Balancear esses três pilares – corpo, mente e espírito – é crucial para uma boa preparação para provas de *endurance* e longas distâncias. Estar apropriado e bem preparado nessas três esferas é praticamente certeza de sucesso e bons resultados.

A prova naquele ano de 2001, como sempre aconteceu nos anos seguintes, seria no último fim de semana do mês de maio. A minha preparação começou efetivamente em janeiro; portanto, cinco meses antes. Para um atleta que já possui uma boa base e histórico, com boa memória corporal, esse era um prazo razoável de preparação, mas não o ideal. Para atletas que não possuem tanta base assim, certamente esse é um prazo curto, nada adequado a uma preparação para um Ironman.

Apesar de todas as mudanças pelas quais vinha passando, entendi que poderia seguir com esse planejamento dentro desse prazo mais reduzido, considerando toda aquela base que comentei anteriormente.

Com a Personal Life em curso, optei por seguir treinando para esse primeiro Ironman com o MPR, cuja bagagem incrível no triatlo certamente me ajudaria a alcançar meus objetivos, além disso, eu teria companhia para os treinos longos.

E novamente as lições nesse período foram inúmeras.

A primeira delas (e talvez a mais importante para provas dessa natureza) foi a compreensão da necessidade de comprometimento *versus* resultados.

Sem o comprometimento adequado, a tendência de que as coisas saiam do controle e o resultado não seja o esperado é muito grande.

No meu caso, a nova rotina de treinos alinhada com a nova rotina profissional, entre outros fatores, não me permitiram ter o comprometimento no nível que eu entenderia adequado aos resultados que eu gostaria de alcançar. Além disso, mais uma vez estava enfrentando um desafio do qual não tinha muito a dimensão, contribuindo com uma equalização inadequada do meu comprometimento com a preparação para a prova.

Acabei, por exemplo, "cabulando" o simulado que havia sido preparado dois meses antes da prova, que serviria para eu ter uma ideia mais apropriada de como ela seria, suas distâncias, dosagem de ritmo; enfim, toda aquela calibragem que nos prepara para o dia D.

Imagine um estudante que hoje deixa de fazer o Enem (Exame Nacional do Ensino Médio) *às vésperas do* vestibular para o ingresso no curso e faculdade dos sonhos dele? Quando chegar na prova, além do fato de não poder se valer das notas obtidas para poder melhorar seu ranking, muito provavelmente ele sentirá falta da experiência durante a própria prova, de não ter se preparado adequadamente para aquele dia; ou seja, irá gerar muitas incertezas em sua performance.

Após esse episódio, percebi que o "buraco era mais embaixo".

Quando fui para o meu treino mais longo de pedal, tive a sorte de ter a companhia de alguns amigos e companheiros de treino que iriam participar da famosa prova nos Estados Unidos, a Race Across America.

Fomos pedalar 180 km em Campos de Jordão, aproveitando a geografia do lugar e a própria altitude, que, quando transportada para treinos e provas ao nível do mar, ajuda bastante e faz uma baita diferença.

Rodei ao longo de quase 80 km literalmente "na roda" do Michel Bogli, (ex-triatleta profissional que treinava para a prova), que estava no treino como se estivesse batendo papo em um sofá. Para quem não está muito familiarizado aos jargões do mundo do ciclismo, a expressão "andar na roda" de alguém significa que você estava se poupando, aproveitando o vácuo gerado pelo outro ciclista para fazer menos esforço e manter o mesmo ritmo.

Assim fui eu naquele dia. Na roda dele o tempo todo, sequer havia chegado à metade do treino e já estava extenuado, sentindo muita dificuldade de acompanhar o ritmo dos demais, sem muitas condições de seguir o treino. Foi realmente frustrante aquele dia. Estava às vésperas da prova e no meu treino mais longo estava sentindo uma dificuldade que não imaginava sentir àquela altura do campeonato.

Foi a comprovação da inadequação do binômio comprometimento *versus* resultado. Um pouco influenciado pela minha aptidão natural, adicionado aos bons resultados alcançados anteriormente em provas de triatlo, talvez tenha me deixado levar por uma certa soberba, acreditando que poderia obter resultados independentemente de uma preparação devidamente bem-feita.

E assim fui para a prova, mas não sem antes mais um "pequeno" detalhe, que ajudou para que eu aprendesse mais uma grande lição.

Uma semana antes da prova, cometi alguns pecados alimentares para quem está se preparando para um desafio dessa natureza e desse porte. Saí da minha dieta habitual, me alimentando inadequadamente, ingerindo alimentos ricos em gordura (do tipo ruim), por exemplo.

Houve um episódio em especial. Havia experimentado uma manteiga, que, durante muito tempo, acabou levando toda a culpa pela minha performance e resultado obtido naquela prova.

Adquiri uma infecção alimentar que me fez perder 5 kg na semana do Ironman. Fui para Floripa totalmente debilitado, com uma infecção intestinal que me derrubou de jeito. Mesmo assim, não participar da prova estava completamente fora de cogitação.

Tudo preparado. Logística ajustada, família e amigos envolvidos e na expectativa, enfim, todo aquele entorno da prova só foi aumentando cada vez mais a minha ansiedade. Somado a tudo isso, o lance da infecção e a minha condição fragilizada contribuíam para um desequilíbrio físico e emocional que não estava me ajudando em nada.

Estava diante de um enorme desafio e não sabia como lidar com ele nem com as dificuldades e os obstáculos que surgiam um após o outro. Por essa razão é muito importante o equilíbrio do tripé corpo-mente-espírito. Ele balanceia você, mesmo quando um dos pilares se enfraquece. É fundamental sabermos equilibrar esses três pilares.

E lá fui eu para a largada. Caso necessário, até soro caseiro eu tinha em uma das caramanholas (garrafinhas) que usaria na etapa do ciclismo. Um pequeno detalhe foi que esqueci de levá-las para a área de transição, local onde ficam todas as bicicletas e os equipamentos utilizados nas etapas seguintes (bicicleta, sapatilha, capacete, tênis, óculos escuros e as garrafinhas que esqueci). Água congelada no dia anterior para estar fresca no dia seguinte (altamente não recomendável), entre outros pequenos detalhes que só aumentavam minha tensão pré-prova. Graças ao meu irmão, e a sua boa lábia com o *staff* responsável pela área das bicicletas, minhas garrafinhas estavam lá na minha saída da água.

A primeira perna da prova, como muitos sabem, são 3.800 m de natação em águas abertas no mar. Eu nunca fui muito fã de natação, confesso. Mas sempre treinei, até mesmo pela necessidade das modalidades esportivas que eu praticava. Imagine como estava minha cabeça para aquela largada! Mais ansioso impossível!

Por incrível que pareça, até para o meu nível de natação, desempenhei relativamente bem essa primeira etapa do Ironman. Saí da água com poucos segundos a mais de uma hora de prova. E foram ali que os perrengues começaram de verdade.

Enquanto fazia a transição da natação para o ciclismo, com 180 km de pedal pela frente, divididos em duas voltas de 90 km em um circuito acidentado pelas ruas e estradas da ilha da Magia, meu corpo começou a sentir os efeitos da minha infecção alimentar pré-prova, dando sinais de desgaste e fadiga e me levando a desmaiar durante a transição.

Fui reanimado por um competidor (se você estiver lendo este livro, favor entrar em contato, pois nunca pude lhe agradecer), que prontamente me socorreu e me ajudou a voltar à tona. Mesmo após esse contratempo, consegui me recompor e partir para a segunda etapa da prova. Lá fui eu encarar a estrada e girar esses 180 km. E foi literalmente o que eu consegui fazer: girar.

Durante a primeira volta de 90 km ainda consegui segurar um bom tempo, mesmo sentindo todos os efeitos de um corpo desidratado, com calafrios intermitentes e fraqueza em elevação. O meu ritmo foi caindo pouco a pouco, a ponto de, em um determinado momento da prova, eu me ver sendo ultrapassado por um vendedor de biju, pedalando uma Barra Forte, com sua "matraca" estalando para atrair a atenção de clientes. Hoje dou risada, mas naquele momento esse episódio acabou de vez com o meu lado psicológico e com a minha força mental.

Na segunda metade da etapa de ciclismo, não consegui segurar sequer 25 km/h de média – que para mim seria como um passeio em condições normais. Quando cheguei à transição para a Maratona, estava arrebentado física e mentalmente. Embora a terceira etapa da prova fosse, em tese, a que eu teria mais potencial, a que eu sentia maior confiança e capacidade de "performar", eu realmente não estava em condições para uma boa corrida.

Próximo ao final dos 180 km da etapa do ciclismo, completamente exausto e sem saber como seriam os 42,195 m da maratona.

Tente transportar essa situação para algum evento semelhante do dia a dia, no qual, eventualmente, você se sente incapaz de realizar algo que sabe que tem total capacidade, mas não encontra forças para realizar. Dimensione o tamanho da frustração dessa incapacidade momentânea, multiplicada pela enésima potência, especialmente quando a autocobrança é forte e você tem dificuldade de aceitar essa situação?

Esse era o meu retrato naquele ponto da prova. Eu estava muito debilitado fisicamente, mas, sobretudo, muito frustrado com o que estava acontecendo e com a minha incapacidade de entregar mais do que eu poderia, independentemente da minha situação física.

Eu simplesmente não conseguia aceitar que diante de um dos meus maiores desafios no esporte – se não o maior – eu estava passando por tudo aquilo e não estava performando da maneira que gostaria. Um misto de raiva, tristeza e dor tomava conta de mim. Passei a me questionar se realmente não estava me esforçando o suficiente ou se, de fato, não tinha nenhuma condição de fazer mais do que vinha fazendo.

Começando a etapa da corrida sem saber ainda como fazer para correr a maratona.

Ao mesmo tempo que todos esses questionamentos tomavam conta da minha mente e quase me derrubavam, de certa forma eram esses sentimentos que não me deixavam desistir. Foi essa frustração que me manteve em pé, lutando com minhas próprias limitações, e que me levou até a linha de chegada. Completei meu primeiro Ironman, mesmo sob condições muito adversas, especialmente do ponto de vista físico e mental.

Cruzada a linha de chegada, fui direto para o posto médico. Precisava de cuidados específicos, e a organização da prova estava preparada para esse tipo de situação.

Chegada com a minha irmã, Camila Hirsch.

Quando me reabilitei, passei a refletir sobre tudo que havia ocorrido. Foram mais de doze horas de muito sofrimento, pouco divertimento e muitas, mas muitas lições aprendidas.

A culpa teria realmente sido da manteiga? Ou será que eu ainda não havia compreendido a verdadeira dimensão de desafios como esse? Será que eu havia me engajado de fato com o que tinha me proposto a fazer? A preparação foi adequada? Respeitei os limites do meu corpo? Ou fui além, colocando em risco até a minha integridade física?

As respostas para essas perguntas fui tendo ao longo do tempo.

Nem todas vieram rapidamente, mas, com certeza, todas as experiências vividas me trouxeram mais maturidade, mais humildade e compreensão dos limites, comprometimento e seriedade com os desafios enfrentados, independentemente da sua dimensão, e o fortalecimento da minha capacidade de resiliência.

Ter completado esse primeiro Ironman me deu confiança para encarar muitos outros desafios. Sabia que estava treinado para alcançar melhor colocação, ritmo, tempo e sensações, mas encarei as dificuldades e isso se tornou, por muito tempo, uma espécie de talismã de sucesso. Quando precisava, recorria à memória dessa conquista e me energizava para fazer o que precisava fazer.

Sem sombra de dúvida saí muito mais fortalecido física e mentalmente. Mais calejado para enfrentar novos desafios e obstáculos, encarando as tarefas com muito mais intensidade e muito mais apropriado das minhas capacidades, habilidades e possibilidades de realização e entrega.

Ahhh... e claro, hoje sei que a culpa não foi da manteiga.

CAPÍTULO 4

2002 – Team work

Após meu primeiro Ironman, voltei todo o meu foco para a Personal Life. Passei a dedicar cada vez mais tempo ao trabalho e ao desenvolvimento da minha assessoria esportiva, que vinha crescendo e ganhando mais notoriedade.

Em 2002 completaríamos dois anos de mercado e estávamos experimentando os avanços do setor de corridas de rua, vivenciando o surgimento de outras assessorias e o crescimento da área. O número de alunos crescia exponencialmente. Eles tinham perfis e objetivos variados.

Voltei a me desdobrar entre os treinos voltados aos nossos alunos e os meus treinos pessoais, encaixando uma rotina de três sessões por semana, divididas entre corrida e ciclismo.

Para o ano de 2002, definimos como meta uma prova "coletiva", para a qual formaríamos um grupo de alunos e os acompanharíamos em uma viagem dedicada à realização de seus objetivos. Era a primeira vez que adotávamos essa iniciativa e a expectativa foi muito grande em torno dessa atividade. A prova escolhida foi a Maratona de Chicago, que aconteceria em outubro.

Logo no início do ano divulgamos para os nossos alunos, amigos e parceiros que formaríamos esse grupo, o que de pronto teve plena aderência da turma. Sabe aquela empolgação inicial? "Opa, que legal! Vai ser o máximo poder compartilhar essa aventura com uma galera bacana!" Então, é muito comum isso acontecer.

Esse tipo de projeto lembra muito os ambientes corporativos. Nas empresas, quando são lançados novos desafios todos se engajam, sentem-se motivados e loucos para performar da melhor forma possível, para entregar os resultados almejados e, quem sabe, conseguir algum tipo de notoriedade e promoção. Em viagens para provas internacionais é igual, ou seja, as pessoas têm o mesmo sentimento e comprometimento inicial, como aqueles que experimentamos nos projetos corporativos.

Passada a euforia inicial, porém, não é raro que um grupo de viagem estimado entre quinze, vinte pessoas, acabe em um número bem menor com aquelas que efetivamente vão para a prova.

É muito importante que aqueles que se dispõem a um desafio dessa natureza estejam comprometidos e engajados com seus objetivos. Não é nada fácil se comprometer, especialmente quando falamos de grupo.

Quando grupos como esse são formados, a tendência é também construir um espírito de equipe, passando a compartilhar com os demais membros as experiências e vivências, as expectativas, os medos e frustrações; enfim, tudo o que envolve o desafio de completar uma Maratona, porém, de forma compartilhada. À medida que alguns vão desistindo (seja por "n" razões) ao longo do caminho, isso passa a ser mais um obstáculo para os demais que seguiram na missão de completar a aventura. Saber lidar com a frustração alheia de um companheiro de equipe torna-se, portanto, mais um fator de superação em todo o processo.

Até então, tínhamos experiência de viagens coletivas para participar de provas semelhantes, mas nunca com uma responsabilidade profissional envolvida. Para não irmos totalmente no escuro, resolvemos formar uma equipe para participar, já como um time da Personal Life, em uma prova muito famosa entre os "corredores de rua raiz" e que curtem atividades em equipe: a Volta à Ilha, em Florianópolis.

Esse é um evento que, para quem conhece e já participou, promove uma experiência inesquecível. É uma prova de revezamento ao redor da Ilha da Magia, percorrendo longas distâncias (totalizando 140 km) e passando por todo tipo de piso e paisagem durante o percurso. Hoje ela está muito mais próxima de uma prova de aventura do que de corrida de rua, propriamente, mas mantém o mesmo espírito.

Por se tratar de uma prova de revezamento, é necessário formar uma equipe para participar, desde duplas até equipes com doze participantes. Sempre participamos com equipes mais numerosas, até mesmo pelos diferentes perfis e níveis dos nossos alunos, que demandavam planejamento e organização prévios bem estruturados, para que não tivéssemos (muitos) problemas durante a prova.

Apesar de já ter participado da prova em anos anteriores, em 2002 seria nossa primeira experiência com um time oficial da Personal Life. Utilizamos um pouco essa experiência como piloto do projeto do grupo de Chicago, ainda que o formato de prova, preparação e logística fosse totalmente distinto. Mas serviria como vivência de grupo, administração de expectativas e ansiedades, que sempre estão envolvidas, seja qual for o tipo de prova que vamos participar.

E de fato foi bastante produtivo. Essa vivência nos conferiu bastante bagagem para experiências futuras desse tipo. Aprendemos a gerenciar situações inusitadas, imprevistos, bem como momentos de tensão, como a lesão de um aluno, ou até mesmo um acidente automobilístico, que podem modificar todo o planejamento. Ou seja, assim como na experiência corporativa, aprendemos a nos adaptar e a gerenciar crises, valendo-nos de conhecimento prático e experiências reais.

A experiência foi tão boa que, um mês antes da Maratona de Chicago, organizamos e levamos trinta alunos para correr a Meia Maratona do Rio de Janeiro em setembro. Resolvemos realmente nos preparar para o desafio que estava por vir.

Nesse meio-tempo, além de estar envolvido com todo esse planejamento e organização, resolvi que acompanharia nossos alunos e participaria da prova: correria a Maratona de Chicago. Essa decisão partiu de alguns resultados frustrantes, inclusive na própria Chicago alguns anos antes, que acabaram me motivando a me preparar e encarar mais esse ciclo de treinos.

E assim eu fiz. Estava em um momento bom, livre de lesões, ainda que em um ritmo forte na rotina profissional. Mas já estava mais adaptado, o que me conferiu mais tranquilidade durante o ciclo de preparação.

Vinha fazendo treinos consistentes, bem encaixados e estava me sentindo bem preparado para a prova. Tinha em mente uma marca abaixo da que eu já havia feito na minha estreia em Maratonas, na Disney. Enfim, estava tudo alinhado para ser minha melhor prova.

Eis que o imponderável (nem tão imponderável assim) deu o ar da graça. Não me lembro ao certo, mas bem próximo do meu último treino longo – aquele que usamos como parâmetro e balizamos a prova pretendida – resolvi cortar minhas unhas do pé. Sim, sim... Nada de incomum, apenas uma atividade tão prosaica e rotineira quanto escovar os dentes.

Foi esse corte de unha, no entanto, que "minou" minha confiança naquele momento. Acabei cortando a unha além da conta, muito rente à carne, machucando o meu dedão. Quando fui para o meu último treino longo, essa questão do dedo lesionado não saía da minha cabeça. Não conseguia tirar o foco do problema, o que me levou a fazer um péssimo treino e diminuiu, assim, um pouco minha confiança para a prova. Não tinha mais certeza se conseguiria alcançar a meta traçada.

Até aquele instante, talvez ainda enxergasse de uma maneira mais focada todo o processo de treinamento, levando em consideração detalhes pontuais, sem absorver todo o contexto envolvido e toda a carga aplicada até o momento da prova. Isolei e foquei minha performance nesse último treino, desconsiderando todo o planejamento e execução que havia sido feito. Ignorei, quase que por completo, toda a minha preparação anterior e fiquei "preso" ao problema que eu tinha enfrentado pouco antes da prova.

Depois compreendi que um planejamento bem-feito, implementado e executado com disciplina, não pode ser comprometido por uma questão pontual que fuja do planejamento e do contexto. Imprevistos acontecem, seja em qual área ou projeto for, e precisamos saber lidar com eles, sem desviar o foco do planejamento e do objetivo a ser alcançado.

Na minha cabeça, larguei para Maratona de Chicago em 2002 sem parâmetro e base de prova (total engano), mas muito bem preparado e com uma ideia de marca a ser alcançada. Passei bem a primeira metade da prova, dentro do planejado, mas, por volta do quilômetro 30, comecei a sentir um cansaço incomum, para o qual eu não estava preparado. Passei a brigar com minha mente e com minhas limitações físicas, já não tinha muito controle sobre o meu desempenho, pois já estava dominado pela estafa mental.

Por volta do quilômetro 37, percebi que não alcançaria minha meta. Pronto. Era a gota d'água em um oceano de emoções vivido durante uma prova de longa distância. Ainda assim, consegui manter um *pace* firme até a linha de chegada, "carregado" por mais um parceiro das pistas que acabei esbarrando durante a prova, cruzando abaixo das três horas (2h58min48seg), porém acima do tempo que havia projetado e também da minha melhor marca.

Não posso dizer que não fiquei frustrado mais uma vez; porém, tive a compreensão de que foi o possível para aquele momento. Entreguei o melhor que eu podia para aquela situação, ainda que eu soubesse que poderia performar melhor em outras condições.

Tirei lições valiosíssimas como experiência profissional. A partir de então, passei a ler e compreender muito melhor um planejamento pré-prova, o que permitia calibrar de forma muito mais precisa e eficaz as estratégias dos meus alunos e as minhas próprias.

Mas a grande experiência de 2002, coroada na Maratona de Chicago, foi o aprendizado e a conscientização da importância do trabalho em equipe. Seja qual for o desafio ou a meta que nos propomos a concluir, ter a oportunidade de compartilhar as experiências com outras pessoas, dotados de espírito de equipe, colaboração mútua, troca de energia, é fundamental para alavancar performances e estreitar laços que, muitas vezes, perduram para o resto da vida.

Poder contribuir, ainda que com uma parcela pequena, para as realizações de seus amigos, parceiros, colegas, alunos ou clientes, é a maior recompensa que podemos ter. O sentimento de dever cumprido, com a gratidão dos astros pela boa ação realizada, é verdadeiramente a meta que devemos buscar, sempre.

CAPÍTULO 5

2003 – Descontração

E mais um ano havia-se passado. Quando 2003 chegou, não estava exatamente pensando em provas como meus objetivos principais.

Acredito que, depois de muito tempo, meu foco estava voltado para outros horizontes. Dediquei-me quase que exclusivamente para a Personal Life, mas reinseri um tempero que andava um pouco em falta no meu cardápio nos últimos anos: minha vida pessoal.

Confesso que minha rotina de treinos diminuiu muito nessa época. Apesar das obrigações profissionais ainda estarem relacionadas ao esporte e à atividade física, passei a levar essa rotina de forma muito mais leve e prazerosa. Deixei de lado um pouco a alta performance (ainda que não fosse tão alta assim...), e dediquei muito mais tempo a mim e a outros temperos da vida também.

Sabe quando vamos a uma sorveteria e estamos um pouco enjoados de pedir aquele sabor de sempre, que amamos de paixão, mas não é exatamente o que queremos naquela hora? Pois então... Esse era o meu momento no começo de 2003 em relação às provas.

Sem deixar os treinos de lado (por completo), passei a ter uma rotina mais voltada à minha vida pessoal. Com isso, retomei ainda mais aquele espírito de correr por prazer, sem amarras, pressão ou qualquer fator externo que pudesse desestabilizar esse equilíbrio e harmonia.

O contexto era muito foco no trabalho e em realizações pessoais. Começava um novo relacionamento e, naquele momento, me dediquei de corpo e alma para fazer com que tudo pudesse dar certo. Posso dizer que era a minha meta naquele instante, tanto quanto fazer um bom tempo em alguma prova que decidisse correr.

Também é possível traçar um paralelo com os períodos sabáticos que algumas pessoas se dão ao luxo, de tempos em tempos.

No meu caso, o trabalho ainda estava presente, mas, como as provas sempre fizeram parte da minha vida e da minha rotina, posso dizer que esse foi o mais perto que eu cheguei de um "período sabático" de forma voluntária em minha trajetória como atleta amador.

Como o "bichinho" não fica sem provocar coceira por muito tempo, no final daquele ano acabei me envolvendo com o projeto de uma prova totalmente diferente das que eu já havia feito até então.

Junto com alguns amigos, e mais o meu irmão Renato, o "pedreiro" (vocês entenderão mais adiante essa referência), resolvemos nos inscrever e participar da prova do Extra Distance de ciclismo que seria realizada pela primeira vez no Brasil.

Seriam 800 km de prova, *nonstop*, em um percurso entre Campinas, Rio de Janeiro e Santos, que demandaria muita dedicação de cada um de nós, em um desafio muito bacana; mas não tínhamos a menor noção do que estava por vir.

Faltando apenas 2 meses para a prova, que seria no início de dezembro, juntamos 4 malucos dispostos a pedalar, durante pelo menos 26 horas e sem parar, uma distância média para cada um de cerca de 200 km. Bem, essa era a estimativa que nós, doidos, fizemos antes da prova. Além disso, conseguimos agregar mais quatro cavaleiros do apocalipse para se juntarem a nós nessa jornada e atuarem como nosso *staff* (suporte).

Imagine você a loucura que foi organizar toda a logística de prova, com tão pouco tempo de planejamento.

Sem falar na questão dos treinos. Ninguém, muito menos eu, estava treinando com foco e objetivo de fazer o Extra Distance. Essa decisão foi uma daquelas tomadas por impulso, no calor e na empolgação do momento de um bando de amigos que queria se reunir para fazer uma coisa que todos amavam. O principal era fazermos juntos e tão somente pelo prazer de estarmos ali, reunidos, para compartilhar o que mais gostávamos.

Não tinha como recusar e deixar de fazer parte de um projeto desses. Lá se foi meu "sabático" para o espaço.

Até a prova, não foram mais do que quatro treinos de aproximadamente uma hora e meia de duração, no máximo, no meu caso.

Além disso, nosso total desconhecimento e falta de experiência em provas desse tipo (além de um pequeno detalhe de limitação de orçamento) fizeram que a montagem da estrutura de suporte não fosse a mais adequada. Providenciamos 100% da estrutura de forma particular, sem nenhum tipo de patrocínio, o que não nos permitiu investir muito e nos obrigou a partir para a prova com o básico do básico.

Para você ter uma ideia, tínhamos um carro emprestado, um Explorer, que para rodar em São Paulo era ótimo, mas que ao longo da prova percebemos ser uma bela roubada. Afinal, para carregarmos todo o material de apoio era ruim, sem contar o fato de consumir muito combustível e termos uma limitação de postos de gasolina em determinados pontos da prova. Além desse carro, arrumamos uma Kombi, que a princípio parecia uma péssima ideia, mas mostrou ser um dos melhores aliados da nossa prova. Era econômica, usava combustível comum e gás natural. Somado a isso, que só descobrimos ao longo dos 800 km, tiramos um dos bancos e tínhamos uma verdadeira sala de estar com cama dentro da saudosa Kombosa.

Enquanto isso, "na sala da justiça..." equipes semelhantes à nossa (em termos de desempenho) tinham vans com motorista, cardápio especial, massagista etc.

As condições, porém, não eram um problema para nós. Nosso objetivo e nosso espírito de competição eram outros. A ideia era poder compartilhar momentos de bastante descontração entre amigos, mas sem deixar de levar a sério aquele desafio. Afinal de contas, 800 km não eram moleza, por mais preparados (ou despreparados, no caso) que estivéssemos.

E nessa *vibe* fomos para o dia D.

Acontece que, se nós não tínhamos uma estrutura adequada para a prova, a organização tampouco. A verdade é que tudo era novidade naquele momento. Era a primeira vez que o Extra Distance acontecia no Brasil, e os organizadores não sabiam, também, o que de fato era realmente necessário para se organizar uma prova daquele porte.

A estrutura da prova era mínima. Basicamente, havia um ponto de largada e outro de chegada, sem nenhum apoio ou fiscalização ao longo do trajeto. Ou seja, era cada um por si, confiando na ética e na boa-fé dos demais competidores que, diante desse cenário, poderiam facilmente se valer de subterfúgios ou eventualmente trapacear – ainda que isso não faça o menor sentido para quem se dedica de corpo e alma ao esporte e está engajado em superar seus próprios limites.

E assim partimos para mais esse desafio, com a cara lavada, espírito de equipe altíssimo, pouco preparo e muito entusiasmo, mas, sobretudo, com o amor pelo esporte à flor da pele.

Era a certeza e a comprovação de que o caminho que vinha trilhando ao longo da minha história estava de acordo com a maioria dos meus sonhos de infância, confirmando a realização do que eu visualizava e lutava para que pudesse se tornar realidade. A inspiração que veio do meu pai e o seu apoio incondicional para que eu tivesse a prática de uma modalidade esportiva em minha vida ajudaram na formação de meu caráter e lapidaram a minha carcaça para desafios como esses.

A prova, não preciso nem dizer, foi bastante dura. Por se tratar de uma prova de longa distância e sem estrutura, "dividíamos" a estrada com os veículos que trafegavam pelas vias que passávamos (rodovia Dom Pedro, Dutra e, por fim, Rio-Santos), elevando, e muito, o risco de um acidente. Aliado a isso, tinha a questão da prova ser praticamente sem paradas, apenas para troca dos atletas que pedalariam durante os trechos determinados.

O descanso, alimentação e hidratação também eram precários, o que adicionava mais um fator de risco à prova. Dormíamos muito pouco (para não dizer quase nada) nos carros de apoio, enquanto aguardávamos pelo momento de assumir os pedais e fazer força na estrada.

Mas este era um dos grandes baratos dessa prova: conseguir superar alguns obstáculos aos quais não estávamos acostumados no nosso dia a dia e na nossa rotina de treinos.

E assim fomos tocando. Entre uma pedalada e outra, pouco descanso e alimentação sofrível, íamos dando muita, mas muita risada, fazendo brincadeiras. Era uma descontração geral. Tudo isso nos energizava e nos dava o combustível necessário para seguir até o nosso objetivo: cruzar a linha de chegada.

Só que uma prova desse tamanho não teria a menor graça se não passássemos por algum perrengue. E tinha que ser comigo.

Mais para a parte final, já no litoral de São Paulo, quando cruzávamos a praia de Maresias, assumi os pedais da equipe. Estávamos há um bom tempo pedalando naquelas condições que eu comentei anteriormente; pouco descanso, muita adrenalina, alimentação não muito apropriada e muito pouco treino. Esse conjunto de fatores começou a produzir efeitos nefastos em mim. Comecei a me sentir mal logo no início da subida da serra de Maresias. Quem conhece a geografia do local, sabe que a altimetria é pesada, exigindo muito esforço dos atletas que sobem aquela ladeira.

Aos poucos fui diminuindo o ritmo, até parar e descer da bike, pois já não me aguentava sobre o selim da magrela. Era uma mistura de enjoo, fadiga, tontura e mais algum outro sintoma que eu já não me lembro mais. Era uma sensação horrível, posso garantir. Comecei a correr empurrando a bicicleta, pois dessa forma ia mais rápido (não muito).

Quando o nosso carro de apoio chegou até o ponto onde eu estava, já empurrando a magrela, logo vi meu irmão vindo em minha direção. Ele havia feito o trecho anterior. Havia pedalado vários quilômetros e certamente ainda não tinha se recuperado o suficiente. Mas nada disso o impediu de vir me acudir, saber o que estava acontecendo comigo, para dar aquela força necessária e me fazer seguir em frente.

Ele "desceu" ao meu lado, no melhor estilo "sem noção", calçando o *sapato* (isso mesmo, sapato) do motorista (do dono da Explorer), pegou a bike e fez boa parte do resto do meu trecho, praticamente dobrando uma das passagens dele, apenas para poder me dar o apoio necessário para continuarmos na prova. É isso mesmo que você está pensando, ele pedalou cerca de 15 km na serra de Maresias com um sapato de couro e dois números maiores que o dele. Ali estava a força do espírito "pedreiro" de um dos caras que mais admiro, que sabe cuidar, ajudar e se doar.

Mais uma vez, naquele momento, sentia na pele a camaradagem e a irmandade que estávamos praticando. Era muito desprendimento de qualquer espírito de competição, mas havia um sentimento de ajuda mútua, de apoio, ou seja, de uma verdadeira equipe que estava lá trabalhando pelo sucesso de todos, coletivamente, e pelo bem-estar de cada um.

É muito difícil descrever o que sentimos quando passamos por situações como essa, seja de um lado ou de outro. A amizade, a gratidão e a compaixão pelo próximo são indescritíveis. Quando temos a oportunidade de experimentá--las, de forma genuína, desprendida de qualquer interesse ou sentimento dúbio, seja no exercício ou no recebimento, o reflexo é imediato. Sentimos uma energia positiva tomando conta de nós, que nos permite realizar coisas inimagináveis e nas situações mais improváveis.

Enfim, conseguimos completar o Extra Distance.

Marcas, desempenhos individuais, recordes e colocação... nada disso importava ao final daquele desafio. O que realmente era importante ficaria gravado na alma de cada um de nós: espírito de grupo, camaradagem, ajuda mútua e empatia pelo próximo, independentemente da situação.

Certamente alcançamos nossos objetivos ao longo dessa aventura. Reforçamos nossos laços de amizade e pudemos desfrutar da companhia um do outro em momentos de alegrias e dificuldades, dando sentido a todo o "investimento" feito para concretizar mais esse sonho.

Uma das lições que ficaram para mim foi a necessidade de me manter ativo, sempre, sem interromper as atividades físicas, ainda que não houvesse nenhum objetivo pela frente. Quando você se mantém em atividade, mesmo que em intensidade menor da que está acostumado quando está se preparando para alguma prova específica, mantém o mínimo de capacidade e forma física, que permite algumas "extravagâncias" não planejadas.

Além disso, ficou claro quão importante é a necessidade de saber curtir momentos como esses. Aprender a dar risada de nossas próprias dificuldades é fundamental, para podermos imprimir, com a leveza necessária, as marcas que queremos deixar como legado. Não apenas as marcas no papel, mas na alma de todos que queremos bem.

Aprendi, de forma prática e inconsciente, que enfrentar desafios dessa magnitude e com essas características, tanto na vida pessoal como na profissional, exige uma boa dose de flexibilidade, adaptação, capacidade de improviso e resiliência. Sem essas características, é muito difícil superar os obstáculos que nos são apresentados, muitas vezes inesperadamente.

CAPÍTULO 6

2004 – Reaproximação pelo esporte

São quatro horas da manhã. O despertador toca repetidamente, como todos os outros dias da semana. Abro os olhos e repasso, mentalmente, toda a minha rotina, passo a passo, antes de tomar a atitude final de me levantar.

Ensaio desistir. A preguiça é quase mais forte do que a minha vontade de sair da cama, lavar o rosto, despertar definitivamente e partir para mais um dia de trabalho duro.

Logo lembro que não posso mais me dar a esse luxo. Os tempos de escola se foram e a responsabilidade caminha ao meu lado, sem dar sossego e tampouco me permitido esmorecer; ela me lembra, a todo momento, do quão importante é essa rotina e essa disciplina.

Pulo da cama, esfrego os olhos fortemente e corro para o banheiro a poucos passos de distância da minha cama. Jogo água gelada no rosto, servindo como o primeiro choque do dia, despejando energia e me despertando de vez. Sem muita demora e sem pensar muito, logo estou reativando todas as células do meu corpo e avisando a ele: "Prepare-se, porque hoje eu vou lhe usar".

Esse processo, entre o despertar e estar pronto para sair de casa, não leva mais de trinta minutos, sem deixar de lado o "café da manhã dos campeões" – uma bela maçã, corada, de um vermelho rubi reluzente – tão suculenta quanto um pedaço de picanha malpassada, recém-saída da grelha –, acompanhada de mais água gelada, agora resfriando e limpando a "máquina" por dentro.

Sim, essa tem sido minha rotina diária há mais de vinte anos, desde quando decidi me dedicar integralmente às atividades esportivas, seja como atleta amador ou como profissional, educador e mentor de pessoas por meio da atividade física. O meu foco é proporcionar bem-estar, qualidade de vida e realização pessoal, treinando e acompanhando outros tantos atletas, alunos e amigos, amadores e profissionais, que, assim como eu, enxergam na atividade física uma forma de harmonização entre corpo e mente, além de uma filosofia e modo de vida. Sem esquecer, claro, que em alguns momentos e para muitos de nós, o lado mais primitivo da competição pode aflorar e então nossos objetivos se baseiam em superar uma ou mais pessoas. Com o tempo, vamos entendendo que o foco das metas de superação deve estar em nós mesmos, em nossas capacidades e limitações. Assim, é possível se desenvolver de forma mais harmônica, inteligente e alinhada ao próprio passo e ritmo. Acredito realmente nesse princípio e nessa filosofia, mas aprendi isso ao longo do tempo e à custa de muitos equívocos.

Durante um bom tempo na minha vida (aquele da sobrevivência, lembra?) tive como modelo e espelho meu irmão mais velho, Renato. Os três anos e vinte dias a mais de experiência em relação a mim davam a ele certa vantagem competitiva. Não raras vezes, minha grande motivação era conseguir segui-lo, seja lá no que fosse.

Infelizmente, não podia contar com a minha "supremacia" genética. Ele também contava com ela. A constituição física também não me ajudava muito em relação a ele. O Renato sempre foi mais alto, forte, experiente e muito bem preparado. Ou seja, quando competíamos um contra o outro era muito pouco provável eu conseguir superá-lo.

Apesar das "desvantagens" que eu possivelmente tinha em relação a ele, do ponto de vista físico, sempre tive algumas qualidades que igualavam qualquer *handicap* que eu pudesse ter, seja em relação a ele ou a qualquer outra pessoa. Eu sempre fui muito disciplinado e determinado. Quando estabelecia um objetivo e traçava minhas metas, não descansava até alcançá-los. E foi com essa força de vontade e determinação que, muitas vezes, consegui superar tanto a ele quanto a outras pessoas que, aparentemente, poderiam apresentar uma condição mais favorável que a minha.

Nem sempre a relação entre irmãos pode ser considerada modelo de harmonia e companheirismo. Não é o que posso dizer da minha com meu irmão. Eu e o Renato fomos criados muito próximos, com os mesmos valores e princípios. Desenvolvemos um senso de cumplicidade muito forte desde que nos reconhecemos como irmãos e companheiros.

Claro que tínhamos nossos momentos de fúria e desavença, sem chegar às vias de fato, e por muitas vezes veio dele a decisão de controlar os ânimos e não nos enquadramos como o embrião das *mixed martial arts* (as artes marciais mistas, ou seja, MMA raiz mesmo). Mas, no final das contas, nossos laços se estreitavam, mesmo após uma discussão. Estávamos sempre no suporte um do outro. O esporte nos unia ainda mais, mesmo quando estávamos disputando em lados opostos.

Com o passar do tempo, nossos caminhos seguiram rumos distintos. Apesar da relação familiar nos manter sempre em contato, o dia a dia, as rotinas de trabalho, a vida pessoal desconectada, enfim, todas as dificuldades de uma vida cotidiana em uma grande metrópole como São Paulo foram contribuindo para um afastamento entre nós.

Mas vejam, não era um afastamento físico. Não. Tratava-se de um afastamento mais profundo. Um distanciamento emocional, afetivo. Um verdadeiro descolamento da nossa relação de companheirismo, de amigos, de irmãos. Chegamos ao ponto de perder tudo isso e de não nos reconhecermos mais um no outro, como acontecia em nossa infância e adolescência.

Não compartilhávamos mais nossas questões, angústias e aflições. Não celebrávamos mais nossas alegrias e conquistas. Sequer dividíamos a sabedoria do silêncio, como verdadeiros dispositivos móveis que se comunicam apenas pela aproximação. A conexão estava perdida.

No ápice dessa desconexão, o esporte – um elo muito forte e comum entre nós – nos reconectou e nos ajudou a mudar o curso dessa história.

No final de 2003, eu atravessava uma fase complicada em minha vida pessoal. Recém-saídos de relacionamentos que nos colocaram em trilhas opostas, tentávamos, cada um a seu modo e "no seu quadrado", juntar os cacos e nos recolocar no prumo novamente.

Nós dois estávamos em momentos importantes de nossas carreiras, tentando nos estabelecer e solidificar nossos respectivos empreendimentos.

A Personal Life entrava no seu quarto ano de vida e eu vinha de alguns desafios importantes do ponto de vista esportivo, como as Maratonas, algumas boas e outras nem tanto, entre 1998 e 2002, minha primeira prova de Ironman em 2001 e uma Extra Distance de ciclismo, São Paulo-Rio de Janeiro, de 800 km em 2003.

Somada toda essa quilometragem, contando com os treinos, dá para assegurar que, àquela altura, estava precisando de uma boa revisão da carcaça e da alma. Não estava nos meus planos fazer nenhuma prova muito relevante naquele momento, dado que vinha de uma sequência forte de provas que haviam me desgastado bastante física e emocionalmente.

Mas, em um desses (re)encontros com o meu irmão, ele me pediu no dia 6 de dezembro (data do aniversário dele) que eu o treinasse para competir no Ironman em 2004, que se realizaria em Florianópolis no mês de maio (como acontece todo ano).

Sem pestanejar, aceitei de pronto os três desafios: prepará-lo, colocando todo o meu conhecimento, bagagem e experiência a seu favor, com o objetivo de realizar um trabalho profissional bem-feito e de qualidade; superar novamente meus limites como atleta e competidor; e retribuir um pouco do tanto que ele me ensinou ao longo da nossa vida.

Naquele momento, a minha intenção era trabalhar da melhor forma possível a fim de levá-lo a alcançar seus objetivos, além de poder ter mais uma vez a chance de traçar novas metas e alcançar os meus próprios. Não percebi, de cara, qual era o verdadeiro sentido daquela empreitada que se iniciava naquele momento.

Tomando um carbo gel durante a etapa de ciclismo, com a ponte Hercílio Luz ao fundo.

No início do ano começamos a nos preparar. Nós nos reuníamos para planejar os treinos e as metas, definir a conduta que seguiríamos, estabelecer o plano de treino e como gostaríamos de realizar essa prova. Falávamos sobre tempos e marcas, quais as estratégias para cada parte da prova, passagens, transição, alimentação, enfim, tudo o que gira em torno de uma prova de *endurance* como o Ironman.

Quem já treinou ou completou algum desafio desse porte sabe (ou deveria saber) que a questão física é apenas uma parte do treinamento e da preparação. O lado mental é tão ou mais importante que a parte física. Dedicar-se horas a fio em treinos, a fim de completar um desafio que, para a maioria dos atletas amadores, inclui enfrentar dez a onze horas consecutivas de esforço e desgaste extremos, não é nada, nada fácil. Já vi inúmeros casos de atletas (eu, inclusive) que entraram plenamente preparados fisicamente nas provas, mas acabaram "quebrando", sobretudo em relação ao controle metal e emocional.

Nossos treinos foram se desenvolvendo cada vez mais; sempre juntos, compartilhando nossas dificuldades, apoiando um ao outro, dando força nos momentos difíceis, comemorando as conquistas, as metas, as marcas traçadas e superadas. Aos poucos, começamos a nos dar conta do que estávamos fazendo, do propósito de toda aquela dedicação.

Passo a passo, quilômetro a quilômetro, metro após metro, percebíamos o quanto estávamos nos "reconectando", nos "redescobrindo" como parceiros, amigos, companheiros e irmãos.

Correndo pelas avenidas do Jurerê Internacional.

Ao longo daqueles treinos sem fim, dos pedais em conjunto, das corridas compartilhadas, das raias e dos sofrimentos divididos, retomávamos aqueles laços afrouxados pelo destino, que a vida nos franqueava a oportunidade de ajustar e endireitar, abrindo nossos olhos a tudo aquilo que de fato importa.

De repente, pouco nos importavam as marcas, os tempos e as distâncias. Apenas o fato de estarmos lado a lado, tendo a oportunidade de "ouvir o silêncio" entre nós e conseguir compreender, novamente, o que isso significava, valia todo o sacrifício feito.

Naquele ano completamos o Ironman juntos, cada um no seu tempo, mas isso era o que menos importava. Havíamos redescoberto e retomado coisas muito mais importantes, muito mais profundas e verdadeiras. A jornada mostrou o quanto ela é mais importante, o quanto pode nos tornar pessoas melhores e nos fazer crescer em conjunto.

Ficou a lição, a partir dali, que devemos sempre valorizar as conquistas na vida, seja qual for o desafio ou objetivo a ser alcançado. A conquista só terá o devido significado quando agregar algo de muito valioso ao seu caminho, independentemente das marcas e metas que você quer atingir. O nosso desenvolvimento é único, individual e especial. Quando temos o propósito de ajudar, cuidar e o querer bem verdadeiro, esse desenvolvimento se transforma em aprendizado, enriquecendo nossa história e colorindo nossa vida.

São por essas e por outras que continuo a levantar todos os dias às quatro da matina, faça chuva ou faça Sol, tomando o "café da manhã dos campeões", com um sorriso no rosto e "sebo nas canelas", em busca de propósitos e inspirações, com o objetivo maior de me tornar, hoje, melhor do que ontem e amanhã, melhor do que hoje.

Abraço no meu irmão, Renato, após cruzar a linha de chegada de seu primeiro Ironman, coroando a nossa união.

CAPÍTULO 7

2005 a 2007 – Resiliência

Eu sempre ouvi dizer que bambu enverga, mas não quebra.

Como poderíamos encurtar alguns caminhos se tivéssemos o conhecimento e o entendimento de determinadas questões que a vida muitas vezes nos impõe! Em muitas situações, sob um ponto de vista diferente, talvez pudéssemos evitar resultados inesperados ou indesejados.

Pude compreender o significado da resiliência do bambu um pouco mais adiante.

Hoje entendo que nem sempre esses "atalhos" são benéficos. Muitas vezes precisamos encarar certos imprevistos e experiências que nos alçarão a patamares de autoconhecimento inimagináveis. Mas se pudéssemos acessar informações que nos ajudassem a evitar alguns perrengues enfrentados na vida, ahhh... isso também não seria nada mau!

E eu tive que enfrentar alguns desses perrengues para entender algumas coisas. Hoje sei que é muito mais fácil ser comentarista de dia seguinte a ter que enfrentar situações em tempo real.

Em 2005, decidi voltar às Maratonas, dessa vez escolhendo uma prova local, aqui no Brasil, e que é bem bacana para quem gosta e quer alcançar ou superar marcas pessoais. A Maratona de Porto Alegre é uma prova com um percurso amigável, plano e o clima ameno propício aos atletas que querem alcançar suas melhores marcas.

Era o meu caso naquela época. Entendia que, com base nas minhas marcas e experiências anteriores, além do meu condicionamento, muito provavelmente eu conseguiria superar o meu melhor tempo nessa prova. E é aqui que eu enfrento um ponto que carrego até hoje comigo. Nunca me esqueci desta lição: *jamais subestime uma prova de longa distância ou um projeto!*

Minutos antes da largada, ao lado da Renata.

Essa é uma experiência que, confesso, acabei vivenciando (e ainda bem que a vivenciei), mas que me trouxe uma lição importantíssima, tanto para mim como para os meus alunos. Cada um tem o seu nível de conhecimento. Uns mais, outros menos, mas nem todos sabem lidar com essa informação, ou então querem entender esse ponto, o que chega a ser até perigoso, colocando a própria integridade física em risco em alguns casos.

Para a prova de Porto Alegre, não me preparei da forma mais adequada para um percurso de longa distância. A disciplina sempre foi um dos meus pontos fortes, mas, nesse caso, negligenciei alguns fatores em minha preparação, confiando muito na minha capacidade e memória corporal, sem o devido ajuste fino e condicionamento adequado. Relaxei na intensidade e no volume de treinos, o que cobrou seu preço no dia da prova.

Próximo à data da maratona, eu completaria um ano de namoro com a Renata. Algum santo (ou vários deles) fez com que eu tivesse a oportunidade de conhecê-la no meio de 2004, poucas semanas após o Ironman. Eu a conheci na frente da igreja onde se realizou o casamento de um grande amigo. Depois daquele dia, ela passou a viver no meu mundo e escolhemos dividir todos os nossos momentos juntos.

Quando fiz a inscrição da prova, falamos com uma amiga da Renata, que morava em Porto Alegre, para pegar dicas de hospedagem, restaurantes e tudo mais. A expectativa para a maratona, como eu disse, era poder melhorar a minha marca pessoal, baixar meu tempo total e estabelecer novas metas. Mas o meu relaxamento me puniu. Não pude "performar" como eu esperava e achava que podia. Sofri muito mais do que o previsto (e sabia que não precisava ter passado por isso), fazendo com que meu desempenho ficasse bem abaixo do que acreditava ser possível.

Bingo! Tempo fora do esperado (3h16min, ainda que não seja um tempo ruim) e mais frustração... Mas, nesse caso, a régua era justa. Serviu para me fazer ver que *sem o devido comprometimento, não tem pote de ouro no final do arco-íris.*

Acredito que isso sirva para tudo na vida, seja pessoal ou profissionalmente. Se você se engajar em qualquer projeto, faça com o devido comprometimento. Não subestime o desafio e sempre dedique o seu melhor, para que, no final, você não fique com aquela sensação de que poderia ter feito (muito) melhor. Seja no esporte ou no mundo corporativo. Você dá o seu melhor, executa bem um planejamento e colherá os frutos.

Doe-se. Deixe sua alma nos projetos aos quais estiver se dedicando. Entregue o seu melhor, ainda que o resultado não seja o esperado, mas na certeza de que você fez tudo o que podia.

Superada essa questão, talvez o "pior" ainda estivesse por vir, no entanto eu não fazia ideia. Águas passadas, vida que segue, passei a me preparar para encarar o desafio do Pateta na Disney.

Para quem não conhece, esse desafio é muito legal, mas exige bastante dos atletas. Consiste em, num mesmo fim de semana, correr uma meia-maratona no sábado e uma Maratona no domingo. O percurso de ambas passa, predominantemente, pelos parques do complexo Walt Disney World e geralmente acontece com temperaturas baixas, no início do mês de janeiro.

Entrei nessa aventura e passei a me dedicar mais. A Personal Life levaria um grupo grande para a Disney naquela temporada de 2006 e eu entrei de cabeça nesse projeto.

Além dos alunos, seria a estreia da Renata em maratonas. Depois que começamos a namorar, o bicho da corrida também a fisgou.

Mas algo já não estava indo muito bem comigo e com o meu corpo. Ele vinha dando sinais de fadiga e, em setembro de 2005, poucos meses antes da prova, fui diagnosticado com uma fratura por estresse na minha tíbia direita (esta foi minha companheira em outras aventuras que veremos mais para a frente).

Boom! Impacto total! Não imaginava que isso pudesse acontecer comigo e justamente naquele momento. Foi realmente um grande baque na minha estrutura física e emocional.

Eu já havia sofrido outras lesões, mas nenhuma naquela proporção e gravidade, o que me fez aprender a lidar com lesões e suas consequências de uma forma completamente distinta da que eu estava acostumado.

Novamente, esse seria um daqueles episódios que, em um curto prazo, acarretam dificuldades e transtornos na nossa vida, mas, em longo prazo, só acrescentam e nos trazem conhecimento e experiência suficientes para compreender, saber lidar e, se possível, evitar situações semelhantes no futuro.

A partir de então, tive de aprender a conviver com a dor e as dificuldades de uma lesão grave que me pegou de surpresa e que nem sempre é fácil de tratar.

O sentimento ruim por não poder participar das provas ficou esquecido por eu ter vivido um momento de grande conquista para a Renata. Reafirmei nos poucos segundos em que a vi terminando a prova o quanto era bom levar pessoas a conquistarem sonhos, se superarem e crescerem como seres humanos.

Voltei com o coração cheio, mas ainda com a lesão para tratar.

Para você ter uma ideia, em junho de 2006, eu e a Renata nos casamos. Durante a cerimônia religiosa, eu queria me sentar, pois não conseguia ficar em pé por longos períodos sem sentir dores insuportáveis – elas me impediam de realizar as atividades mais simples. Sabe aquelas coisas que você sequer percebe que está fazendo em sua rotina diária, mas que passam a incomodar muito? Eu passei por isso e fui aprendendo todos os truques do que *não* fazer quando se está em meio a um tratamento de uma fratura por estresse, por exemplo, não andar descalço, não usar chinelo ou sapatênis (no caso das mulheres, rasteirinha ou salto alto), não pular (mas isso é óbvio, acredito eu...).

Nesse período, passei também a me dedicar a alguns pontos importantes na gestão da Personal Life, os quais não eram minha responsabilidade anteriormente. Isso me trouxe uma compreensão muito melhor sobre o negócio que já vinha tocando fazia algum tempo. A dedicação quase que exclusiva aos processos operacionais, sem a "preocupação" com os meus próprios treinos, me propiciou a oportunidade de enxergar pontos necessários para ajustes da condução da minha rotina de trabalho e do próprio negócio em si.

Além disso, a minha rotina pessoal também havia mudado. Com o casamento, passei a ter uma dedicação mais intensa à vida a dois e à família. A adaptação e a mudança de padrões trouxeram uma nova realidade ao meu contexto de vida, o que me ajudou a ter uma capacidade muito maior para alinhar o binômio expectativa *versus* realidade. Estou falando de resignação.

Entendi que não adiantava lutar contra o inevitável e, finalmente, me rendi ao que já deveria ter feito há muito tempo e de forma sólida e eficaz: tratamento e disciplina.

Foram dois longos anos sofrendo com essa lesão, sem conseguir voltar às atividades físicas (o que dizer das provas longas!) de forma plena e sem sofrer ou conviver com as dores.

Então, um episódio do passado me veio à mente e, de verdade, produziu uma virada de chave na minha cabeça.

Alguns anos antes, em 2002, meu pai (minha referência) teve que passar por uma cirurgia de coluna. Anos de "abusos" nas atividades esportivas provocaram algumas sequelas que o impediram terminantemente de praticar atividades físicas na intensidade que ele sempre esteve acostumado. A partir de então, ele só poderia fazer caminhadas leves e olhe lá.

Refletindo sob essa ótica, percebi que não gostaria de passar por isso, e talvez (ou com certeza?) o meu corpo já estivesse "avisando": "Se cuida, caso contrário eu paro você de vez". Percebi que, se não tomasse uma atitude radical e necessária, certamente teria que enfrentar consequências bastante indesejáveis. Definitivamente, não era isso que eu queria (e não quero) para mim.

Não tive dúvidas: foram quase quatro meses, a partir desse alerta afetivo, sem nenhum tipo de atividade física (eu mal caminhava), a fim de curar definitivamente a lesão que insistia em não me largar.

Você consegue imaginar como deve ser, para alguém que trabalha com atividade física e que ama o que faz, ficar sem praticar qualquer tipo de esporte? Coloque-se no meu lugar por um minuto para tentar entender esse sacrifício!

Não foi nada fácil. Mas, como a ficha havia caído, e a resignação já passava a fazer parte da minha vida, segui no propósito de ficar saudável novamente, não importando o sacrifício.

Após o período de inatividade total, fui voltando aos poucos, caminhando, correndo e caminhando, trotando leve, trotando, até conseguir correr direto por trinta minutos, em 31 de dezembro de 2007. Chorei lágrimas de felicidade por voltar a correr, mas mais por ter "vencido" mesmo após apanhar por muito tempo.

Voilà! Estava curado!

Aquele bambu que sempre pareceu inquebrável, mas que rachou e quase quebrou, finalmente havia se refeito e estava pronto novamente para envergar, mas nunca mais quase quebrar.

A dificuldade realmente nos mostra o quão forte podemos ser e o quanto podemos suportar quando encontramos e entendemos nosso propósito. A resiliência, que deve ser praticada todos os dias, é fundamental para suportar as barras cotidianas, sem falar das metas de médio e longo prazos. Sem essa capacidade, dificilmente você consegue seguir adiante e percorrer longos caminhos. É preciso perseverar para poder alcançar suas metas e seus objetivos.

CAPÍTULO 8

2008 – Iron, Maratona SP, filho e Stoneman

Em um daqueles momentos malucos em que juntamos desejo com loucura, em junho de 2007, me inscrevi para fazer o Ironman. Naquela época, para se inscrever na prova era preciso ficar de plantão na frente do computador, esperando o link estar ativo para no máximo em quinze minutos concluir a inscrição. Era assim ou então entrar na fila de espera da agência que possuía a representação exclusiva da prova.

Eu estava cansado de ficar sem treinar devido à fratura na tíbia e precisava de um objetivo maior para fazer o que fosse preciso para me recuperar e voltar definitivamente da lesão. Consegui fazer a inscrição. Dia 25 de maio de 2008 eu estaria na largada do meu terceiro Ironman.

Eu estava recém-recuperado. Vinha retomando a rotina da corrida, mas ainda com caminhadas, e no dia 31 de dezembro de 2007 foi o primeiro dia em que consegui correr 30 minutos direto, depois de mais de dois anos tratando e sofrendo com a canela.

Tenho certeza de que não foi pelo clima de Ano-Novo, mas chorei feito criança assim que terminei o treino.

Embora acreditasse que seria possível, sempre ficava aquela pulga atrás da orelha: "Será que vou voltar mesmo?"; "Será que o osso já está bom?", e por aí vai. Durante a corrida, fui me perdendo nas resoluções de começo de ano, imaginando como eu poderia fazer daquele ano algo mais especial, em todos os aspectos, começando, claramente, pelo meu porto seguro, a Renata, passando pelos desafios profissionais, treinos e provas.

Estava no Rio de Janeiro. Voltei a correr em um clima que eu gosto. Umidade e calor. Nada melhor! Quer dizer, para quem se sente bem e gosta do calor para treinar, era o clima ideal. Nesse mesmo dia, a Rê, depois de correr, começou a se sentir mal. Pressão baixa e indisposição. Colocamos tudo na conta da alimentação precária dos últimos dias e nos bons drinques da noite anterior. Ledo engano. Mal (ou bem?) sabíamos o que estava por vir.

Retornamos de viagem e já iniciei a rotina de treinos pensando no desafio que seria fazer o Iron em maio. Por mais que já tivesse feito duas provas anteriormente, cada ano é diferente. Evoluí, aprendi, amadureci com erros e acertos e aquilo tinha tudo para dar certo e ser um ótimo ciclo.

Exatamente no dia 7 de janeiro, chego em casa, e a Renata novamente passando mal. Luz de alerta acesa. Menstruação atrasada. Parecia que a ideia de crescer a família – já estávamos cogitando isso após a Maratona de Chicago em 2007 – estava para acontecer.

It's a boy! Uma nova fase de vida se iniciaria antes mesmo do nascimento do nosso primeiro anjinho. Eu, marinheiro de primeira viagem, não tinha a menor ideia de como seria encarar um processo de gestação de perto, muito menos como seriam os primeiros meses de vida do nosso filho.

O desafio de fazer a prova em maio seria ainda maior. Administrar o dia a dia com todas as variações hormonais e de temperamento da mamãe, incluindo os exames e consultas de rotina (que eu fiz questão de participar) não era nada fácil.

Mas a alegria não era inversamente proporcional. Era exponencialmente maior. A notícia de que seríamos pais encheu nosso coração de uma felicidade inexplicável e, especialmente para mim, foi uma bomba de combustível para chegar em maio bem.

Defini que não teria muita intensidade nos treinos de corrida, para diminuir a chance de me lesionar novamente. Por mais que pareça que o volume seja o responsável principal pelas lesões, defendo que o maior erro é a junção de volume com a empolgação de querer fazer força. Combinação explosiva e a cara da *cagada*!

Em 2008 tive a companhia de dois alunos para treinar. Um era o Guilherme, que havia feito o Iron no ano anterior, mas que desta vez estaria um pouco menos comprometido. O outro era o Cristiano Portugal, um grande amigo de infância – o tempo e o esporte se encarregaram de nos reaproximar novamente. Ele me acompanhava na raia ao lado e em todas as minhas fugas dos treinos de natação quando pequeno. Quando eu morria de frio, e com menos de 100 m de treino, queria me esquentar no chuveiro por horas. Bom, essas escapadas da piscina me custam caro até hoje em todas as provas de triatlo que invento de fazer.

Os meses se passaram, e a barriga da Rê foi crescendo junto com a minha confiança de que poderia fazer uma boa prova. Bike evoluindo, corrida sem dores. Natação... bem, deixa para lá a natação!

Estava querendo voltar à condição que tinha em 2003/2004, mas sem a menor vontade de sofrer de quatro a cinco dias na semana. A estratégia escolhida para a prova foi nadar durante três meses de duas a três vezes na semana (maioria duas vezes) e estar melhor (mais descansado) para treinar com a bike, que no Ironman consome, em média, quase 50% do tempo da prova.

Maio chegando, corpo mudando e a barriga (da Rê, claro) cada vez maior. A alimentação, teoricamente, andava bem. Naquela época, eu ainda mantinha o esquema *carb load* antes de treinos longos e provas. E não foi diferente para esta.

Na largada, o momento de concentrar, alinhar pensamentos com a vontade de fazer força e fazer valer a pena toda a dedicação.

Chegado o dia, lá fomos nós para a largada. Preparação toda encaixada, sem maiores perrengues, dá-lhe mergulho nas águas frias de Floripa. Até a metade da prova, estava me sentindo bem. Tudo dentro do controle e do planejado. Até que, no quarto quilômetro da Maratona, bateu aquela "vontade" de ir ao banheiro.

Apenas para você ter uma ideia, daquele momento em diante, até o final da prova, foram mais de vinte *pit-stops* indesejados em todo e qualquer lugar que fosse possível. A esperança de fazer um bom Iron se foi, literalmente, vaso abaixo.

Faltando 15 km para concluir a Maratona, o Guilherme me alcançou. Em uma das atitudes mais nobres e que resume o espírito esportivo para mim, ele deixou de lado a prova dele e foi me acompanhando quilômetro a quilômetro, de parada em parada, até a linha de chegada. *Jamais* esquecerei e *sempre* serei grato por tamanha atitude.

Cruzamos o pórtico final juntos, lado a lado, e encontramos nossas respectivas esposas.

Segundos antes de ir para o soro, debilitado, após cruzar a linha de chegada.

Sempre recomendo a todos que fazem o Ironman que, na chegada, sempre passem para tomar o soro pós-prova, a fim de acelerar a recuperação. Hidratação e sais minerais na veia ajudam qualquer um, ainda mais depois de tantas horas exigindo e expondo o corpo ao limite do esforço físico. E no meu caso teve o agravante da perda incomum de nutrientes durante a prova. Lá fui eu para o soro.

Não deu nem tempo para a tristeza bater à porta. Fiz o que podia. Eu me dediquei o quanto pude nos meses de preparação. Tive a atitude de fazer o que meu corpo teoricamente poderia fazer antes e durante a prova. Mas algo havia dado errado. Não era hora de ficar triste, mas sim de tentar identificar o erro e não o repetir no futuro.

Finalizada essa etapa, eu e a Renata viajamos já na segunda-feira após a prova. Saímos de férias e fomos para um hotel no nordeste brasileiro, daqueles "pé na areia" e no *dolce far niente*. Apenas o Sol, a mulher amada, boa comida e bebida como companhias.

Depois de um Ironman, temos uma vantagem. Podemos comer o que e o quanto quisermos que, em função do metabolismo estar tão acelerado, nada acontece. Nem um grama sequer a mais na balança. Fiquei com certa dó do atendente que fazia crepe e *waffle* com doce de leite no hotel. Transformei o rapaz em funcionário do mês em alguns dias de estadia por lá.

Retornamos no sábado cedo, pois no domingo, uma semana depois do Ironman, faria a Maratona de São Paulo, pela curtição (será?), com os mesmos alunos que estavam em Floripa e alguns outros.

Da esquerda para a direita: Fernando Eid, Rogério Machado, Aldo Segnini, Christiano Portugal, Guilherme Rocha e eu, na Maratona de São Paulo.

Como o plano era curtir, colocamos uma meta de correr perto dos 5 min/km. O que para nós, fora de prova, era bem tranquilo. Largamos. Já no terceiro quilômetro perdemos o Chris, com o joelho doendo pós-Iron. Nesse caso, é melhor respeitar e parar, do que forçar e gerar consequências mais para a frente. Eu e o Gui seguimos, lado a lado, como no Iron. E dessa vez quem começou a sentir dificuldades em manter o ritmo foi ele. Reduzimos o ritmo e, entre os papos, fomos conquistando cada quilômetro e cruzamos a linha de chegada lado a lado, mais uma vez, e abaixo do tempo planejado, 3h28min.

Naquele instante tive a certeza de que meu corpo não havia chegado ao limite no Ironman. Por conta dos problemas intestinais, meu corpo não deveria estar recuperado para fazer aquela Maratona, mesmo em um ritmo mais leve, se tivesse usado tudo que tinha no dia do Iron. *C'est la vie...*

Voltando ao projeto pai, os exames de rotina da gestação da minha esposa seguiam conforme o planejamento. A barriga da Rê já quase explodindo e nossa ansiedade tomando conta cada vez mais. A emoção toma conta de mim só de lembrar como foram os últimos dias da gravidez da Renata e o caminho até a maternidade. Enrico chegou!

Dia 10 de setembro de 2008. Nossa vida havia mudado para sempre. Lágrimas, sorrisos. E nosso amor, um pelo outro, aumentou em uma fração de segundos. Viver aquilo com quem você quer dividir o resto dos seus dias coloca você em um outro patamar de sentimento, que transcende qualquer definição. É inexplicável.

O Enrico nasceu com tamanho e peso dentro da média. Agora o pequeno bacuri era mais um elo da nossa engrenagem, que apenas se fortalecia a cada dia. Aquele toco de gente transformaria nosso mundo em poucos instantes.

Havia chegado alguém que precisava do nosso exemplo, que nos obrigava a fazer do mundo um lugar melhor. Que exigia nosso espírito de companheirismo 24 horas por dia. Que faria a gente saber se transformar em educadores. A partir de então, nossos caminhos e escolhas não dependiam mais apenas da minha vontade e da Renata. Um novo anjinho, agora, também dependia de nós.

Nós não tínhamos mais domínio pleno das nossas agendas. Aprendemos a lidar com variáveis que muitas vezes fugiam do nosso controle, como uma simples soneca do bebê, cinco minutos antes de mamar ou almoçar, ou ter que trocar a fralda e, dependendo da "obra-prima", precisar dar um banho não planejado minutos antes de entrar no carro para sair de casa, entre tantas outras histórias e experiências.

Passado algum tempo após o nascimento do Enrico, em um papo com um amigo, o Uva, que também treinava comigo e havia sido pai em março daquele ano, decidimos fazer uma Maratona no campus da USP (Universidade de São Paulo). A USP, para quem não conhece, é o quintal da grande maioria dos corredores de rua da capital paulista e onde costumamos passar boa parte do nosso tempo, correndo e treinando. Curiosamente, foi no casamento do Uva que conheci a Renata, quatro anos antes. Agradeço a ele e a Ju (a esposa dele), todos os dias, pelo maior presente da minha vida.

Sempre curtimos correr pelo prazer de correr. E pensamos juntos: "Não precisamos de cronometragem, provas oficiais e milhares de pessoas conosco para fazermos os 42,195 km da Maratona". Dali surgiu, em meio a piadas e muita descontração, a primeira edição da Stoneman Marathon. Também foi o embrião da corrida beneficente que a Personal Life organiza, até hoje, todo fim de ano.

Decidimos fazer 3 voltas de 8 km, mais 3 voltas de 6 km dentro do campus. O percurso não era tão simples, já que a cada volta de 8 km teríamos 2 subidas (consideráveis) e a cada volta de 6 km teríamos mais uma subida. Mas estava longe de ser como na Maratona de São Paulo do ano 2000, quando subimos a avenida Sumaré inteira (4 km), além de uma variação de altimetria importante e com várias entradas e saídas de túneis até a chegada no Parque do Ibirapuera.

Mas a ideia do nome "Stoneman" veio da nossa forma carinhosa de chamar um ao outro. Por nos considerarmos (e de fato sermos) bastante rústicos, surgiu o apelido de "homem das pedras" ou das cavernas, remetendo à idade da pedra, o que acabou chegando a Stoneman. Até hoje essa é a forma que nos tratamos, Stone, um apelido, a princípio pejorativo, mas que ainda faz sentido pela nossa essência e pela nossa amizade, firme feito pedra.

E lá fomos nós, no dia 20 de dezembro daquele ano de 2008, cheios de emoções, felizes e cercados de outros tantos amigos (e malucos) que se juntaram para correr conosco boa parte desses 42,195 km bem "fora da caixa".

A ideia de correr pelo prazer de correr é o que me move. É o que tento passar, dia após dia, aos meus alunos. Mas com a Stoneman Marathon, o propósito se redefiniu. A ideia se transformou em "ajudar quem precisa, fazendo o que amamos". Não existe forma melhor de retribuir o que recebemos. Todos que participam dessa festa fazem uma doação – pelo menos uma cesta básica, além de outros itens, como roupas ou brinquedos – que é encaminhada, sempre, a uma instituição de caridade.

Ufa! Que ano! Em 2008 nasceram dois filhos: Enrico Hirsch, o primogênito dos três que tenho hoje; e a "Stoneman", a corrida que ajuda a despertar nas pessoas o seu lado altruísta fazendo aquilo que amam fazer, que é correr.

CAPÍTULO 9

2009 – Long Distance de Pirassununga

Que coisa incrível é a experiência da paternidade, de poder presenciar mês a mês o crescimento de um filho. A cada semana uma mudança. A cada conquista, você se torna uma nova pessoa. Aprende diariamente como lidar com as novidades e se adapta às novas situações, as quais jamais imaginou que pudesse ou fosse passar. Quem tem filho sabe que são inúmeras histórias em que os pais são colocados à prova, e não são poucas as que ficamos em uma bela saia justa. Aprendizados!

E assim segui em 2009. Aproveitei a paternidade. Fortaleci a cumplicidade criada entre marido e esposa, pai e filho. E, somado a tudo isso, auxiliei os meus alunos que buscavam alcançar os seus objetivos. Foi um ano atípico, não participei de uma única prova e, confesso, sem vontade alguma.

Estava focado na família e no trabalho, ou melhor, na divisão dos três pilares de vida que costumo fazer: pessoal, profissional e hobby. Tenho consciência de que, para manter o equilíbrio, às vezes preciso focar em um deles, sem deixar de manter de pé os demais, porém me concentrando naquele que mais necessita de atenção em determinado momento. Acredito ser muito difícil manter todos os pilares sempre no nível máximo. O que consegui, e recomendo, é manter um bom equilíbrio entre eles e, em determinados momentos, priorizar algum, mas sem deixar os outros totalmente de lado.

Aprendi e constatei que se for possível manter uma rotina simples, de três a quatro treinos na semana, por 45 minutos cada sessão, você terá tempo suficiente para se dedicar à família. Assim, você não prejudica o trabalho e ainda preserva o prazer proporcionado pela atividade física. Mas quando você quiser encarar qualquer desafio, sejam provas longas ou correr mais rápido, tem que ajustar a rotina do dia a dia para interferir o mínimo possível nas demais áreas da vida.

Segui mantendo a rotina enxuta de corrida e bike ao longo do ano. Até que, na festa de 1 ano do Enrico, em setembro, alguns amigos decidiram encarar, no final de novembro, o Long Distance de Pirassununga. Trata-se de uma prova com a metade das distâncias de um Ironman, ou seja, 1,9 km nadando, 90 km pedalando e 21 km correndo.

Pensar na ideia de ter meu filho, mesmo que pequeno, me vendo competir, aguçou minha vontade de treinar e chegar bem até o dia da prova. Mas para isso sabia que estaria em uma encruzilhada, pois perderia algumas preciosas horas ao lado da Renata e do pequeno bacuri.

Equilibra daqui, aperta o tempo dali, dorme menos e vai mantendo todos os pratinhos girando, assim como todos os que têm filhos, como eu, precisam fazer.

Acredito que deveria ter uma divisão de categoria nas provas para pais e, ainda, uma subcategoria, dependendo do número de filhos. Manter a rotina com essa configuração familiar não é nada fácil. A administração física e mental de trabalho *versus* família *versus* treinos é complexa.

Mas aceitar algumas condições e entender a demanda de cada pilar também faz a diferença. Essa capacidade de leitura e adaptação eu sempre tive, desde cedo, por precisar ajudar os alunos que estavam nessa situação, sem contar outras experiências que já havia passado pessoalmente. Faz parte do meu trabalho ajustar a melhor rotina para o aluno e que caiba na realidade de vida dele.

O tempo passa a ser cronometrado cada vez mais. A programação do despertador passa a ser na casa dos minutos – há quem coloque o relógio para tocar às 4h12, porque precisa de 18 minutos para sair de casa, mais 20 minutos para chegar à USP e 5 minutos para estar em cima da bicicleta exatamente às 4h55. Parece loucura, mas, pelo menos para mim, acordar 2 minutos antes ou depois faz uma diferença enorme.

Precisamos, porém, de outra característica: a disciplina. Levantar assim que o primeiro toque do despertador der sinal de vida, seguindo uma passagem do filme *Jerry Maguire: a grande virada*, em que o mentor dele, Dick Fox, fala: "I clap my hands and say: this is gonna be a great day"[Bato palmas e digo: hoje vai ser um grande dia].

Esse filme, que já vi pelo menos umas cinquenta vezes (sem exageros), ajudou a construir o propósito e a missão da Personal Life: "não se preocupar em ter milhares de clientes, mas sim atendê-los da melhor maneira possível". O aluno sempre foi nossa prioridade, com atendimento individual e personalizado, muitas das vezes.

A relação que o protagonista, Jerry Maguire – um agente esportivo interpretado pelo ator Tom Cruise –, cria com seu único cliente, faz com que as coisas aconteçam. A confiança mútua faz tudo melhorar e os objetivos são alcançados. *Bingo!*

O filme também mostra a importância de termos pessoas ao nosso redor que nos completem, que nos façam ter força para lutar, encarar os desafios do dia a dia e alcançar nossos objetivos. É isso que faz a conquista ter valor.

Deixar tudo de lado, cegamente, até de forma obsessiva, buscando atalhos e caminhos mais curtos, tornará sua conquista vazia ou menos completa, pois dificilmente terá com quem dividi-la, além da sua rede social, ou terá sido *fake*, dado a caminhos construídos artificialmente.

Eu estava feliz, como poucas vezes na vida, treinando como sempre. Sem exagerar no volume de treinos, administrando a vontade de fazer cada vez mais, para evoluir com o trabalho e atender todos os alunos que procuravam a assessoria – sem deixar de ficar em casa, perto dos meus amores. Era o balanço perfeito dos meus pilares de vida.

Em razão de a logística para a prova em Pirassununga não ser das mais fáceis para quem tem um filho com pouco mais de 1 ano, acabei indo com alguns alunos para um hotel (se é que aquilo poderia ser chamado de hotel) em Leme, cidade próxima. Infelizmente, a Renata não estaria lá e nem meu pequeno filho com quem imaginei terminar a prova no colo. *C'est la vie*, mais uma vez.

Sozinho no quarto e cansado da "obrigação" de comer macarrão, resolvi comer o tradicional arroz branco, batata e um bife grelhado. O que sempre vinha fazendo no meu dia a dia, até de forma inconsciente; aquilo passou batido e minha mente entrou em um nível de concentração tamanha, que tinha toda a prova feita na minha cabeça. Em vez de ansioso, eu estava calmo, preparado para uma batalha mental que seria conduzida passo a passo.

Tamanha era a minha convicção e capacidade desenvolvida ao longo dos treinos que decidi, na véspera, fazer a prova com um cronômetro comum, sem o GPS que normalmente dá o norte de ritmo e distância percorrida.

O dia começou bem antes da largada e, mesmo sendo procurado pelo locutor do evento para uma breve entrevista pré-largada, não perdi a concentração.

Focado durante toda a etapa da natação, subi na bike e pensei: "Força 100% do tempo... Quem você enxergar na sua frente, você não pode deixar abrir ou tem que ultrapassar... Mantenha o ritmo e acredite!". Feito!

À esquerda, saindo para correr, pensando na hidratação.
À direita, no quilômetro 11, com a certeza de que faria uma boa prova.

Quando saí para correr, tive a certeza de que aquele dia seria bom. Quem corre, sabe quando é "o dia"! E aquele era "o dia"! Estava nas minhas mãos, ou melhor, nos meus pés. Aquele era meu jardim, meu quintal, minha "zona de conforto". Correr sempre foi o que mais gosto de fazer, e faço razoavelmente bem.

Para a minha surpresa, ao dar o primeiro passo fora da área de transição, avistei a Renata e o Enrico. Meu caro leitor, imagine um caboclo confiante... agora multipliquem à enésima potência, foi o estado que fiquei ao avistá-los. Nada poderia dar errado naquele dia.

A felicidade é um dos melhores impulsionadores de performance. É possível perceber isso quando, muitas vezes, você tem horas a menos de sono por razões de eventos felizes (reunião com os amigos, por exemplo), mas no dia seguinte você está radiante e, mesmo com a privação de sono, consegue fazer bons treinos. É a tal da serotonina. Vem com tudo. Como é um dos neurotransmissores responsáveis pelo humor, as coisas ficam bem mais prazerosas.

Mas, apesar disso tudo, quatro quilômetros depois, o corpo, após o ritmo firme que havia colocado no começo, passou a dar sinais de desgaste. Imediatamente tive que reprogramar minha cabeça e meu objetivo. Minha meta inicial estava muito ambiciosa. Ajustei a respiração, coloquei carboidrato gel para dentro e, alguns copos de água na cabeça depois, fizeram com que o meu corpo estivesse encaixado novamente. A sensação de que poderia fazer força estava de volta e assim fui, até encontrar, nos últimos 200 m da prova, meus dois amores e minha razão de estar ali: Renata e Enrico.

Eternizei esse momento cruzando a linha de chegada com o Enrico nos ombros. Ele sem entender nada, e eu com um grito que ecoou e que iria mudar minha vida e minhas provas dali em diante.

Cruzando a linha de chegada com o Enrico no colo.

Comecei a entender melhor o funcionamento e as reações do meu corpo; o que poderia exigir dele e como abastecê-lo antes e durante as provas; como controlar o sofrimento, transformando-o em opção, e não em obrigação. Resultado: 17ª colocação geral (contando os profissionais) e o mais importante: *feliz da vida*!

Sou adepto do "sofrer por escolha e não por obrigação". Sofrer por falta de treinos ou por errar a estratégia de ritmo ou alimentar... isso não pode acontecer mais do que duas vezes. Você tem que abrir os olhos para essas lições e fazer acontecer da melhor maneira possível.

Percebi que o GPS não fez falta, o que também, de certa forma, foi um alívio. O autoconhecimento possibilita um controle melhor do ritmo. Eu estava no controle da prova, a cada passada que dava, mantendo um ritmo bom. Percebi que eu sabia o que poderia fazer.

Meu corpo se acostumou tanto a correr em locais com voltas curtas que normalmente brinco com o GPS, até os dias de hoje, tentando adivinhar o ritmo em que estou correndo.

Isso favorece o aumento da percepção de esforço, sem depender, exclusivamente, de um relógio para dizer se você está correndo em um determinado ritmo. O barulho da passada, a respiração e até o tilintar da correntinha que uso com alguns pingentes serve como marcadores de ritmo para mim.

Fim de ano animado e com objetivo claro definido. Ironman 2010, me aguarde que vou desengasgar. *Here we go again!*

A emoção e a felicidade de poder dividir uma conquista com quem amo.

CAPÍTULO 10

2010 – É nos detalhes que o diabo mora

Passadas duas semanas de descanso do Long Distance de Pirassununga, meu corpo estava reagindo bem. Eu vinha retomando os treinos em meados de dezembro de 2009. Além de mim, muitos alunos estavam animados para encarar o Ironman de Florianópolis em 2010, que, como de costume, acontece sempre no último domingo de maio.

Em janeiro, a vida e a rotina se encaixaram melhor. Filhote crescendo, esposa 100% recuperada da gestação e do parto e, o melhor de tudo, treinando novamente. Além disso, ela estava 110% ao meu lado, me dando todo o apoio ao meu "novo" desafio: vencer a barreira que foi criada nas três últimas ocasiões em que estive em Florianópolis, deixando aquele gostinho amargo de "eu podia ter feito melhor".

Como sempre, uma das condições que eu mesmo me impunha para participar de uma prova desse porte era que, durante os quase cinco meses de treinamento, jamais faria meus treinos longos aos domingos.

Ainda que chovesse canivetes em um sábado, dia que geralmente eu fazia os treinos mais longos de bike com transição, eu encararia essa chuva como um "presente de Deus". Sim, uma mensagem me dizia: "Descanse, meu filho. O seu corpo vai agradecer". Domingo passou a ser chamado de *family day*. Era *full time* com a Renata e o Enrico. Graças ao Papai do Céu e para alegria geral da família, nenhum dia foi perdido... sem chuvas aos sábados e muitos treinos entregues.

Nunca fui de fazer muitos treinos na semana, então colocava muita qualidade nas sessões em que fazia, sem o famoso *trash miles* que os americanos costumam dizer.

O *trash miles* nada mais é que simplesmente deixar o corpo trabalhando sem muito propósito, apenas somando quilometragem (milhagem para os norte-americanos) para, supostamente, fazê-lo se acostumar a produzir continuamente. Eu não tinha todo esse tempo disponível, não via tanta necessidade nisso; além disso, achava que muitos treinos me tirariam o prazer de treinar.

Eu seguia feliz da vida com meu tão desejado e bem aproveitado *family day* (ou *day off* de treinos).

Outra condição que me impus para fazer o Ironman seria uma viagem depois da prova. A Rê nasceu com rodinha nos pés e adora viajar (talvez seja o que mais ama fazer na vida). Escolhemos o destino e embarcaríamos no dia seguinte da prova.

Prefiro fazer o Ironman no Brasil por vários motivos, mas quatro deles acho importante compartilhar:

1. Logística mais fácil. Tem um voo de uma hora até Floripa ou, se preferir, você pode ir de carro e despachar toda a tralha por meio de empresas que entregam tudo, bonitinho, em Jurerê Internacional;
2. Companhia para a prova. Sempre terão pessoas que você conhece competindo ou acompanhando a prova. E você consegue levar quem quiser para assistir e torcer por você;
3. Boa organização. A do Ironman Brasil não deixa a desejar para nenhuma prova fora do país. Aliás, com base no que já vi e acompanhei, a prova está entre as dez melhores sob a chancela Ironman, certamente;
4. Você faz a prova e no dia seguinte pode aproveitar o tempo que quiser para viajar, para curtir sem ter que se preocupar com alimentação, mala, bike, com o que comer e beber. Faço a prova em Floripa, e na segunda-feira já chego no aeroporto para viajar, podendo comer o que quiser, beber minha cerveja, sem nenhuma preocupação, para depois poder descansar e curtir a viagem e a companhia.

Plano traçado e paz nos meses para treinar. Não estaria 100% presente em casa aos sábados, mas aos domingos curtiríamos o nosso *family day* e depois, eu e Renata, teríamos nosso merecido descanso. Acredite, esse planejamento combinado ajuda para todos saírem mais fortes do período de treinamento.

Administrar cobranças e gerenciar expectativas é uma das habilidades que tive que desenvolver com o passar dos anos, especialmente trabalhando com pessoas, ainda mais quando você lida diretamente com sonhos, dedicação e administração de tempo nos três pilares da vida: pessoal, profissional e hobby.

Como já mencionei, acredito ser quase impossível manter os três pilares equilibrados o tempo todo. O que busco fazer comigo, e tento passar isso aos alunos, é que você tem que saber que algum desses pilares estará mais enfraquecido durante os meses de treinamento, mas isso não quer dizer que ele vai inexistir ou que você deva se apoiar nisso para justificar qualquer coisa.

Você tem que estar atento e alerta para entender quando e quais passos poderá dar, sejam eles os primeiros, rumo à conquista dos seus sonhos, ou os últimos e decisivos, para dividir alegrias ou possíveis frustrações. Mas, lembre-se, tudo sempre servirá de aprendizado.

As semanas vão passando e a cada treino longo vamos chegando mais próximo do dia D, com a sensação de que estaremos prontos para esse momento. O convívio com os companheiros de treino, que também estão ali suando, se dedicando e sabem o quanto um esporte individual precisa ser vivido coletivamente, também nos fortalece, e muito, para enfrentar todas as dificuldades de uma prova desse calibre (e olha que não são poucas).

Meu amigo Chris, que em 2008 estreou no Iron, também voltaria a fazer a prova em 2010. Em vários treinos o papo fluía, e muito... Com um pouco mais de vivência no time dos casados e já com um filho para criar, eu ia descrevendo minha rotina e minhas experiências ao longo dos treinos e tentava ajudá-lo a conduzir alguns pontos da vida de uma forma mais harmônica. O treinamento para provas muito longas é sempre um processo de amadurecimento (seja voluntário ou involuntário). Não sabia que toda aquela conversa mantida ao longo dos treinos e após, em 2008, o inspirou e fez com que ele pedisse a Claudia em casamento ao final do Ironman naquele ano.

Quem me conhece sabe que eu falo muito, principalmente durante os treinos. Mesmo com o coração na goela, sigo batendo um papinho ao longo do percurso. Muitas vezes trata-se apenas de um monólogo, uma vez que nem todos gostam de gastar energia e fazer a frequência cardíaca subir para ficar batendo papo. Mas eu não me importo. Conto meus "causos" para quem quiser ouvir.

Por ter essa amizade desde os 5 anos de idade com o Chris, eu aproveitava a intimidade e a liberdade e, sempre que podia, atacava de psicólogo. Pontuava algumas coisas da vida, cotidiano, relacionamento, mas sempre respeitando alguns limites (por mais que eu conhecesse a família dele inteira)... a ideia era ajudar, sempre! Também utilizava minha veia pragmática e dava exemplos para mostrar os caminhos a serem seguidos e apontava outros comportamentos, ajudando-o a enxergar o que não fazer e fazendo-o compreender, assim, onde ele queria chegar.

Acredito que deu certo. Depois de muito treino, papo e psicologia, consegui antecipar o resultado que ele entregaria na prova. O Chris cravou 9h46min e com todo merecimento. Era só sorrisos à minha espera e dos amigos que dividiram milhares de quilômetros pela Bandeirantes (estrada em que sempre fazíamos nossos treinos longos de bike)... *Well done, Chris!*

Ainda sobre os bate-papos e brincadeiras, até hoje, durante os treinos, a moçada lança: "Ô correntinha, pessoal está meio quieto por aqui, conta uma história". Com isso, todos participam e o treino passa no "contar de uma (boa) história".

E assim foi o treinamento para o Ironman de 2010. À base de muito papo, Coca-Cola da embalagem vermelha pós-transição na estrada e com o fortalecimento dessa amizade de uma vida.

Ao longo dos meses, percebi que a demanda dos outros alunos que estariam em Floripa seria maior do que nos outros anos. Aproximadamente quinze alunos largariam e grande parte deles esperava mais de mim no dia da prova. Queriam um treinador, e não um outro competidor.

Para a minha surpresa, os treinos aos sábados, juntos, os papos, o acompanhamento diário nos demais treinos e minha presença nos dias anteriores à prova não era suficiente para alguns alunos. Isso acabou me tirando do centro, minando um pouco minhas energias e fazendo com que o foco e a preocupação fosse atender os alunos, e não a minha prova.

Recebi o apoio de outro professor, que acompanharia os alunos e também daria todo o suporte necessário nos dias que antecederiam e durante a prova. Foi um verdadeiro desafio lidar com todas as questões envolvidas nesse cenário, como por exemplo, questionamento de alunos, e-mails (não tão bem-humorados), ligações pré-prova e incertezas acerca de suas performances, sobrepondo-se, muitas das vezes, àquilo que era o mais importante: o treinamento.

Lição aprendida! Para todas as outras provas em que eu participaria como competidor, passei a avisar, com antecedência, que às vésperas da prova, e no próprio dia, a Personal Life teria um professor exclusivamente para dar o apoio necessário e eu focaria na minha prova apenas.

Quem tem filho sabe que a pior coisa para um pai e uma mãe é verem um filho doente. O Enrico, com apenas 1 ano e 8 meses, na semana anterior à prova, contraiu uma estomatite e aquilo acabou comigo e com a Renata. Preferia que fosse comigo, em vez de vê-lo naquele estado. Ele não comia nem se hidratava direito, chorava de fome, sede e, como não falava ainda, se expressava chorando e principalmente de madrugada.

Noites mal dormidas não é o que se espera para a semana de uma prova de *endurance* como o Ironman. Mas infelizmente não escapei desse obstáculo. Quando o Enrico começou a dar sinais de melhora, eu apareci com febre. Passei a monitorar a minha temperatura, já em Floripa, escondido, e constatei o que não queria... Febre! Guardei a informação comigo e quando comentei com a Renata "38,5 graus pode ser psicológico?", ela, achando que eu estava falando do Enrico, disse: "Claro que não, ele está há sete dias ruim, tadinho". Mantive o segredo e apenas comentei que estava febril, com 37,4 graus, para não assustá-la.

Deitei a cabeça no travesseiro e pensei: "Não sei se é psicológico, mas vou descobrir amanhã", pois não mudarei minha estratégia de prova".

E assim fui "pro pau", como diriam os mais rústicos.

Iniciada a parte da natação, tudo certo. Quando saí da água e subi na bike, perdi minhas barras de proteína, cápsulas de sal e analgésicos que estava preparado para tomar ao longo da prova. Só fui perceber esse incidente perto dos 40 km da bike e já com a energia baixa.

Até aquele ponto, eu estava um leão. Voando, mas a energia havia acabado e, quando fui procurar algo para comer, vi que daria para contar apenas com o carboidrato gel e o que tinha nas caramanholas (e não era poção mágica de desenhos animados).

Os 140 km finais da bike foram um suplício. Não ter um plano B para um possível cenário inesperado deu início a uma guerra mental que até então nunca havia travado antes. Posso dizer que foi uma guerra na qual eu estava armado com uma faca e a situação em que eu estava inserido estava com armas do mais alto nível tecnológico.

Lembro que, naquele ano, o *special needs* da bike (uma sacola com itens possivelmente necessários, guardada pela organização) podia ser entregue por qualquer pessoa em um local determinado.

A Renata estava lá, segurando a sacola, esperando eu passar e pegar. Mas não foi bem o que aconteceu. Diferente do que sempre fazia, eu parei, olhei nos olhos dela e vi um semblante de preocupação. Eu estava pálido (para não dizer transparente), apoiei a cabeça no ombro dela, com vontade de chorar. Mas um pensamento veio à minha cabeça: "Se eu fizer esta volta em ritmo ok, ainda sim será um bom pedal. Então eu corro mais devagar do que gostaria e ainda farei uma prova digna e consigo melhorar meu tempo".

Peguei o que precisava, prendi a sapatilha e saí para completar o percurso da bike. Dali em diante registrei pouca coisa dessa parte da prova. Recordo que em uma das idas e vindas, no túnel perto do aeroporto, eu estava na contramão das bikes e só me dei conta quando um dos competidores "amigavelmente" me alertou com um berro.

Percebi que a coisa estava ficando feia e fora de controle. Tomei mais um pouco de carboidrato gel, matei as garrafinhas que tinha e, em todos os postos, procurava me molhar para tentar manter um estado de alerta. Faltando aproximadamente 30 km para acabar o percurso da bike, o Uva, um dos meus melhores amigos e meu aluno, me alcançou e ao me ver acabou se assustando porque não esperar me encontrar.

Aquilo o tirou momentaneamente da prova. Ele se desconcentrou e ainda assim queria me ajudar. Naquele momento pensei o quanto ele havia se dedicado para fazer seu primeiro Ironman. Tinha sido pai pela segunda vez poucos meses antes, e a esposa não pôde acompanhá-lo. Aquele dia, para ele, era mais especial do que o normal. O Uva estava fazendo o que cultivamos juntos, vendo algumas fitas VHS dos duelos de Mark Allen e Dave Scott e a soberania de Paula Newby-Fraser nos meados da década de 1990.

Uma luz surgiu e pensei: "Não posso acabar com a prova dele". Então, sugeri na hora: "Vamos nessa, nos ajudamos e chegaremos logo mais na transição para fazer aquilo de que gostamos... correr".

Com esforço, fomos nos ajudando. Um passava e chamava, o outro ficava lá atrás (sim, na distância permitida) e depois, no retorno, o outro passava e assim nos puxamos até o final.

O que parecia ruim, acabou sendo um presente. Ter um dos seus melhores amigos da vida sentado na cadeira ao lado da sua na transição para sair para correr em um Ironman é para poucos. Procurei deixá-lo tranquilo em relação à minha situação. Nós nos abraçamos, nos encaramos, como se disséssemos, em silêncio: "Conta comigo", e saímos para correr.

Na saída da tenda da transição, avistei uma mesa que costuma ter alimentos para os atletas. Não tive dúvidas e garanti minha parte, "filando" um biscoito salgado e um pão tipo bisnaga, um sachê de sal e uma Coca-Cola. Pronto, estava abastecido por um bom tempo, pensando que dali a 40 minutos, aproximadamente, começaria com o carboidrato gel novamente.

Eu queria correr o tempo todo ao longo dos 42,195 km da Maratona. Esse era o meu quarto Ironman, e nos outros três eu tinha andado durante a Maratona. Sabendo que eu estava mais debilitado, imprimi um ritmo mais lento em relação ao que havia treinado, porém realista para minha situação naquele dia. Esse tipo de leitura é fundamental e só vem com muito treino e autoconhecimento. Sem essa experiência, dificilmente saberia o que fazer nessa situação.

Como o pedal não tinha sido lá essas coisas, o ritmo da corrida me animava, pois mesmo não fazendo o que eu desejava, começava a ultrapassar muitos competidores. Ao chegar no quilômetro 15, alcancei outro aluno. Eu o chamei para vir junto e fomos conversando. No meio do papo, tive a péssima ideia de prometer que não andaríamos até o final, mesmo que tivéssemos que fingir correr em um ritmo de 8 min/km, mas não andaríamos.

Fomos até o quilômetro 27 nessa toada, quando percebi que não tinha condições de manter o ritmo, e estava prejudicando a prova do meu aluno. Após muita insistência, consegui fazer com que ele seguisse no *pace* dele e eu pude seguir no meu, mantendo a promessa feita alguns quilômetros atrás.

Tudo incomodava. A viseira que sempre usava foi jogada para o meu irmão, que estava acompanhando boa parte da prova de bike. O top com o qual eu competia parecia apertar a barriga, assim como a bermuda. A vontade era de colocar um short largo e uma camiseta para correr, mas àquela altura da prova eu precisava me concentrar para que todos os passos fossem dados e pensar no que me esperava na linha de chegada. Eu só pensava na Renata e no Enrico.

Assim como no Long Distance de Pirassununga, eu estava sem o GPS na corrida, correndo na sensação, que nos últimos quilômetros parecia não ter fim. A percepção de ritmo estava totalmente fora de esquadro e tive certeza de que estava totalmente destruído, quando perguntei ao meu irmão, que estava de bike ao meu lado: "Que ritmo estou? Uns 6 min/km?". A resposta dele foi simples e curta: "Relaxa e continua correndo". Estava perto dos 8 min/km... Que fase, amigo!

Alinhei na reta para a chegada e vi a Renata esperando, feliz, pulando e orgulhosa de mais uma prova. Cruzamos a linha de chegada juntos! Avisei que iria para o soro e pedi que esperasse para sair e pegar a bike.

Com medalha no peito e na maca, à espera do soro, percebi o movimento ao meu redor aumentando. Soro na veia, cobertor térmico, até que o organizador da prova, um amigo de mais de vinte anos, Carlos Galvão, me viu e tratou de colocar amigos meus por perto para ficarem de olho, enquanto chamava meu irmão.

Eu estava com 40 graus, ardendo em febre, falando coisas desconexas e em alguns momentos parecendo convulsionar de tanto que tremia. Após três horas na recuperação (não, eu não havia passado por uma cirurgia cardíaca), a febre não baixava. Com autorização, meu irmão me levou até a saída em uma cadeira de rodas – eu não conseguia ficar em pé. Fui carregado até o carro e, a partir daí, comecei a perceber o que estava acontecendo.

Nesses momentos, o cérebro nos protege. Faz com que não tenhamos lembranças tão fortes de algo que pode nos fazer mal. Ao chegar no hotel, um banho me fez ficar um pouco melhor, mas a tentativa de dormir foi em vão. Noite quase sem dormir antes de retornar a São Paulo.

Corpo em frangalhos, ainda com febre, porém mais amena, tive algumas certezas. Ter feito a prova, naquelas condições, foi uma das maiores loucuras da minha vida. Eu me coloquei em uma situação de risco, totalmente evitável.

Mas, ao mesmo tempo, também tive a certeza de que a minha prova, sem febre, seria muito melhor do que as 10h45min. Seria pelo menos uma hora mais rápida e com muito menos sofrimento.

Consegui cumprir a minha promessa. Não andei. Aprendi a sofrer, a conviver com o desconforto, mostrei para mim mesmo que o corpo pode ir muito mais além. Percebi, no entanto, que o preço a se pagar por esse sacrifício também pode ser bem alto, muitas vezes sem possibilidade de reembolso.

Fiquei um bom tempo com aquele espaço de tempo vazio ocupando minha cabeça. Aprendi e senti na pele o que passar para meus alunos em situações como aquela que eu havia vivido. O poder de analisar cenários a partir de uma realidade é fundamental para tudo na vida, no trabalho, na vida pessoal e em família, e não poderia ser diferente no esporte.

Cresci muito com essa experiência. Mais como pessoa do que como atleta ou treinador. Vivi algo que poucos vivem, sem deixar que o ego tomasse conta, interpretando aquela situação como um desafio superado: "Eu sou *foda*! Fiz um Ironman com febre", "Não existe impossível". Não. Ter feito o que fiz foi uma estupidez.

Já nas férias que começaram no dia seguinte da prova, entrei em contato com todos os alunos que fizeram o Ironman. Naquela época, SMS e e-mail eram as ferramentas de comunicação mais comuns. E, pasmem, para o descontentamento de alguns, era inadmissível eu estar em férias pós-prova.

Passei, a partir daí, a rever alguns conceitos e valores. Aprendi muitas outras lições sobre como conduzir relações, entender e melhorar a leitura do perfil de cada um, saber que nem sempre os valores e o respeito pelo próximo serão atendidos ou considerados.

Atitudes como essa, entre outras questões, só me fizeram entender em que prateleira cada um deve estar. Valorizar aqueles que olham no olho, que falam, vivem, o levantam, choram com e por você, sorriem e compartilham a verdadeira amizade.

Naquele ano, ganhei muito mais do que um "irmão" que te abraça, mas não te faz sentir. A palavra amizade e o fortalecimento nas relações verdadeiras ganharam muito mais sentido na minha vida.

Passei o resto do ano me dedicando à Renata, ao Enrico e a Personal Life. Equilibrando os pilares, vivendo feliz e pensando no segundo filho que chegaria no primeiro semestre de 2011.

CAPÍTULO 11

2011 – Acredite em você

O final de 2010 apresentava dois cenários totalmente distintos. Tanto o lado pessoal como o profissional iam bem. A Renata estava quase na reta final da gestação do nosso segundo filho (Felipe), a empresa andando, tudo certo.

A parte não tão boa, porém a que menos importava naquele momento, eram os treinos. Entendi que a prioridade no final daquele ano não era estar "na ponta dos cascos", mas disposto e energizado para a nova fase que estava por vir. Segundo filho, novos desafios, experiências e um novo dia a dia no horizonte.

Sou daqueles que curtem estar com os filhos, de verdade. Gosto de brincar, dar banho, trocar a fralda – mesmo "recheada de número 2". Eu sabia que quando o Felipe nascesse, teria que me doar mais ao Enrico. Ainda muito novo, ele não entenderia uma ausência minha acrescida aos intermináveis minutos de mamadas do irmão mais novo.

Além dessa expectativa, tive que lidar com uma dorzinha chata que me acompanhou até o final do ano. Em janeiro voltei ao bom e velho corre--caminha, rumo à meia-maratona da ASICS, que aconteceria em junho, no Rio de Janeiro. A partir daquele ano, a Personal Life passou a ser patrocinada pela ASICS e juntamos um grupo grande de alunos para correr a prova e também outro grupo para fazer o *trekking* até o Cristo Redentor.

O samba entre exames da gestação, gestão da empresa e treinos parecia, muitas das vezes, estar fora do compasso. Eu vivia com a cabeça em dois ou três lugares ao mesmo tempo. Não me permitia estar 100% focado em nada, literalmente. É muito difícil ter essa "calma" na vida. Rapidamente, tive de aprender a lidar com as minhas próprias cobranças. Exercer o meu papel de marido, pai presente, treinador, empresário e ainda conseguir ter energia e cabeça para treinar... Estava "osso"! Não, eu não tinha problemas. Eu tinha muitas coisas para me preocupar e naquele momento entendi que a prioridade era a família, o trabalho e depois os treinos (exatamente nessa ordem).

Alguns alunos iriam fazer o Ironman de Floripa naquele ano de 2011, dentre eles, meu irmão. Na sua estreia, estive ao lado dele na prova, e agora, depois de sete anos, ele decidiu encarar novamente o treinamento acompanhado de alguns amigos, incluindo o Uva, que esteve comigo no final do pedal e na transição de 2010.

A barriga da Renata foi crescendo junto com o volume dos treinos dos alunos para o Ironman, assim como a minha confiança em fazer uma boa meia-maratona em junho.

Lembro que em meados de março, o Renato me ligou dizendo que estava com dor no joelho e que não iria correr naquela semana. Imediatamente, sugeri que ele fosse ao médico e que fizesse um exame de imagem para ver o que de fato havia ocorrido. Em 2004, no meio do Ironman, ele sentiu um estalo muito forte no joelho e não escapou do bisturi, razão pela qual bateu uma certa insegurança assim que ele sentiu o joelho durante os treinos em 2011.

Infelizmente, o resultado dos exames e uma visita ao ortopedista não trouxeram boas notícias. "Se você quiser fazer o Ironman, fique até o dia da prova sem correr. Pode pedalar e nadar à vontade. A tendinite que tem aí gerou uma inflamação que não vai ser resolvida antes de 45 dias sem sofrer sobrecarga." Essas foram as orientações do médico.

Assim que ele saiu da consulta, meu telefone tocou. Pela voz dele, parecia estar em um velório. Disse que não faria mais a prova, que estava treinando bem, mas que não iria para fazer nada aquém do ele tinha, e de fato tem, condições de fazer.

Deixei o enterro e a missa de sétimo dia rolarem. Dei um tempo e retornei a ligação para ele, dizendo: "Você me trouxe para esse esporte. Você sempre foi meu exemplo de disciplina. Você esteve em todos esses anos acompanhando essa prova em Floripa, mesmo quando não tínhamos nenhum amigo próximo competindo. Esquece essa "coisa" de tempo! São só números... de nada vai valer com o tempo... Faça por aquela medalha que todos que estão lá competindo e assistindo valorizam! Se precisar, eu farei os 42,195 km andando do seu lado... *Você vai fazer a prova!*".

Confesso que isso tudo me veio à cabeça enquanto fui falando. Não pensei em fazer um discurso bonito. Eu só queria mostrar a ele que aquilo valeria a pena, que o esforço não seria pequeno, mas que, no final, ele realizaria mais uma vez o sonho dele e conquistaria o que tanto desejou quando se inscreveu para fazer a prova.

Abril havia chegado! Felipe nasceu e com isso a família explodiu de felicidade. A demanda aumentou na mesma proporção da alegria. A partir de então, alguns programas passaram a ser exclusivos com o Enrico, uma vez que a Renata estava dedicando os cuidados ao recém-chegado Fê. Passados os primeiros momentos, aos poucos fomos nos adaptando e retomando hábitos, agora com todos os integrantes da família juntos.

Em meio a isso, a ansiedade de treinar, mostrar para mim mesmo que poderia voltar a fazer uma boa meia-maratona, começava a tomar conta de mim.

Não foram poucos os dias em que me questionava se eu conseguiria chegar perto da 1h14min que havia feito em 2002.

Diante de toda essa pressão que eu me impunha, logo tentava mudar a chave e focar naquilo que sempre prego: fazer o que dá para fazer, curtir o processo e fazer valer a pena; afinal, resultado é consequência. O que sempre vai valer a pena será a jornada (o caminho) até a conquista.

É durante essa jornada que você cresce pessoal, profissional e esportivamente. O saldo da conta sempre tem que ser positivo. Você tem que alcançar pelo menos 51% de experiências boas. Os outros 49% servem de lição.

Nunca estaremos bem se deixarmos que a nossa felicidade dependa de tempos, índices e colocações, pois não podemos ficar presos a isso para sempre!

As marcas serão dia após dia superadas. Viver em função delas, e eventualmente não as alcançar, poderá fazer você se frustrar e perder momentos preciosos dessa jornada, sem aproveitar o que de fato importa. Contraditório, porém muito verdadeiro, você tem que se dedicar sempre, tem que lutar para alcançar o que deseja, porém isso não pode ser o alicerce da sua felicidade ou existência.

A lembrança das palavras que eu havia dito ao meu irmão passou a ser recorrente... Marcas são apenas números!

Vamos continuar a encarar o esporte, a corrida principalmente, como se deve... Seguir vestindo o short, calçando os tênis e fazendo o nosso melhor! E fazer valer a pena!

Nos meses que antecederam a prova comecei a colocar em prática novos hábitos alimentares. Diminuí a quantidade de comida, reduzi o volume de carboidrato e retomei um velho costume... comer maçã (*apple rules!*).

Eu lembrava do dia anterior ao Long Distance, em Pirassununga, quando fiz uma grande prova sem o famoso (ou *#fail*) carb load.

Com essa mudança, meu peso diminuiu, as idas ao banheiro ao longo das corridas rarearam e percebi que me sentia melhor. Os treinos estavam encaixando bem, o dia a dia estava fluindo e foi quando percebi que a "necessidade" que eu tinha em aumentar o consumo de carboidrato nos dias anteriores à prova (o *carb load*) havia diminuído. Meu corpo entendeu como funcionar melhor sem uma quantidade grande de carboidrato e parou de ser tão preguiçoso, esperando a fonte de energia de braços cruzados.

Novos caminhos até diferentes fontes de energia passaram a fazer parte do meu *mindset* e do meu próprio corpo. Eliminar o macarrão nos dias que antecedem a prova foi um alívio, seja pela questão psicológica e física de saber que não teria que parar para ir ao banheiro, seja pela flexibilidade do cardápio pré-prova.

Durante muitos anos segui isso. Cheguei a ponto de ingerir macarrão no café da manhã antes de treinos longos de pedal e corrida para o Ironman.

Apesar de ir contra tudo que havia ouvido sobre alimentação voltada a provas de *endurance*, a sensação de liberdade era indescritível.

Chegou o dia do Ironman. Meu irmão e alguns amigos alinhados na largada. Companheiros de treino, risadas e muita Coca-Cola (vermelha). A felicidade e a energia que emanavam de mim contagiavam a todos ao redor. Chorei por vê-los alinhados na largada juntos. Lembrei que, por muito pouco, o Renato não estaria ali, e já previa o quanto seria sofrido depois que ele entregasse a bike para correr.

Naquele ano, aluguei uma moto e acompanhei a prova bem de perto. Assim que eles saíram da água, fui acompanhando pelas ruas e avenidas. A estratégia que conversei com o Renato era a seguinte: "Pedale como se não houvesse amanhã. Ganhe o tempo que puder e na corrida vá passeando e rezando para a dor chegar o mais tarde possível". E assim foi feito. Execução perfeita! E nem precisei andar ao lado dele. Foram 42,195 km de desconforto e dor, mas que, tenho certeza, valeram muito a pena.

Certamente, ele teve sua conquista. Tornou-se mais forte e, sem saber, me ajudou muito a voltar a acreditar mais em mim; ajudou a colocar na minha cabeça que eu conseguiria me doar de corpo e alma, como ele havia feito.

Em junho, já no Rio de Janeiro, a caminho da largada da meia-maratona da ASICS, estávamos no ônibus, vários alunos e eu, com minha maçã. Eu me lembro até hoje da cara de espanto de todos. A maioria com saco de pão tipo bisnaguinha na mão, cápsulas e *shakes* para tomar antes da prova, e o treinador maluco, apenas com a sua maçã. Lembro disso e dou risada. Estava tão seguro de que tudo daria certo que não me abalei. Faltando 20 minutos para largar, fui aquecer e alinhar para colocar em prática algo que só o tempo me mostraria.

Foram três meses de treinos leves, sem fazer nada de força, sequer nos treinos intervalados. Com receio de me machucar, coloquei na cabeça que não faria nada além de 4 min/km, e os longos também seriam em ritmo mais confortável. Dessa forma, eu geraria menos desgaste da carcaça – já não tinha mais 20 aninhos e vinha me recuperando de uma lesão.

Assim que alinhei no meio da multidão para a largada, bloqueei tudo que poderia me impedir de fazer uma boa prova. Estava concentrado e focado em cada quilômetro que deveria correr e em fazer o melhor possível com o que havia adquirido nos meses de treinos.

Na tela do GPS, quatro campos de informação me norteavam: tempo de quilometragem, distância da volta (zerava a cada quilômetro), ritmo instantâneo e ritmo da quilometragem.

Ou seja, eu não me preocuparia com os 21 km como um todo, mas sim com 21 "tiros" de 1 km. A princípio, segmentar a prova dessa forma pode assustar. Por essa razão, tentei facilitar na minha cabeça: "Vamos no quilômetro a quilômetro"... ajustando ritmo e lutando para mantê-lo até o final. Para isso funcionar, é fundamental saber o ritmo que pode começar e o que pode manter em toda a prova. Gosto de fazer uma corrida bem linear, então não teria problemas em lembrar o ritmo predeterminado.

E assim foi. Sem fazer conta, fui marcando outros corredores no mesmo ritmo, curtindo aquela reta quase infinita de 15 km. A largada era no Recreio dos Bandeirantes, sentido São Conrado, onde era a chegada. O percurso à beira-mar era excelente para ajudar a manter o *pace*.

Pode soar estranho, mas, conforme eu disse anteriormente, ao longo da prova eu só sabia o tempo que deveria correr em cada quilômetro, sem me preocupar com o tempo final. A minha preocupação era manter o ritmo entre 3min37seg e 3min41seg/km. Até os 10 km, tudo bem. Fechei para 36min10seg, exatos 3min37seg/km. Só vi o tempo porque nas marcas da prova tinha um relógio com o tempo total. Acabei me assustando um pouco, porque em questão de poucos segundos a conta estava feita na cabeça: "Dobrando isso e colocando mais 4 minutos para o último quilômetro, eu fecho a prova 1h16min10seg. *Caraca*, agora vou ter que segurar até o fim".

Encontrei outros dois corredores que me ajudaram. Fomos marcando e puxando um ao outro, até que veio a subida do Joá e depois um túnel (sombra) delicioso em descida que nos levaria à linha de chegada em São Conrado.

Meu corpo parecia não querer mais obedecer a demanda de força. Sabia que estava a pouco mais de 3 km da linha de chegada, e isso significava mais 10 minutos de dor. O GPS "enlouqueceu" ao longo do túnel. Quando voltou, mostrava que o ritmo se mantinha. Ao ver a linha de chegada, tive a certeza de que, mesmo depois de nove anos, eu conseguia correr rápido novamente. Claro que, comparado aos profissionais, eu era um simples corredor, mas, para mim, eu estava ali vendo o pórtico chegar e marcando 1h16min e alguns segundos.

Cruzei a linha de chegada e, antes mesmo de conseguir respirar novamente, com a visão ainda embaçada e turva depois de tanto esforço, logo avistei meu irmão e meus pais. Em uma breve troca de olhar, captei aquela vibração e aquele sentimento que sempre prego, algo muito além do tempo, mas "orgulho por toda a entrega".

A Renata estava em São Paulo com os meninos, então liguei para ela assim que arranjei um telefone. Não consegui segurar a emoção quando compartilhei tudo o que havia vivido na prova. Não imaginava que voltaria a fazer uma prova daquela, ainda mais vindo de uma lesão e sem treinar, teoricamente, como entendia que devia.

Para muitos aquela era apenas mais uma meia-maratona. Mas o que realmente tocou meu coração e me fez derramar lágrimas foi saber o quanto eu ainda conseguia exigir de mim mesmo e o quanto eu tinha aprendido sobre mim e sobre como orientar meus alunos a encarar seus desafios.

Parece óbvio que quando temos objetivos precisamos nos dedicar com afinco e fazer o máximo que podemos em 100% do tempo. Porém, na prática, sabemos que nem sempre é assim que funciona.

Para ajudar meus alunos a superar momentos de dificuldade e alcançar seus objetivos, costumo, de uma forma bem pragmática, e às vezes dura, pontuar algumas questões:

Você vai conseguir treinar para esta prova? Como será sua vida até lá? Trabalho? Família? Férias?

Chegar bem e saudável é muito difícil e precisa querer muito... muito além do que postar nas redes sociais e contar história. "Quanto você está disposto a sangrar? (Roubando a máxima do meu amigo e companheiro de *podcast*, Danilo Balu.)

Feita a inscrição, alinhado ao pragmatismo e à origem alemã, somado à educação da dona Leda, o aluno logo ouve: "VOCÊ VAI FAZER! Quem tenta nunca conseguirá".

Pode parecer duro, mas é necessário o aluno estabelecer um *mindset* de vencedor, guerreiro, que alcança e realiza seus objetivos; se comprometer de verdade; seguir um dia após o outro, sem muita preocupação com o longo prazo. Assim como eu olhava o quilômetro a quilômetro na meia-maratona, tem que se fechar na semana a semana de treinamento e saber conciliar todos os outros afazeres da vida comum: trabalho, família, filhos, festas, viagens etc.

Voltando do Rio de Janeiro, teria algumas semanas para a etapa de São Paulo do circuito da ASICS, no início de agosto. Seriam seis semanas para treinar e encarar, novamente, mais 21 km. E assim fui mantendo a rotina com alguns treinos mais fortes e me sentindo melhor.

Após uma promessa – minha primeira e única – feita depois de saber que o Felipe poderia ter algum problema congênito – um sopro leve no coração, nada que fosse comprometer a vida dele, em nenhum sentido (valeu, Papai do Céu!) –, mesmo antes dele nascer, por um ano cortei o álcool e a querida e inesquecível "vermelhinha" (Coca-Cola) da minha dieta.

Como promessa é dívida, em agosto o meu corpo começava a dar sinais do que era ficar alguns meses sem álcool e sem o açúcar da Coca. Eu até poderia tomar qualquer outro refrigerante, mas o meu prazer só vinha da famosa vermelhinha. Alguns quilos foram embora, e eu estava bem animado para correr os 21 km em casa.

Levamos muitos alunos para a prova, e lá estava eu, mais uma vez, alinhado para a largada, ao lado de milhares de corredores, amigos, alunos e muitos conhecidos. A largada aconteceu na parte mais alta da ponte Estaiada, recém--inaugurado cartão-postal da cidade de São Paulo.

Assim que tocou a buzina, saímos como uma manada de búfalos ladeira abaixo. E, como diz o ditado "para descer todo santo ajuda", passei o primeiro quilômetro da prova bem mais forte do que deveria. Só me dei conta porque estava correndo bem próximo ao pelotão de elite da prova. Logo percebi que a prova que queria fazer tinha ido para o espaço.

Sim, logo no primeiro quilômetro, a vaca tinha ido para o brejo, para a "cucuia" ou qualquer outro nome que pudesse dar. Instantaneamente, segurei o ritmo para o *pace* que deveria fazer e, já no segundo quilômetro, voltei ao ritmo normal, porém com toda a prova comprometida pelo meu erro infantil no primeiro quilômetro.

Assim como no Rio, a configuração do GPS mostrava os quatro campos, cravando quilômetro a quilômetro da prova. Nos 10 km, olhei o tempo no relógio da prova e vi 35min10seg. Bingo! Os 30 segundos mais fortes do início estavam ali, cravados. Eu deveria ter passado perto dos 36 minutos, e não dos 35. Parece pouco, mas, se parar para pensar, essa diferença de 30 segundos em apenas 1 km pesa muito.

Se tirar 3 segundos no último tiro de 1 km em uma série já é muito, imagine o "faixa branca" aqui fazer 30 segundos mais forte no primeiro de 21 km... Nota zero para mim.

Mas o erro estava feito e eu seguia controlando e acreditando até o fim. Mais uma vez fui quilômetro a quilômetro lutando, acompanhando no GPS e, no final da prova, olhei o relógio na reta marcando 1h16min e alguns segundos.

Porém, faltava força. Parecia que o chão me empurrava para trás e que a linha de chegada corria para longe de mim. Foram intermináveis 100 m até que fechei em 1h16min38seg. Sim, isso mesmo! No tempo oficial e no meu GPS, eu havia melhorado 1 segundo do meu tempo da prova no Rio de Janeiro.

Eu estava pronto para fazer muito melhor do que aquilo e perdi a oportunidade por um erro infantil. Fiquei feliz por ter feito mais uma boa prova, no entanto, a sensação não foi a mesma. Ficou um sabor amargo. Não pelo tempo, mas por ter feito há menos de dois meses uma prova perfeita e, dessa vez, ter errado por uma bobagem.

É difícil para todos os corredores, amadores ou profissionais, conseguirem chegar 100% para uma prova, acertar o planejamento, ajustar todo o resto da vida para não se atrapalhar, ter disponíveis boas condições climáticas etc.

Quando temos tudo isso a nosso favor, não podemos errar. Mais uma lição aprendida, ou melhor, reaprendida. O tempo final não foi e não deve ser o termômetro para qualificar uma boa prova. Assim como não devemos julgar uma prova bem ou malsucedida apenas pela marca alcançada, mas sim pelo caminho que o atleta percorreu até chegar àquele momento.

Erro cometido, lição aprendida. *Bora* retomar a rotina de marido, pai, treinador e "atleta". Como tradição desde 2008, no final do ano teria a Stoneman Marathon, corrida beneficente da Personal Life, que, em 2011, ganhou um belo impulso com a parceria da ASICS, além de outras empresas que embarcaram nesse projeto conosco.

Naquele ano, modéstia à parte, montamos uma das melhores estruturas de prova de corrida de rua que conheço. Alugamos a raia olímpica da USP, a Universidade de São Paulo (algo praticamente inédito), com um percurso fechado de pouco mais de 5 km. Teríamos distâncias de 5 km até Maratona, três postos de hidratação por volta, sendo dois de água e um de isotônico, e carboidrato gel a cada volta para quem fosse fazer mais de 10 km... praticamente uma maratona major.

Tivemos o apoio do site ativo.com, o maior de inscrição de provas do Brasil, disponibilizando algumas inscrições para que mais pessoas pudessem ajudar as instituições para as quais destinávamos cestas básicas, roupas, brinquedos e tudo mais que fosse arrecadado.

Em 2011 também tive a oportunidade de atuar como comentarista dos Jogos Pan-americanos de Guadalajara pelo portal Terra no atletismo, ciclismo e triatlo. Essa vivência incrível me proporcionou estabelecer algumas amizades com diversos profissionais no meio esportivo, como comentaristas e atletas.

Alguns deles se tornaram meus amigos e participaram da nossa corrida beneficente. Compreenderam o espírito do projeto e se engajaram de corpo e alma, ajudando com a presença na disseminação do princípio da caridade e da propagação da ajuda pelo esporte. Aproveito para agradecer a Shelda, Danielle Zangrando, Lara Teixeira, Nayara Figueira e Adriana Aparecida. Muito obrigado por terem apoiado esse projeto!

Eu fazia parte da organização, então naquele ano não corri (já havia deixado meus quilômetros ao longo do ano também). De fato, era uma corrida completa, com estrutura de prova, chip de cronometragem, número de peito, locutor e medalha, mas sem o espírito da competição, substituído pela caridade e pela compaixão. Todos estavam lá para ajudar os mais necessitados, fazendo o que gostavam, ou seja, correndo.

Foi uma baita lição! Corredores amadores e profissionais do atletismo e de outras modalidades fazendo a sua parte, olhando para o lado para sorrir, agradecer e fazer valer cada quilômetro percorrido.

Não terminei aquele ano sem esta última lição: não deixar que o mundo externo tire você do seu caminho, nem leve com o vento ou arranque com a mão aquilo que tanto desejou e pelo que lutou.

CAPÍTULO 12

2012 – Oportunidades de crescimento

Para 2012, o objetivo era a Maratona de Paris. A Renata havia estabelecido como meta completar os 42,195 km em solo francês exatamente após um ano do nascimento do Felipe. Mas, como nem tudo são flores, terminei e comecei os anos de 2011 e 2012, respectivamente, com alguns incômodos. Abortei a missão na largada. Mais uma vez o nosso sonho de correr juntos uma Maratona foi adiado.

Ela estava superanimada com os treinos e eu monitorando as oportunidades profissionais iminentes. Era ano de Jogos Olímpicos em Londres. O retorno do trabalho no portal Terra, realizado nos Jogos Pan-americanos de Guadalajara no ano anterior, tinha sido muito positivo, então tudo caminhava para se repetir nos jogos na terra da rainha.

Paralelamente, a Personal Life continuava a todo vapor. Alguns alunos treinavam para estrear e conquistar seus primeiros 5 km e outros para alçar voos mais altos e conquistarem objetivos e sonhos, na contínua superação pessoal.

Entendo e valorizo cada sonho e conquista; afinal, eu havia sentido, na prática, os dissabores do retorno de algumas lesões, entre outras questões. Sejam os primeiros 5 km ou 10 km, até um Ironman ou uma Maratona, valorizo todos os objetivos traçados pelos meus alunos e tenho plena certeza de que podemos aprender muito, independentemente das provas e das distâncias completadas. E isso se aplica ao esporte e à vida. Digo isso porque nem sempre estamos nas melhores condições ou superpreparados para alcançar uma meta. São raras (para não dizer nunca) as oportunidades em que temos tudo sob controle. Mas o fundamental é fazer bem-feito, dia após dia, dedicando-se e superando as dificuldades que surgirem.

Voltar a correr após uma lesão (com dor, incômodo e limitação) nunca é fácil. O período de readaptação parece interminável, e isso incomoda muito. Em 2012 ganhávamos um componente a mais nesse caldo, que hoje é bem comum, mas com o qual não sabíamos lidar ainda muito bem naquela época:

o uso das redes sociais. O que poderia ser uma ferramenta para auxiliar na motivação, no entanto, logo no início surtiu um efeito contrário: as redes sociais provocavam mais angústia do que motivação.

Ainda estamos aprendendo a lidar com as redes sociais (como o Instagram, por exemplo), bem como a dimensionar sua força. Ainda que não intencionalmente, elas podem tanto atrair e motivar pessoas como provocar repulsa e angústia. Quem nunca se pegou seguindo um perfil de alguém, conhecido ou não, e pensando que "a grama do vizinho era mais verde e fresca que a sua"? Ou que só você demora meses para se recuperar de uma lesão que o médico diz ser simples, enquanto as outras pessoas parecem não enfrentar nenhum tipo de dificuldade? Ou que só você fica de saco cheio de ir na fisioterapia ou que não aguenta mais ouvir seu treinador ou amigos dizendo que tem que colocar gelo, alongar, fortalecer, acender vela e outros milhões de coisas?

Não, não é só você. Garanto que a recuperação de uma lesão é igual para todos. O processo de retorno aos treinos, após uma fratura por estresse, é igual para você e para o Kipchoge (se ele tiver uma lesão como essa). O que muda, apenas, é como você encara e age durante esse processo.

Costumo dizer aos alunos que, em um processo de recuperação de lesão, tem que ter a mesma disciplina, ou ainda mais, para manter os treinos. Tem que se esforçar para acordar cedo, fazer força nos treinos, conviver com mais cansaço e se dedicar aos cuidados extras. Se o médico disser que tem que alongar todos os dias, você tem que alongar todos os dias. Quando o treinador falar para correr durante 1h15min, você deve correr 1h15min, nada a mais. Conheço vários atletas que, em processo de recuperação, desobedecem as recomendações médicas ou de seus treinadores e, infelizmente, acabam retardando seu retorno.

Foi justamente isso que eu fiz. Deixei de correr nos três primeiros meses do ano. Fiquei apenas pedalando e, quando abril chegou, lá estava eu fazendo alguns treinos com o Uva para ele encarar o Ironman pelo terceiro ano consecutivo. Ele havia feito uma prova incrível em 2011 e cruzou a linha de chegada na presença dos quatro filhos e da esposa, abaixo das 10 horas.

Naquele ano, a vontade já não era a mesma do ano anterior. Também pudera, três anos seguidos encarando o desgaste do trabalho, somado a todos os treinos e o nascimento dos filhos. Esse é um exemplo que ilustra muito bem o que penso sobre ter vários objetivos que exigem muito física e mentalmente. Você não consegue manter 100% de motivação e dedicação durante tanto tempo, sobretudo o atleta amador que não consegue inserir em sua rotina as mesmas obrigações (mesmo com amor) de um profissional.

Eu não estava na melhor fase do pedal, mas combinei com o Uva de fazermos juntos os treinos longos. Seria uma forma de fazer o tempo passar mais fácil e rapidamente e de ele poder se manter preparado para ir para Floripa, mas sem qualquer pretensão de fazer sua melhor marca.

Fiz alguns treinos longos de bike com o Uva e decidi que mudaria meu jeito de pedalar: passaria a pensar mais em manter minha frequência cardíaca mais baixa.

Baixei dos 100/105 rpm para 85 rpm. Eu trabalhava um pouco mais de força, mas com a frequência lá embaixo. Dessa maneira, ganhei força, confiança e percebi que, assim, eu terminava muito melhor os treinos para iniciar a corrida do que antes ou quando pedalava parecendo um ventilador. Depois comecei a ver a potência, mas mais na base do empirismo e da tentativa e erro.

A Renata estava na reta final para Paris, no começo de abril, e também não tinha pretensões em relação a tempo. Fomos viajar e pude fazer algo que gosto muito: correr pelas cidades que passamos. Costumo esquecer o ritmo, tiro fotos, coloco um fone e vou ouvindo música de um lado só do ouvido – gosto de escutar também o som da cidade e, claro, alguns avisos sonoros que possam ajudar ou alertar.

E lá estávamos nós, no dia da largada, a exatos um ano e uma semana após o nascimento do Felipe. Estava orgulhoso da Renata, que voltou aos treinos cinco meses depois da chegada do Fê – e ainda estava amamentando. Respeitou todas as fases de treinamento e recuperação e conseguiu fazer uma bela prova em solo francês.

Comemoramos com um jantar incrível na Torre Eiffel, regado a vinho e espumante nacional (ninguém é de ferro). Partimos para Londres, onde aconteceria uma prova no domingo seguinte, no mesmo percurso em que seria feita a Maratona da Olimpíada.

Chegando ao Reino Unido, era possível sentir o clima dos Jogos Olímpicos no ar e na comunicação pela cidade. Pisei no hotel e mandei uma mensagem ao Solonei Silva, atleta profissional que correria a Maratona de Londres para tentar o índice para os Jogos três meses após aquela data. Seria a última chance, já que a janela de classificação fecharia no final de abril, ou seja, dez dias depois da prova.

Tentamos marcar de correr juntos no Hyde Park, mas, por conta de compromissos profissionais e da tensão pré-prova (normal), acabamos nos desencontrando, restando a mim, apenas, desejar-lhe muita sorte e uma boa prova. Vi alguns outros "canelas-finas" correndo por lá. Aqueles caras são de outro planeta! Como é bonito ver a facilidade e a velocidade com que correm, mesmo quando estão "devagar", soltando a musculatura.

Eu e o Solonei temos, até hoje, uma relação de amizade que começou por conta dos tempos da ASICS. Fomos patrocinados por muitos anos, então nos encontrávamos em eventos, batíamos altos papos e quando ele foi campeão em Guadalajara em 2011, eu estava cobrindo o evento pelo portal Terra e conseguimos colocá-lo ao vivo para falar com sua mãe. Lágrimas dele, dela, nossas no estúdio e tenho certeza de que de todos que estavam nos acompanhando. Um filho agradecendo pelo amor e apoio que recebeu durante toda a vida. Jamais vou esquecer.

Depois de Londres, demoramos a nos reunir novamente. Infelizmente, ele não conseguiu o índice na prova. Sentiu a panturrilha, em um dia com muito vento, piso molhado e, depois de cinco semanas, estava largando para correr a Maratona de São Paulo.

Para quem é leve e rápido como ele, o vento é um dos piores inimigos para imprimir um ritmo rápido. Você faz força, e nos momentos em que não tem contato com o solo, o vento te freia, e não é pouco. (Mais recentemente, em 2019, vimos a preocupação e o cuidado para que o vento não fosse problema na ação de marketing para que o queniano Eliud Kipchoge corresse a distância de uma maratona abaixo das 2 horas.)

Estava eu, calmo, em casa, vendo a largada da Maratona de São Paulo com meus filhos e comentei: "Aquele de azul é amigo do papai". Meu filho falou: "Vamos torcer para ele ganhar". Foi aí que me veio a ideia de pegar a bicicleta e ir torcer de perto mesmo. Peguei a magrela e fui encontrá-lo no caminho. Cruzei a cidade e cheguei perto do quilômetro 25, próximo ao Parque Villa-Lobos. Eu pedalando na calçada, gritando e botando pilha para que o Solonei pegasse aquela energia e despachasse os outros corredores que estavam com ele.

Dito e feito. Solonei campeão da Maratona de São Paulo de 2012. Eu em casa sorrindo (e pingando de suor), com meus filhos, feliz da vida por ter tido a oportunidade de dividir aquela emoção com eles. Aquela conquista contagiou a mim e, tenho certeza, foi um marco na carreira dele.

Exatas cinco semanas depois de Londres, quando não conseguiu o índice para disputar os Jogos Olímpicos, Solonei comentou comigo que aquilo havia ficado entalado. Mas ele acreditou, soube contornar a situação, entendeu que não poderia ficar parado, encontrando desculpas. Tratou a panturrilha, respeitou o treinamento, o descanso, fez o que tinha de fazer no dia a dia e colheu o fruto. *Campeão!*

Guardei essa lição para mim e foi com essa sensação que fui para Floripa acompanhar os alunos e os amigos que fariam o Ironman daquele ano.

Como sempre, Florianópolis nos presenteou com um dia incrível de lições de humildade e resiliência a serem assimiladas a cada instante. Além dos competidores, nós, que estávamos ali para acompanhar e assistir à prova, também saímos fortalecidos e cheios de lições aprendidas.

Aprendemos com um sorriso amarelo, em meio a uma ameaça de câimbra; com aquela quase levantada de mão, para agradecer as palmas e os gritos de incentivo; e também com aquele choro, pela conquista ou pela frustração.

Era exatamente o que o Solonei havia passado em Londres e depois, quando ele se reergueu para a Maratona de São Paulo. As sensações caminham lado a lado com os atletas, sejam eles profissionais ou amadores. Em geral, o que nos difere dos profissionais é a velocidade com que reagimos aos golpes sofridos. Eles, os "pros", não têm tempo a perder, e cada segundo de lamentação pode acarretar dias ou semanas perdidas lá na frente.

Voltando para São Paulo, a cabeça estava focada em estudar para mergulhar de corpo e alma na transmissão da Olimpíada de Londres, que começaria em julho. Duas semanas antes da abertura, tivemos uma reunião tradicional com todos os apresentadores e comentaristas que trabalhariam no portal Terra naquele mês. Uma superestrutura foi montada, com transmissão de todas as modalidades esportivas e sempre com comentaristas e apresentadores. Um projeto inovador, do qual tive a honra de fazer parte.

Shelda, Dani Zangrando e muitos outros atletas compunham a equipe (junto com este pangaré aqui). Todos animados e atentos para serem orientados sobre como poderíamos fazer o que mais sabemos, comentar os esportes e modalidades que amamos e que nos levaram até lá. Eu ia fazer a cobertura do atletismo, do ciclismo e do triatlo, então estaria praticamente o mês todo na escala. Literalmente madrugando, pois eu tinha que estar preparado bem antes do início da transmissão. E, com o fuso para Londres, eu chegava às duas e meia, três horas da manhã todos os dias e sem hora para sair – em determinados dias, algumas modalidades de prova, como o salto com vara, só acabavam quando um atleta conseguia chegar a uma determinada marca ainda não alcançada por outro atleta, podendo levar horas de prova.

Na semana em que começou a Olimpíada também fui convidado para comentar algumas modalidades na Rádio Bradesco. Por conta do relacionamento que tinha com alguns atletas, eu os levava para falar das competições que estavam acontecendo e também sobre a experiência que eles já tinham vivido em ambientes de outras grandes competições.

Foi um aprendizado muito grande. Aquela experiência me fortaleceu muito. Carreguei para o meu dia a dia de treinador uma base que poucos tinham. A convivência diária com atletas profissionais e de alto rendimento transforma qualquer um, e me fez acreditar mais em mim mesmo.

Passados os Jogos Olímpicos, fui convidado para comandar um programa na Rádio Bradesco. Era um programa diário de entrevistas com atletas, treinadores e todos que faziam parte do mundo do esporte profissional e de alto rendimento. Não posso deixar de agradecer à Renata Veneri e ao Bernardo Ramos, pela oportunidade e confiança que depositaram em mim, bem como a todos que estiveram comigo lado a lado, me ajudando com a minha inexperiência no rádio (perdoem-me aqueles que não citei nominalmente, mas estão todos incluídos neste agradecimento).

Estar à frente de um programa de uma hora de duração, diariamente, como âncora, é algo que qualquer um que trabalhe nesses veículos deseja. Abracei com força o projeto. "Convoquei" alguns atletas que participariam comigo e aí surgiu o programa *Revezamento 5x5*. Eram cinco dias da semana, com cinco esportistas que estariam comigo, cada dia um diferente. Zetti, Marcelo Negrão, Danielle Zangrando e Fernando Portugal... Que time, amigo! A pauta sempre era o convidado, e a abordagem feita levava em conta a troca de experiência dos profissionais que estavam comigo no estúdio.

No estúdio da rádio, quando tive a oportunidade de entrevistar mais de 300 atletas de todas as modalidades.

Se o convívio com ex-atletas durante as transmissões das Olimpíadas já foi enriquecedor, imagine poder conversar durante uma hora seguida com atletas desse nível, escolhendo a pauta, o caminho do bate-papo etc.! O programa demandava bastante. Eram horas diárias de estudo, mas foi extremamente gratificante e enriquecedor.

Para você entender o quanto evoluí durante esse tempo, imagine que há empresas que pagam até R$ 100.000 (cem mil reais) para terem esses atletas palestrando para os seus colaboradores, a fim de transmitirem suas experiências, lições e motivações. Eu estava ali, assimilando aquilo tudo como uma esponja, quase que todos os dias da semana.

Não foram poucas as vezes que tivemos o estúdio lotado para transmissão do programa. Eu, atletas e treinadores falando de assuntos semelhantes e relacionados às mais diferentes modalidades. Teve atletismo com natação, *taekwondo* com esgrima e triatlo, psicologia esportiva com vôlei e tênis de mesa, e por aí vai.

Cada dia um novo desafio, por exemplo, tratar de assuntos com os quais eu não tinha muita familiaridade, improvisar quando os convidados atrasavam ou cancelavam de última hora, e aprender a lidar com convidados mais fechados, que tinham mais dificuldade de expor ideias e pensamentos. Nesses casos, os anos de experiência à frente da parte técnica e dos treinos da Personal Life me deram um pouco mais de subsídio para não ficar tão perdido.

De fato, foi uma experiência indescritível.

Em meio a tudo isso, decidi encarar uma prova no segundo semestre e que aconteceria pela primeira vez no Brasil, o TriStar. Era uma prova com distâncias que, para mim, seriam ótimas: 1.000 m nadando, 100 km pedalando e 10 km correndo. Eu não gosto de nadar, pedalo na média, mas tenho uma corrida boa, então seria uma boa oportunidade de ver como o meu corpo se comportaria com a nova forma de pedalar a qual eu vinha aderindo.

Antes da prova, tudo estava bem definido, natação, sobrevivência, já que seria uma única largada com todos os atletas próximos à Marina da Glória, no Rio de Janeiro. Pedalaria forte e tentaria correr bem, com o que sobrasse de energia. Antes da largada garoava e a boia, que era branca, dificultava a visibilidade na navegação. Para piorar, estava muito próxima, com menos de 300 m. Ou seja, chegou um único bloco no retorno da boia. Foi a pior sensação que tive em toda a minha vida no mar.

Mesmo largando no formato antigo no Ironman Brasil, quando os 2.500 triatletas começavam juntos, nunca havia enfrentado uma pancadaria como aquela. No terceiro caldo seguido, levantei, e, por questão de sobrevivência (literalmente), dei um soco no cidadão que me afogava. Não que eu me orgulhe disso – e me desculpe, caso você esteja lendo este livro –, mas me vi em uma situação desesperadora. Passei a boia após engolir muita água e fui entrando na prova novamente.

Pronto. Sobrevivi. Saí da água, subi na bike e fui pedalar no sentido elevado, onde faríamos um retorno e voltaríamos para o local de largada. Eram algumas voltas assim, até completar os 100 km.

Logo comecei a contar quantos atletas estavam na minha frente e rapidamente avistei o primeiro colocado com a moto. Pura distração para passar o tempo. Mas, para minha surpresa e meio incrédulo, achei que tinha perdido a conta ou não havia computado direito, pois vi que estava na 25ª posição geral (contando alguns profissionais).

Segui fazendo força, passei outros atletas e mais um pouco estava em 18º. Owww! Tudo estava indo perfeitamente bem, até que... a bateria pareceu ter acabado!

Eu estava fazendo muita força e a bicicleta não andava mais. Fui caindo dos 42 km/h para 38 km/h, e fazendo mais força, até chegar nos 36 km/h. Foi tanta força que eu fiz, que tudo que eu havia ingerido (inclusive os litros de água do mar) voltaram de uma vez só! Sem ter de onde tirar mais força e sem entender direito a razão de tudo aquilo, resolvi parar. Joguei a toalha, mas sem a sensação de derrota. Entendi que o meu corpo não estava bem, que algo havia dado errado.

Ao começar a empurrar a bike até a transição, percebi que o freio da bicicleta havia travado, pegando na roda a ponto de o mecânico ter que desmontar o freio para a bicicleta poder andar com a roda destravada. Ou seja, não era exatamente eu quem havia "quebrado" dessa vez. Pena que não pude completar o meu teste e entender o quão eficiente passou a ser meu novo *approach* do pedal para a corrida. Porém, fiquei com uma certeza: para as provas de triatlo, eu precisava ter o pedal muito bom para ganhar tempo, considerando que se trata de 50% a 60% do total da prova. Dessa forma, ganharia tempo e prejudicaria menos a corrida, que, até então, sempre foi meu ponto forte.

Semana a semana comecei a compreender que me tornava uma pessoa melhor, um atleta mentalmente mais forte, um treinador com visão muito mais abrangente de todo o processo. Além disso, aprendi lições que hoje me permitem lidar com os problemas de uma maneira bem melhor do que antes.

Eu estava cada vez mais confiante e preparado para encarar mais um ciclo de treinos para o Ironman no ano seguinte. Muito do que ganhamos durante o processo de treinamento para uma prova de *endurance* eu já tinha assimilado. Estava com a cabeça 200% preparada para enfrentar o dia a dia sem grandes dificuldades.

Mudei minha agenda na assessoria, entre outros compromissos, para ter a manhã de quinta-feira livre, ou seja, faria meu treino mais longo de bike (mais transição de corrida) nesse dia. Depois do treino, seguiria para a rádio. Mais do que nunca, otimizei os treinos e o tempo. Teria uma rotina semanal com poucos treinos, mas todos eles muito bem-feitos. A partir de janeiro, passei a ter exatamente esta rotina:

Segunda-feira: longo corrida (até 32 km total em uma única sessão).

Terça-feira: pedal com estímulos de velocidade (até 60 km total de treino).

Quarta-feira: intervalado de corrida (treinos com intensidade, com até 7 km na parte principal).

Quinta-feira: longo pedal (começou com 120 km e foi até 220 km) + transição corrida (de 40 minutos a 1h20).

Sexta-feira: *off*.

Sábado: pedal ritmado (de 70 km a 90 km) + transição corrida (30 minutos a 45 minutos).

Domingo: *off*.

Faltando dois meses para a prova, voltei a nadar duas vezes na semana, sem tiros e somente rodando de 2 mil metros a 3 mil metros.

Estava claro que, executando o planejado nos quase cinco meses de treinos que tinha pela frente, minha performance iria evoluir. Poderia fazer a prova que sempre acreditei ter capacidade de fazer e que muitos questionavam (nunca direto para mim).

E assim mergulhei em 2013. Focado e determinado, atraindo apenas as energias positivas e repelindo, ao máximo, toda negatividade e falsidade, que são muito prejudiciais.

CAPÍTULO 13

2013 – Confie no processo

Após seis meses de programa na rádio, o convívio diário com atletas e treinadores me colocou em um estado mental que me permitia saber o que buscar a cada sessão de treino, a cada quilômetro corrido ou subida pedalada.

Era inevitável não lembrar de todas as lições que ouvia de diferentes atletas. Uns campeões mundiais, outros brasileiros, sul-americanos, pan-americanos, e, às vezes, atletas que lutavam com toda a força do mundo para se manter na ativa, vencer todas as dificuldades (além das físicas) para poder disputar um campeonato, representar seu time ou país.

A oportunidade de presenciar os sorrisos de uma conquista, o otimismo e as lágrimas daqueles que ainda não haviam chegado aonde queriam foi fortalecendo minha base construída nos quase cinco meses que teria de treino pela frente, rumo ao Ironman de Florianópolis.

Logo no começo do ano, mentalizei como eu faria aquela rotina que havia desenhado lá em 2012. Não contei para ninguém que minha rotina seria diferente. Nem mesmo a Renata soube como era, tenho certeza de que vai ver agora no livro e me perguntar como consegui fazer tudo aquilo, conciliando com as aulas, o trabalho na Personal Life e o programa na rádio de segunda a sexta-feira. Mas vou explicar mais adiante.

Era hora de colocar em prática a rotina que havia desenhado, e para isso contei com quem mais podia e devia contar nos momentos em que batia o cansaço, a preguiça e até a vontade de fazer mais: eu mesmo. Pode parecer loucura, mas às vezes isso acontece nos processos de treinos para provas longas. Não é que ter amigos e irmão treinando juntos não ajude (ajuda, e muito), mas, de fato, quem pode ajudar sempre será você mesmo. Ninguém vai tirar você da cama, arrumar suas coisas no dia anterior, levá-lo até o local dos treinos e ficar do seu lado motivando. Você precisa encontrar alguma maneira de se manter concentrado no processo, sem excesso de motivação e entusiasmo, de modo a fazer o que tem de ser feito e depois esquecer daquilo, pois, no dia seguinte, ou no mesmo dia, você terá que colocar seu corpo novamente trabalhando.

A cada semana eu ia ficando mais animado, o volume dos treinos aumentando e tudo correndo muito melhor do que eu imaginava. A rotina era bem intensa. Confesso que por volta de cinco dias depois, acabei indo direto do treino para a rádio. O treino havia demorado mais do que o previsto, aquele "banho" de gato acabou acontecendo regado a água mineral no final da corrida depois de ter pedalado. Eu me troquei no carro, pois às duas da tarde tinha que estar na rádio, mesmo o programa começando somente às três horas.

Tive a oportunidade de fazer alguns treinos com amigos e com meu irmão, mas naquele ano, de fato, eu estava focado em manter o ritmo para a cabeça entender como deveria trabalhar o tempo todo na prova. Cada treino era um espelho do que aconteceria em Florianópolis, ou pelo menos do que eu imaginava. Comentava somente com o Uva, um verdadeiro amigo que sempre acreditou e torceu por mim. A cada treino longo de bike mais corrida, nos falávamos e aquilo me deixava mais ainda conectado com a rotina e já preparava para meu corpo e minha cabeça se alinharem.

Era simples, eu deveria fazer o que meu corpo permitia naquele momento. Não tinha espaço para pensar no que seria a corrida quando acabasse o pedal, sendo que ainda faltavam 100 km para pedalar. Eu tratei de entender meu corpo, força, giro, respiração, frequência cardíaca, sede, fome etc. Tudo começou a fluir mais fácil e, às vésperas da prova, ainda não tinha pensado em nenhum instante sobre o tempo que gostaria de fazer ou que seria possível fazer. Aquilo aconteceria naturalmente e seria um bom tempo se eu conseguisse aplicar tudo que havia ganhado durante os meses específicos de treinos.

A viagem com a Renata já estava definida. Aproveitei que ela queria muito conhecer uma ilha no Caribe, e emiti a passagem para a segunda-feira pós-prova. Como já disse, gosto de chegar ao aeroporto sem ter de pensar no sono ruim da viagem e no que posso ou não comer ou beber. Então, o plano seria novamente o mesmo, pegaria meu voo às nove horas da manhã em Floripa rumo a São Paulo e às oito da noite em Guarulhos para as merecidas e desejadas férias.

Na semana da prova, a organização soltou um comunicado dizendo que seria proibido cruzar a linha de chegada com outras pessoas que não fossem atletas. Alegava que muitos exageravam e prejudicavam o registro da chegada de outros participantes. De fato, isso costuma acontecer, mas na minha cabeça sempre foi muito claro que a pessoa que cruzaria a linha de chegada com quem faz uma prova dessa é aquela que o apoiou, que deu conta sozinha das coisas de casa, do trabalho ou da empresa, dos estudos e que muitas vezes abdicou da vida social, afinal, os chatos que entram nessa inevitavelmente se ausentam, por exemplo, algumas horas das festas, ou até deixam de comparecer, que antecedem os treinos importantes ou a própria prova. Essa questão de conciliar treinos e vida social, para mim, acabou interferindo pouco, pois eu tinha deixado pré-programado que toda quinta-feira à noite seria o dia em que eu sairia com a Renata: cinema, jantar ou visita na casa de amigos; podia ser o que ela quisesse, já que a ideia de fazer algo na quinta-feira era justamente para preservar um tempo para nossa vida de casal e de família. Quando a Renata dizia estar cansada e pedia para não sairmos, eu insistia, mas, no fundo, o meu corpo agradecia por ela estar me poupando do esforço para ser uma boa companhia ou para não dormir à mesa ou durante o filme. Havia ocasiões em que me manter acordado e disposto era um esforço muito maior do ficar seis horas treinando.

Retomando o assunto, após muita polêmica em relação ao comunicado, a organização flexibilizou e deixou que os atletas cruzassem a linha de chegada com apenas duas pessoas. Quem estivesse com três ou mais pessoas, a penalização seria o acréscimo de vinte minutos no tempo total de prova.

Aquilo não fazia sentido para mim, e lembro que postei em uma rede social dizendo que, independentemente de ser desclassificado ou não, eu iria cruzar a linha de chegada com a Renata, o Enrico e o Felipe, até porque o Felipe estaria com 2 anos recém-completados.

Aproveitei a oportunidade de estar no maior evento de triatlo da América Latina e me organizei para fazer um programa ao vivo com o Wagner Araújo, dono do MundoTRI (portal pioneiro e exclusivo de triatlo e que sempre fazia coberturas de Floripa e das principais provas mundo afora), e com o Carlos Galvão, organizador do Ironman Brasil desde 2001 (quando participei do meu primeiro). Carlos Galvão é um grande amigo até hoje e tive o prazer de treiná-lo quando fez seu melhor tempo em um Ironman (9h56min), além de ser um exemplo vivo de que é possível suportar e conciliar as responsabilidades do trabalho, do casamento e dos treinos. Junto aos dois estaria também a Ariane Monticeli, uma amiga que fez alguns treinos comigo às quintas-feiras na estrada e que vinha evoluindo muito nas provas.

Para garantir os dias de férias na rádio e não ter surpresas, deixei dois programas gravados, um para ser exibido na quinta-feira e um de *back up* que poderia ser usado na sexta-feira caso a conexão via internet com a rádio não funcionasse ou desse algum problema.

Meus companheiros da rádio ficaram indignados por eu estar às vésperas de um Ironman e preocupado em fazer um programa de uma hora de duração ao vivo de lá da expo (local onde os atletas retiram seus kits de prova, incluindo o número de peito, e onde tem lojas que vendem de tudo). Aquilo era meu dia a dia e era uma oportunidade única de levar para milhares de pessoas informações sobre o esporte que eu gosto e de mostrar com orgulho a rádio que eu representava. Antes mesmo da prova, o Waguinho do MundoTRI havia pedido para fazermos uma matéria que iria ao ar depois do Ironman. Seria sobre a minha luta para colocar o triatlo na mídia. Chegamos a fazer a cobertura do mundial do Havaí com o Wagner, sendo um correspondente direto de Kona, que entrava todos os dias ao vivo comigo, levando atletas para falar conosco. De fato, lutamos para colocar o triatlo em evidência, e não seria agora que eu deixaria essa oportunidade passar.

Programa feito na sexta-feira e aí era hora de pensar 100% na prova – e também de lembrar de todos que estiveram ao meu lado, que me ajudaram com treinos, com palavras, mensagens... principalmente a "dona da pensão", Renata, por saber que me dediquei para a prova o mesmo tanto que para estar presente com ela e nossos pequenos.

Sem contratempos com filhos na véspera e a casa cheia com familiares, meu irmão e meus pais, eu estava pronto. Gravei um vídeo que depois foi editado com outras imagens e virou uma compilação da minha prova. Nesse vídeo agradeci a todos, disse o quanto estava feliz por estar lá e terminei dizendo: "Este será o ano, tenho certeza de que farei a prova que sei que posso... acreditem, pois eu acredito".

Um momento no percurso de ciclismo registrado pela amiga e fotógrafa Fernanda Paradizo.

E foi com essa confiança que larguei, nadei como podia e subi na bike pensando em deixar exatamente o que deixava nos treinos. Não podia esmorecer e tinha que entender que doeria o corpo inteiro em alguns momentos, mas valeria muito a pena. Na saída da corrida, beijo dado na Renata e nos meninos. Segui firme para encarar os 42,195 km da Maratona.

Desde a largada até o fim da prova, fiquei com uma música na cabeça, que meus filhos ouviam o dia inteiro durante os quatro dias em Floripa. E em vez de ser um AC/DC, Van Halen ou um Dave Matthews, era uma canção antiga de Guilherme Arantes, regravada pelo Patati Patatá: "Pegar carona nessa cauda de cometa, ver a Via-láctea estrada tão bonita...". Não tinha nada que fizesse essa linda canção sair da minha cabeça.

Fechando os primeiros 21 km da maratona.

Como foi no ciclismo, segui na corrida firme ao som de Patati Patatá. Sem pensar na Maratona que teria que correr, fui no quilômetro a quilômetro, lutando para manter o ritmo e a concentração. Quando aparecia o Uva, ou meu irmão de bike, ao meu lado, dava uma descontraída (cantando para transferir o sofrimento a eles), mas tratava de voltar logo ao foco da prova. Se o cansaço pega em provas longas, a cabeça fica a um tropeço de sair do plano e entrar em um fluxo negativo. Quando isso acontece é muito difícil voltar. Corpo e mente cansados têm sempre que trabalhar juntos. Se o corpo falha, pode levar a mente junto. Mas quando a mente falha não tem corpo que reaja.

Fui perceber que completaria a prova bem quando, faltando menos de 1 km para a chegada, mudei a tela do GPS e vi o tempo total. Rapidamente, a cabeça fez as contas e meu corpo arrepiou, os olhos se encheram de lágrimas,

mas me recompus rapidamente, pois ainda tinha aproximadamente 4 minutos para correr e todos estavam à minha espera. Já havia conversado com a Renata que chegaríamos nós quatro juntos. Foi assim que eles se juntaram a mim muito próximo à chegada. Corremos por alguns metros juntos e fiz questão de andar os últimos para poder curtir aquele momento. Ver o sorriso de cada filho e a felicidade da Renata fez todo meu esforço e dedicação valerem a pena.

A poucos metros do pórtico de chegada, com minha esposa e filhos, tendo este sorriso do Enrico como a maior conquista do dia.

Faltando 2 km, ouvi duas coisas que me ensinaram muito.

Uma delas foi dita por Fábio Carvalho (na época triatleta profissional) logo que me viu: "Vai, Ricardinho, deixa tudo que você tem". Ou seja, faça o que pode para depois não se arrepender, ou os famosos "se eu tivesse...", "se não fosse...", e por aí vai.

A outra veio logo em seguida, quando me avisaram que a vaga para o mundial estava garantida, pois estava em sétimo na categoria e seriam nove vagas. A frase do Fabinho ecoava na minha cabeça e de fato deixei tudo lá, curti 200% os momentos finais com quem amo e me deu forças para chegar até lá. Esse era o meu "deixar tudo que tem aqui", era minha forma de comemorar e agradecer a eles. Nunca quis ir à Kona no mundial, eu só queria fazer a minha prova, já havia comprado minha passagem de volta para não pegar a vaga, a rolagem da vaga começava no mesmo horário. Na realidade, eu queria desfrutar daquele momento na prova e deixá-lo eternizado na minha memória. E assim foi...

Tomei uma penalização de 20 minutos, mesmo o Felipe estando no colo e um *staff* tendo dito para todos que perguntavam na entrada do funil da chegada que criança de colo não seria um critério para desclassificar. Fechei a prova com 9h24min. Para mim tudo continuou como antes. Fiz o que eu queria, vi que eu era capaz e que eu podia melhorar. Bastava acreditar, aparar as arestas e me dedicar muito. O fato de não ter escolhido a vaga para o mundial só reforçou o meu sentimento pelo esporte e não só pelas conquistas. É exatamente disso que o atleta amador precisa.

Na segunda-feira seguinte, eu viajei com a Renata para descansar, não pensar em treinos, trabalho e poder tomar minhas cervejas e minhas Cocas.

Durante a viagem, já com vontade de retomar os treinos, decidi tentar quando a Renata foi correr. Durou cerca de cinco minutos, e a panturrilha mandou um recado curto e direto: "Vá para o hotel e fique quieto. O seu corpo está em frangalhos".

Foi a primeira vez que fiquei tão destruído depois de uma prova. Para minha surpresa, meu corpo levou uns quarenta dias para poder voltar a não se sentir tão cansado e para os incômodos irem embora. Natural, já que eu nunca havia colocado meu corpo durante tanto tempo sob tamanha intensidade, sempre estava recuperado com muito menos tempo pós-prova.

Lembrei do Fabinho dizendo "deixe tudo que tem". E, de fato, aquela fase remetia a isso, pois via que meu corpo tinha sentido a pancada. Sabiamente, respeitei e voltei leve, sem pensar em fazer nada nos próximos meses.

Para a minha surpresa novamente (depois entendi o porquê), a Renata deu a ideia e o apoio: "Se você quiser fazer o Ironman ano que vem, não tem problema. Este ano nem percebi". Fiquei assustado! Eu sempre dei cerca de três a quatro anos de intervalo entre as provas que mais demandavam em relação ao tempo e ao físico. Em geral, o cônjuge de quem treina fica cansado; afinal, se priva de momentos importantes.

Como ela declarou isso de forma tão espontânea, entendi que a fórmula de fazer o treino mais longo às quintas-feiras havia funcionado. Decidi, então, que faria a prova novamente em 2014, seguindo a mesma rotina.

O ano foi passando, e a cada dia na rádio tinha mais lições e ganhava mais proximidade com muitos atletas. Eles tinham a oportunidade de falar durante uma hora sobre o esporte deles, e com liberdade, por isso acabei me tornando um bom divulgador dos atletas e dos esportes olímpicos.

Certa vez, o tenista Bruno Soares – que estava entre os cinco melhores duplistas do mundo – me mandou uma mensagem no celular. Faltavam dez minutos para começar o programa. Ele disse que poderia falar se eu quisesse, pois estava no *call room* (sala em que os jogadores esperam para serem chamados para jogar). Aquilo foi, para mim, uma prova nítida de que você tem que estar focado no que faz, mas isso não impede de olhar para o lado. Um dos maiores duplistas do Brasil, na iminência de entrar na quadra para disputar as quartas de final de Wimbledon, estava à disposição da divulgação do esporte nacional. No caso dele, isso era amor pelo esporte, querer propagar e levar o tênis para todos os cantos do país.

A minha empatia foi tão grande com ele que em 2017 fizemos um bate-papo com a participação dele, de alguns alunos e de convidados para falar sobre a carreira, as dificuldades, as superações e a visão de como o esporte pode mudar, desenvolver e fazer novos campeões. Muito obrigado, Bruno, pela ajuda de sempre! Você e muitos outros me transformaram, me fizeram uma pessoa melhor.

No final de outubro, tive a oportunidade de entrevistar o Henrique Avancini e o Sherman Trezza, ambos do *mountain bike*. Na época, o Avancini já era diferenciado pela dedicação, evolução, pelos resultados e principalmente por lutar para que o ciclismo brasileiro crescesse e tivesse o respeito e a valorização merecidos. Ele me chamou a atenção por sua simplicidade, antes mesmo de entrar no estúdio, o que era raro acontecer. Não foram poucas vezes em que um convidado chegava em cima da hora, com a cara fechada e demorava para se soltar.

Com ele foi diferente. Havíamos nos encontrado na lanchonete antes do programa começar. A empatia pelo mundo das duas rodas facilitou, mas o brilho no olhar que ele tinha era – e ainda é – algo que poucos do esporte nacional têm. Foram quase duas horas batendo papo dentro e fora do programa, que também resultou em outro bate-papo organizado para alunos e amigos em 2017. Uma lição de humildade, de visão do que é o esporte e de como ele, individualmente, pode e deve ser vivido com companheiros de treino, de equipe e de competições. "Cada um faz o seu melhor, e se o meu melhor hoje for pior que o seu melhor hoje, você vai ganhar e merecidamente." Confesso que quando o vi vencendo o campeonato mundial em 2018 não foram poucas as lágrimas. Aquele momento contagiou muitas pessoas e tenho certeza de que a satisfação dele foi imensa por poder colocar o *mountain bike* brasileiro nesse patamar. O desejo dele sempre foi dar a visibilidade merecida ao seu esporte.

Em meio a todos os aprendizados, recebi um convite do Uva. Ele queria participar da Maratona de São Paulo e me pediu para ajudá-lo na prova correndo ao seu lado. Como idealizadores da Stoneman (a já citada corrida beneficente que começou com uma Maratona na USP), nem hesitei e abracei a ideia na hora. "O correr pelo prazer de correr" recebeu um *upgrade* que seria "correr pelo prazer de correr e ajudar". Por que não? Convenci a Renata a fazer a prova também. Seria o tão sonhado dia em que faríamos a mesma Maratona.

Consegui treinar, mas sem levar *tão* a sério como se fosse uma prova que tivesse obrigação de performar. O Uva corre bem próximo ao meu ritmo e a ideia era chegar o mais perto possível das três horas na Maratona que aconteceria em outubro.

A Maratona de São Paulo, diferente das grandes provas ao redor mundo, nunca conseguiu estabelecer uma data fixa como a Maratona de Nova York (que acontece sempre no primeiro domingo de novembro), ou o Ironman Brasil (no último domingo de maio). Provas com datas fixas ajudam muito a ter mais participantes, patrocinadores, público e mídia, mas nós, corredores, temos que nos adaptar e, assim, a Maratona seria no calor da primavera paulista, que em algumas semanas costuma beirar os 30 graus.

No dia anterior à maratona, estava decidido a ser mais forte do que a minha vontade. Fui a duas festas de crianças, e meu paladar infantil, muito refinado, falou mais alto. Minipizza, hambúrguer, batata frita, milkshake, brigadeiro e, claro, minichurros. De caso pensado, nem cogitei jantar, tinha energia estocada para uns cinco dias. Claro que não da melhor qualidade, mas o que eu precisaria para começar estava lá. Depois era só repor com carboidrato gel, que tudo correria bem.

Eu e o Uva, passando pela USP, usando a camiseta que simboliza nosso espírito de esporte e amizade: *We live together / we die together / stone brothers forever* (Vivemos juntos / morremos juntos / irmãos de pedra para sempre).

E foi assim, largamos e em poucos quilômetros sentíamos o calor pegando, mas o ritmo não mudava. Fomos bem até os 30 km, quando algumas câimbras começaram a ameaçar o Uva. De lá até a chegada fomos administrando o ritmo para que nenhuma câimbra visse com vontade e atrapalhasse o dia. Cruzamos a linha de chegada um pouco acima do que ele queria, mas estávamos felizes. Fizemos algo juntos mais uma vez, curtindo, dando risada e um ajudando o outro.

Os nossos filhos estavam próximos à linha de chegada, e só de ver o sorriso deles valeu o esforço. Saí de lá com uma certeza: posso correr bem mais rápido do que já fiz, e sem precisar fazer muito mais do que faço nos treinos. O treinamento se resumiu a correr três vezes na semana com volume máximo de 61 km. Fechamos em 3h09min e terminei inteiro... e sem dor de barriga. #ChupaCarbLoad. Deixei esse registro bem guardado e vivo na minha memória. Eu precisava dessa certeza clara para a próxima Maratona que encarasse.

Fiquei feliz por tudo isso e por ter conseguido fazer a mesma Maratona que a Rê, embora não tenha sido Disney, Nova York, Chicago ou Paris, como planejado, mas fizemos os 42,195 km na mesma prova.

Quilômetros finais puxando o Uva.

Já no final de outubro de 2013, após um programa em que saí muito feliz – como sempre acontecia –, recebi a notícia de que o programa que conduzi por quase um ano e meio iria acabar. A patrocinadora da rádio, que também era dos Jogos Olímpicos do Rio de Janeiro em 2016, quis manter na grade programas que tinham patrocínios e/ou falassem de futebol, pois era o que dava audiência (e ainda é). Perdi algo que gostava muito de fazer. Algo a que me dediquei muito e que expressava toda a minha paixão pelo esporte. Era impossível mensurar quantas lições e aprendizados havia adquirido para a vida ali.

Engraçado que senti pelos atletas, que estavam perdendo um espaço no qual podiam falar sobre o que queriam, tinham livre acesso a mim e ao Guilherme Henrique (produtor) para participar do programa e fazer a divulgação daquilo que os fazia e faz brilhar, afinal, o cerne do surgimento da rádio era levar informações de todos os esportes para a população.

Confesso que demorei bastante tempo para assimilar essa porrada, por mais que entendesse o lado da audiência. Minha paixão pelo esporte de maneira geral falava mais alto, ou melhor, gritava e ecoava diariamente. Em uma quinta-feira estava animado no estúdio. E, no dia seguinte, finalizava o último programa sem ao menos poder dizer que aquele projeto havia acabado, que o material gerado pelos mais de quatrocentos atletas que haviam passado pelo estúdio não havia sido bom o suficiente para aumentar o consumo das mais variadas modalidades esportivas – exceto o futebol. Aquilo muito me consumiu.

Prevendo mudanças, eu e dois grandes companheiros e conhecedores do esporte brasileiro criamos um projeto que se chamava "Brasil Atletismo", um portal especializado em atletismo brasileiro, com a participação de grandes nomes, como Fabiana Murer (bicampeã mundial de salto com vara), Nélio Moura (renomado treinador bicampeão olímpico de salto em distância), Rodrigo Iglesias (fisioterapeuta da extinta equipe BM&F e da CBAt, a Confederação Brasileira de Atletismo) entre outros.

Quando a rádio nos comunicou de nossa saída (o Guilherme Costa, que apresentava o programa Brasil no Rio, também foi cortado), aceleramos o projeto. Aproveitando a proximidade que tínhamos com os atletas, somada ao nosso conhecimento, saímos para o mundo virtual em questão de dez dias.

Todos os envolvidos na comunidade de atletismo entenderam que nossa missão era propagar o esporte. Poderíamos contar com a ajuda deles para que pudéssemos divulgar resultados, ações, projetos, atletas, treinadores e tudo que aparecesse pela frente.

Foi uma fase em que pude contar com o apoio de muitos atletas que me procuravam indignados por saberem que o esporte havia perdido um espaço único. Recebi mensagens e ligações que eu jamais pensei.

Tinha a oportunidade de conversar diariamente com atletas sobre o que eu quisesse e sobre o que eles se sentissem à vontade para falar. Antes de começar os programas, eu sempre perguntava se tinha algum assunto de que não era bom falar, pois não era o propósito do programa constranger o atleta, o treinador ou quem quer que fosse. Durante muitos dias após termos saído do estúdio, o papo continuou; afinal, era ali que os atletas realmente percebiam quem eu era e onde podiam mostrar uma nova perspectiva em relação ao esporte.

Dias antes de o programa ser retirado da grade da rádio, estava com o Jorginho Zarif como convidado (ele acabou se tornando meu amigo), um excelente atleta da vela brasileira que havia conquistado algo inédito para o Brasil: fora campeão mundial júnior e, um mês depois, campeão mundial adulto na classe *finn*. Lembro como se fosse hoje. Assim que saímos do estúdio, ele falou: "Ricardo, este foi o melhor programa que eu participei em toda a minha vida, falamos de vela durante uma hora, não falamos sobre futebol, que time eu torço ou se estou namorando". Naquela época, pensei que não era nada demais, para mim era claro que essas perguntas eu nunca faria, mas, infelizmente, a grande massa da mídia que faz cobertura esportiva, sim, pois é tanto consumo de futebol que faltava conteúdo e informação para levarem um papo mais aprofundado seja na parte técnica ou do dia a dia.

A minha experiência como atleta e treinador ajudava muito, era simples fazer analogias para explicar ao público o comportamento ou o resultado de um determinado atleta. Eu sabia (claro que em outras proporções) o que era a rotina de dedicação de todos que passaram por lá. Isso, somado ao mínimo de esforço para estudar e entender os assuntos incomuns para mim de cada modalidade, me colocou como referência para os atletas, então em novembro mandavam mensagens e me ligavam. Obrigado a todos que "compraram" a ideia lá atrás, aceitando participar dos programas e até hoje seguem como meus amigos.

O projeto do atletismo foi acontecendo e aquilo me confortava, cobriu parte do vazio deixado por ter saído da rádio. Acabou o ano e já era hora de começar a pensar novamente no Ironman que aconteceria no último domingo de maio, como sempre.

O golpe do fim do programa logo se transformou em combustível para eu continuar acreditando no esporte (exceto o futebol) como ferramenta de transformação para todos, sejam atletas ou um ex-apresentador de programa de rádio.

CAPÍTULO 14

2014 – Conquistas e lições

Começamos o ano terminando um "namoro" entre a Personal Life e outra assessoria de São Paulo. Foi um processo de um ano que não deu certo. Eu ainda acredito que em um mercado com poucas empresas grandes, as pequenas, além de ter algum diferencial, devem somar forças. Carreguei essa ideia por alguns anos e em 2013 tentamos. Mas como um grande amigo e um dos maiores gestores do Brasil diz: "Qualquer união é difícil, da união de pequenas empresas à fusão de megaempresas, ou você decide quem manda ou a força não existirá".

E foi assim que iniciei o ano: à frente da Personal Life reestruturando a dinâmica da empresa, deixando de ter um escritório físico e olhando para a frente com otimismo e a mesma vontade de encarar uma grande prova.

O portal Brasil Atletismo estava andando bem. Agora com mais disponibilidade de tempo e sem o programa na rádio, pude olhar para esse projeto e correr atrás de mais ajuda. Sabia que levarmos nós três, eu, Murilo e o Casão (como o Guilherme Costa é carinhosamente chamado pela sua aparência semelhante ao do ex-jogador e comentarista Casa Grande) seria difícil, pois queríamos oferecer uma cobertura do mundo do atletismo bem completa, diferente da que víamos no cenário brasileiro.

Idealizamos projetos de cobertura dos principais clubes brasileiros e começamos a fazer vídeos com atletas, treinadores, fisioterapeutas e todos que lutam pelo esporte, que estão na linha de frente e nos bastidores.

De fato, não ter a rádio no dia a dia ajudava a ter mais tempo para participar do cotidiano da Personal Life e dos alunos, dos compromissos dos meus filhos e a estar mais próximo da Renata. A liberdade de poder ter um simples feriado ou de voltar a viajar no Carnaval foi algo muito bom para a vida familiar. Saber que o ano seria assim ajudava mais ainda para encarar os treinos que já estavam acontecendo com foco no Ironman em Floripa.

Como a maioria das pessoas, a Renata sempre fazia no final de ano uma análise dos últimos doze meses, o que ganhamos, o que perdemos, lições, motivos para agradecer e o que desejávamos para o ano seguinte. E essa coisa de ter mais tempo, mais flexibilidade ou menos obrigação de dia e horário fez com que a vontade de ter mais um filho voltasse a bater na porta dela. E, claro, eu como morador da mesma casa fui "convocado" para uma assembleia extraordinária para falar sobre esse novo passo. Por mais que seja a mulher quem dita as regras, essa é uma decisão que deve ser muito bem pensada, planejada e combinada... claro que em outras proporções, mas é como se inscrever em uma Maratona ou Ironman. Não envolve somente quem vai correr ou quem ficará grávida. Existem ações que geram reações e isso pode mudar o rumo das coisas.

Como meu plano sempre foi estar casado com a Renata, conversamos muito sério sobre o assunto. Eu sempre quis ter vários filhos, mas, à medida que o tempo foi passando e tendo já dois meninos, comecei a repensar... tempo, espaço, custo e muitos outros aspectos que envolvem ter um filho. Sempre disse que se dá um jeito: aperta aqui, segura ali, reduz acolá. Mas o que está dentro de nós é que tem que ser pensado.

Pontuei todas as questões à Renata: tempo, culpa, medo, custo etc. Quase fizemos um contrato para deixar tudo certo e, brincadeiras à parte, foi muito importante para que pudéssemos passar por esse processo novamente com certa calma – se é que para o homem existe calma nos meses pré-gestação, gestação e pós-nascimento.

Por fim, com os questionamentos resolvidos, demos início ao preparo desse novo empreendimento.

Em março, o Mauro Vinícius, mais conhecido como Duda, que era campeão mundial *indoor* de salto em distância, vinha fazendo vídeos diários contando como estava a preparação e a competição. No dia anterior da final, mandamos para ele um vídeo com vários atletas aqui no Brasil emanando boas energias, desejando bons saltos e que ele voltasse com o bicampeonato. E foi isso que aconteceu! Estávamos no meio da cobertura do Troféu Brasil de Atletismo, quando chegou a notícia. Explosão de emoção dos atletas, treinadores e nossa, por estarmos fazendo a nossa parte e dando visibilidade para um esporte que conquista milhares de pessoas, mas é visto por poucos.

Foi nossa última cobertura de eventos. Sentimos na pele o que é querer fazer acontecer quando você não faz parte do clã que decide onde, como e quando o esporte pode vir a ser grande. Vivemos a indiferença por parte de poucos, mas que mostraram que remaríamos contra a maré. E ao dedicar o nosso tempo e vida, merecíamos mais do que sermos deixados de lado e boicotados. Sentimos por todos que nos apoiaram. Somos gratos por toda ajuda e esforço, mas não teríamos força para derrubar um sistema. Eu não queria que propagássemos o esporte sem pensar em política, corrupção, benefícios etc. Fim de projeto e vida que segue.

E nos últimos dias do projeto Brasil Atletismo, estávamos nós, Renata e eu, em abril, dividindo alguns momentos a sós entre guerras e lutas com os meninos, quando, entre um desabafo sobre o cenário nacional esportivo e o período do pico do treinamento para o Ironman, descobrimos que teríamos mais um menino. O esquadrão seria formado por três meninos no final do ano.

Graças ao Papai do Céu, a Renata, que já tinha duas gestações no currículo, conseguiu aguentar as pontas das primeiras semanas para que eu pudesse treinar sem grandes preocupações. Até que, em um treino qualquer, faltando vinte dias para o Ironman, tive uma lesão de grau dois no bíceps femoral, músculo posterior da coxa. O que isso significa? Que não conseguia andar, correr, pedalar e nadar.

Assim que senti a dor, imediatamente falei com o Doc, meu amigo e médico, dr. Gustavo Magliocca. Ele, por sua vez, solicitou urgência no laboratório e em menos de três horas eu estava com os resultados dos exames de imagem na mão. Pelo telefone, ele me disse: "Ri, não foi tão grave, você vai fazer a prova, mas daqui até lá, sem treinos e muita fisioterapia". Confesso que se ele falasse que eu deveria chupar limão todo dia, eu só perguntaria quantos.

Vivi altos e baixos nos primeiros dias, queria me dedicar o máximo possível, mas ao mesmo tempo queria que tudo fosse para as cucuias. Buscava o prazer imediato, e isso só se consegue com duas coisas na vida, com as drogas (que nunca foi uma opção para mim) ou comida. E aí foram quatro dias em que enfiei o pé com muita força na jaca. Mas, junto, já veio o pensamento de que aquela atitude só me prejudicaria, me afastaria ainda mais daquilo que eu lutei tanto para conquistar.

Lembrei da luta do meu irmão em 2011, quando ficou meses sem correr e foi lá e fez. E porque eu exigi dele, eu teria de fazer isso sem pensar duas vezes, e tinha que começar naquele momento.

Foram vinte dias de agonia até que um dia pedi autorização para tentar nadar. Jurei que não usaria as pernas e iria com a roupa de borracha para ver se não sentiria nada. Entrei com muito cuidado na piscina do prédio, que é onde eu sempre treinava para as provas. Usei a escada para evitar qualquer movimento involuntário e, claro, eu parecia minha avó, que na época tinha 95 anos.

Em menos de 10 m, a perna pegou, mesmo usando o flutuador e não batendo perna. Senti uma fisgada e tive que sair da água parecendo um peixe-boi que praticamente se arrasta pela borda.

Naquele momento, questionei se estaria bem para largar. Passou de tudo pela minha cabeça. Pensei no último longo de bike com transição que havia feito na estrada e que me mostrava estar muito melhor que em 2013. Estava confiante. Mas aquela situação havia estabelecido em mim a certeza de que seria praticamente impossível fazer uma prova melhor.

Foram mais dez dias até embarcar para Florianópolis, dias em que passei fome, lutei contra a minha mente e tive que fortalecê-la – afinal, teria que mudar a maneira de pedalar e correr para preservar mais a região lesionada, que poderia pegar já na largada da prova, ainda com todos os 2 mil atletas juntos.

Tudo parecia estar no caminho, dificultando a minha prova. No dia anterior, o Felipe (filho #2) começou a ter febre alta, vômito. E a Renata, grávida, não estava em condições de administrar gestação, filho doente, filho de 5 anos e marido na incerteza de largar. Preferi fazer o discurso de que, comigo, estava tudo 100%. Até simulei uma corrida no dia anterior e voltei dizendo que estava 100%, mas, na realidade, corri apenas dois quarteirões e voltei para casa para "acalmá-la".

Na largada, 50 m foram o suficiente para câimbras aparecerem por todo o corpo, do tríceps à panturrilha. A minha leitura naquele momento foi muito clara e rápida, o corpo estava sentindo a tensão que, mesmo sem "perceber", a minha cabeça havia carregado nas últimas três semanas.

Relaxa aqui, solta o braço ali, controla os movimentos de perna, e o corpo foi relaxando. Deixei de lado o ritmo que queria colocar na natação para poder sair bem e sem lembrar da perna.

Deixei o corpo ir no automático. Postura como se nada tivesse acontecido, saí da água correndo e fui para a transição. Luva, capacete, número e sobe na bicicleta. Como eu estava com receio de aplicar força, já tinha planejado não fazer um pedal como havia treinado, então faria um pouco mais leve, com mais giro de perna e deixando o ritmo de lado nas subidas ao longo dos 180 km.

Quando dei por mim, estava no quilômetro 160, a caminho do retorno para o Jurerê Internacional, onde começaria a corrida. Nos treinos de transição que havia feito antes de sentir a lesão, vinha me sentindo muito bem na corrida e era com ela que eu pretendia fazer a diferença em relação ao ano anterior (havia feito a Maratona em 3h17min e queria algo perto das 3h). Mas, após vinte dias sem saber se poderia sequer largar na prova, mudei meus planos e deixei claro para mim que não faria força e que subiria o ritmo quando precisasse. Evitaria ao máximo caminhar para que as contrações musculares não saíssem de equilíbrio. A mecânica seria diferente: diminuiria a amplitude da passada e aumentaria a frequência.

Alguns dias antes da prova, percebi que quando colocava uma bermuda bem justa para manter a medicação local presa à perna eu me sentia melhor – me dava uma sensação de estar mais protegido (sim, placebo, mas nessas horas tudo ajuda). Foi aí que tive a "brilhante" ideia de pegar uma roupa de borracha antiga (antiga mesmo, era de 1995) que eu tinha. Cortei a parte alta da panturrilha, fazendo uma espécie de coxal que mantinha a perna muito firme, no mesmo princípio da meia de compressão. A ideia era evitar que o impacto da corrida gerasse qualquer espasmo muscular e eu sentisse a lesão.

Então, na transição da bike para a corrida, coloquei o "aparato" por baixo da minha bermuda, calcei o tênis e saí para correr. Nos primeiros metros, cada passo era uma vitória e fiz com que a cabeça não saísse desse pensamento. Lutar para que cada passo fosse bom, já que não poderia apertar o ritmo e deveria me manter sem saber o tempo total de prova.

Durante a corrida sem perder a concentração e sem dar espaço para lembrar da lesão. Fotografia de Wagner Araújo (MundoTri).

Na corrida, fui no passo a passo, lutando quilômetro a quilômetro, sem pensar se a prova seria completada em um bom tempo. Eu queria completar correndo. Nas subidas, diminuía o ritmo, mas não andava. Não queria dar ao corpo o gostinho de saber como seria incrível andar. Voltar a correr seria uma tarefa praticamente impossível se experimentasse caminhar, mesmo que fosse em um posto de hidratação.

Quando faltavam menos de 2 km para terminar a Maratona, olhei um relógio de rua daqueles que marcam hora e temperatura, e vi que marcava 16h20. Nesse momento, me assustei, pois não sabia quanto tempo de prova tinha, e tudo indicava que seria uma prova bem próxima à que havia feito em 2013.

Poucos metros à frente, avistei o Doc pulando e aos gritos, como lhe é peculiar. "Vai com tudo, que puta prova!", mas naquele momento eu só queria terminar correndo. Não queria arriscar sentir a lesão e fazer o último quilômetro andando ou me arrastando. Mudaria muito pouco, e, sendo bem sincero, para quem nem sabia se largaria, estar lá com pouco mais de 9h20min de prova era uma vitória gigantesca.

Chorei a reta inteira até a linha de chegada, e dessa vez não foi pela emoção de completar ou fazer uma boa prova, mas pelo desgaste mental. Até então aquela tinha sido a experiência mais dura, extensa e exigente mentalmente de todas as provas que havia feito. Sofri como poucas vezes por ter que viver hermeticamente no meu momento, naquele segundo, sem pensar no que poderia ou não poderia acontecer no minuto seguinte ou lá na frente.

Comemorando a chegada (9h27m) após 20 dias em tratamento e sem saber se largaria na prova. Fotografia de Wagner Araújo (MundoTri).

Tudo que havia treinado mentalmente não aconteceu. Estava preparado para sofrer pelo esforço físico que queria fazer e estava muito treinado, mas o meu psicológico foi algo muito mais exigente. Aprendi na marra a lidar com o inesperado já nos últimos dias de preparação, mas na prova foi algo que me fez crescer muito. Fiquei mais forte e descobri o tamanho da força que eu tenho – aliás, nós todos – dentro de mim, emocional, física e mentalmente.

Missão cumprida, e um sentimento muito grande de realização. Tive a certeza de que meu corpo poderia ir muito além se não tivesse me lesionado vinte dias antes da prova, no entanto, aquilo não mudou minha vida nem o resultado. Só aumentou o valor da minha conquista. Eu consegui, com o apoio de muita gente, chegar lá novamente e realizar aquilo que me faz bem.

Não foram poucas as pessoas que vieram me questionar se eu estava triste, sentindo pela lesão etc... Mas, para mim, o que valeu é que foram meses de treino, quase 150 dias com sensações de felicidade por estar treinando, ter saúde e receber o apoio de familiares e amigos. Para um atleta amador, um único dia não pode definir o quão positivo foi um ciclo inteiro (no meu caso, de 150 dias). O saldo tem que ser muito positivo. Pelo menos 60% desses dias devem ter valido a pena, se analisados naquele exato momento da vida, e não depois de ter alcançado algo. Termine o dia e pense se valeu a pena, se foi bom. Esse dia estará no saldo positivo e é isso que valerá no final das contas.

Aliviado por completar a prova sem sentir a lesão.
Fotografia de Wagner Araújo (MundoTri).

Partindo desse princípio, dei o devido descanso ao corpo e em julho retomei as corridas pensando na Maratona de São Paulo. Já que no ano anterior havia feito com o Uva e percebido que poderia fazer a prova bem mais forte, então, por que não me dedicar e tentar no quintal de casa?

Nos últimos anos, assessorávamos muitos alunos prontos para correr as provas (10 km e 25 km) que costumavam acontecer junto com a Maratona, e isso era mais um estímulo para eu estar lá e tentar fazer a prova como eu acreditava que seria capaz.

Sem exageros e com muita vontade, foram três meses dedicados alternando algumas semanas com três treinos e outras com quatro, mas nada que exigisse muito. Sempre gostei de calor e no ano anterior ele já tinha sido razoável, então preferi fazer o último mês com treinos perto da hora do almoço para o corpo saber o que iria encarar pela frente. Foram semanas vivendo no calor para aclimatar, mesmo dentro do carro ou em casa. O ar-condicionado do carro não foi usado nos últimos quinze dias para eu me acostumar com o calor de trinta graus.

Dito e feito, chegamos para a prova e na largada, às sete da manhã, a temperatura era de 23 graus e sem nuvens no céu, ou seja, aos que sofriam com o calor, teriam um longo dia pela frente.

Eu já estava preparado para aquilo e sabia que não podia deixar o velho fusquinha ferver, então tratei de me refrescar com água no primeiro posto de hidratação. Eram três copinhos por posto, alternando pequenos goles de água e um breve banho para manter a sensação da temperatura corporal mais agradável.

Passeando e conversando com meu irmão que estava de bike, fluiu tudo perfeito até os 19 km, quando uma pequena dor surgiu no quadríceps. Sem saber o que era, o ritmo caiu um pouco e começou a ficar difícil manter o plano inicial. Fui levando como dava até os 30 km, quando piorou muito e o ritmo caiu mais. Eu me surpreendeu ao ver muitos atletas da elite parando e ninguém me ultrapassar. Marginal, avenida Juscelino Kubitschek, túneis, avenida República do Líbano e então a chegada, que era no Parque Ibirapuera, estava perto. Foi aí que mantive firme o ritmo que dava e cruzei a linha de chegada.

Triste e cabisbaixo, olhei ao meu redor e, ao ver o tempo, não era o que eu desejava. Na verdade, aquelas 2h57min estavam muito (mas muito) aquém do que eu esperava e tinha certeza de que faria. Mas o tempo que havia completado não era o responsável por aquela sensação. Percebi que aquele vazio era pela falta de ter ali quem me apoiava. A Renata estava de repouso obrigatório por conta da gestação e não pôde ir me ver. Nem ela, nem os meninos. Saí de lá, peguei a medalha e fui para casa. A sensação era similar à de um treino em que você "quebra", que não faz um ritmo conforme esperado. Ainda assim eu sorri, pois mais uma vez, no mesmo ano, o que valeu a pena foi o processo, a jornada de treinamento e todo o envolvimento. Olhava para o lado, sorria e pensava: "Que ano! Ironman, Maratona de São Paulo e logo mais a família completa. O que mais posso pedir?".

A decepção por não alcançar o tempo desejado, mas que logo foi substituída por gratidão por ter vivido meses treinando.

Cheguei em casa e aquele sorriso ficou estampado na minha cara. Carreguei comigo a certeza de que poderia mais, mas que tinha valido muito a pena ter passado por tudo aquilo. O saldo foi muito positivo.

À espera da chegada do Francesco (filho #3), ainda faltava organizar a Stoneman daquele ano. Diferentemente do que havia acontecido nos últimos anos, fizemos em um formato treino na USP, pois o aluguel da raia olímpica havia sido vetado.

Mais um ano em que ajudamos muitas famílias, e a sensação é de que vale muito a pena, sempre. Como a corrida beneficente foi no sábado, o treino usual de bike na estrada foi transferido para o domingo, em caráter de exceção, pois como disse, domingo é *family day*.

Dia 30 de novembro de 2014, estava eu e uma aluna na rodovia dos Bandeirantes, como sempre. Desde a década de 1990, descobri ali um dos lugares onde mais gosto de treinar. A sensação de liberdade, o barulho do vento e a velocidade sempre me deixavam em paz quando o treino acabava.

De repente, surgiram dois assaltantes no meio do acostamento. Um deles apontou a arma na minha cabeça e nesse momento eu só pensava que a cesárea para o nascimento do Francesco estava agendada para dali a dois dias exatamente. Entreguei a bicicleta e o celular. Mas um dos assaltantes queria mais coisas, então joguei no chão o que tinha (kit para trocar pneu com espátula, cilindros de CO_2 e carboidrato gel) e saí andando. Eu só queria permanecer vivo. Eu só queria chegar na quinta-feira para ver o nascimento do #3.

Além de perdermos as bikes, tivemos problemas com os policiais que encontramos adiante. Eles não queriam nos ajudar, pois estavam tomando conta do radar móvel de velocidade. Sem telefone para poder pedir ajuda ou comunicar o que havia acontecido, eu só pensava em avisar a Renata o quanto antes, uma vez que dentro de alguns minutos, chegaria a hora em que eu terminaria o treino e, como de costume, ligaria para avisá-la que estava tudo bem.

Uma boa alma que viu de longe a cena parou com o carro e me emprestou o celular. Tentei ligar para meu irmão. Eu não queria alarmar a situação, pois estávamos bem e não sabia como a Renata reagiria às notícias. Mas o telefone emprestado estava sem crédito e meu irmão não aceitava ligação a cobrar (ele já havia sido vítima daquelas ligações de sequestro *fake*). Não teve jeito. Mesmo pensando na Renata com a barriga explodindo, liguei para ela e contei que tinham levado nossas bicicletas, mas que estávamos bem.

Após muita discordância entre a polícia rodoviária e os carros da concessionária da estrada, conseguimos que nos levassem ao local onde estavam nossos carros. Claro que isso só aconteceu após aquele "faz-me rir" para o oficial (é o final dos tempos).

Delegacia, boletim de ocorrência feito. Fui para casa, abracei a Renata e o #1 e o #2. Eles não entendiam por que aquilo tinha acontecido. Claro que tentei amenizar a situação, mas, na cabeça deles, andar de bicicleta só poderia ser perigoso se você caísse, e não quando alguém aponta uma arma na sua cabeça.

Fiquei umas boas semanas sem vontade de continuar morando no Brasil. Aqueles caras me tiraram muito além de uma bicicleta. Eles tiraram o meu prazer, o meu direito de ir e vir em um local onde costumava trabalhar, onde as pessoas que eu treinava iam buscar mais qualidade de vida.

Para minha felicidade, o #3 chegou bem, saudável, grande e bonito, bem diferente do pai (natureza sábia). Isso me deu um alento, um bom motivo para sorrir, mas mais um motivo para me preocupar com o mundo em que vivemos.

CAPÍTULO 15

2015 – Quando o corpo para você

O começo do ano foi difícil devido ao assalto no final de novembro de 2014. A dois dias do nascimento do #3, aquela arma apontada para mim fez com que minha mente virasse de ponta-cabeça. Foi muito ruim, pois vivi algo que jamais havia pensado.

Sempre pregava que treinar na estrada só poderia dar ruim por uma fatalidade, pelo destino. E, na minha cabeça, não foi uma fatalidade o que apareceu. Foi o destino que falou mais alto, apontando uma arma na minha cabeça e dizendo: "Deixe este país. É aqui que você quer que seus filhos cresçam?".

Nunca escondi das pessoas que convivem comigo o meu desejo de ir embora do Brasil. Eu presenciei tudo que meus pais enfrentaram por causa de governantes e da falta de escrúpulo daqueles que deveriam lutar pelo bem-estar social. Somado a isso, passamos a conviver cada vez mais próximos da violência. Nunca fui daqueles que se preocupavam com o fato de alguém ter sofrido com a falta de segurança. Quando eu tinha conhecimento de que alguém havia sido violentado de alguma maneira, costumava driblar meus pensamentos, acreditando que nunca aconteceria comigo.

Mas havia acontecido! E foi em um ambiente distante do caos paulista, afastado dos pontos mais visados e, para piorar, no local onde eu mais buscava vida, quando eu estava treinando na estrada.

Isso tudo ecoou em minha mente por muito tempo até que um dia decidi não pensar mais. Mentalizei uma frase que fiz questão de escrever no meu bloco de notas do celular: "Você vai lutar contra tudo e todos para *viver*, e não sobreviver. Esqueça os ruins, os maus, faça o seu mundo ser bom com o que tem e sorria".

Então, retomei os treinos aos poucos. Como estava com o Francesco (#3) recém-nascido, aproveitei para dar um descanso ao corpo, afinal, tinha feito dois Ironman mais duas Maratonas em dois anos, e agora a exigência que eu tinha comigo mesmo era estar presente para os meus filhos mais velhos, #1 e #2. A Renata estaria na função maior nos primeiros meses com a amamentação e a privação de sono, e ainda conciliando o trabalho, que ela retomou dez dias após o nascimento do último herdeiro.

A atenção no dia a dia aumentou para os mais velhos. Em fevereiro, o Enrico (#1) estava começando a ser alfabetizado; ou seja, além de estar mais presente para "suprir" a falta de atenção da Renata, que vivia com um "piercing" no peito mamando, eu tinha que ajudar o Enrico. Ele estava naquela fase que já dá sinais das obrigações que os pequenos terão pela frente (lições da escola, leituras, trabalhos etc.).

Em paralelo a isso, o Felipe (#2), com pouco mais de 3 anos, teve uma liberdade forçada. Enquanto um mamava e outro aprendia a ler e escrever, ele podia brincar à vontade, ou ver algum desenho sem que um adulto o controlasse ou o estimulasse.

Foi aí que os pratos da vida começaram a girar mais rápido e nós fomos aprendendo a lidar com os desafios que surgiam em fases distintas. Como acontece na vida de todos, seja em casa ou no trabalho, sempre teremos que administrar vários problemas ou demandas ao mesmo tempo.

Exatas sete semanas antes de acontecer a etapa do Rio de Janeiro da Golden Four Asics, fui chamado para participar, mas com um pedido da ASICS (que, além da prova, também patrocinava a mim e a minha assessoria). Eles queriam que eu fizesse um tempo bom para chegar entre os cem primeiros. Eu ganharia uma medalha especial e eles poderiam contratar um fotógrafo para fazer as fotos ao longo da prova. Quanto mais rápido eu fosse, mais vazio estaria, e melhores ficariam as fotos.

Saí de uma rotina de três corridas por semana com 45 minutos para ter que completar uma meia-maratona bem. Sabendo que estava em uma fase com pouco treino e sono comprometido, decidi manter os três treinos e só ajustei as intensidades e o volume para que pudesse chegar lá e fazer uma prova boa, terminando entre os cem primeiros para ter a tal da medalha top cem.

Se faltavam seis semanas até a prova, foram cinco e meia de treinos, sem exagerar nos ritmos e no volume, mas mantendo a cabeça firme no propósito de fazer força quando tocasse a buzina da largada para corresponder à expectativa da ASICS.

A largada foi com um clima incrível, sem nuvem no céu, temperatura baixa para os cariocas e normal para os paulistas. E assim fui do início ao fim, martelando quilômetro a quilômetro e lembrando dos tempos que havia feito nas meias em 2011. Não podia errar novamente. Eu não estava tão treinado, então deveria ser mais cuidadoso, pois ali eu tinha uma responsabilidade com minha patrocinadora. É diferente largar e errar quando você não precisa pensar em nada além de si mesmo, e se algo não sai como o planejado, pode tentar outra vez em outra prova e segue o jogo. Quando envolve patrocínio, viagens e campanha publicitária, tudo tem um peso muito maior.

Mesmo longe da melhor forma, consegui correr um segundo, isso mesmo, um segundo melhor que a última meia-maratona feita quatro anos atrás. O fotógrafo foi de moto o tempo todo ao meu lado, soltando aquele ar "puro" do escapamento e pedindo coisas do tipo: "vai para aquele lado", "agora vai para o outro", "jogue a água na cabeça", para ter fotos que pudessem ser utilizadas institucionalmente.

Quando percebi que o meu corpo ainda estava apto para fazer força e para colocar velocidade, me senti mais confiante e pude curtir a prova mesmo tendo treinado durante poucas semanas.

Algumas semanas depois, a Renata cogitou de irmos para Foz do Iguaçu com os meninos e aproveitar que, mesmo com o início da alfabetização do #1, ainda podíamos sair em outras épocas que não janeiro e julho, quando tudo fica muito cheio e muito caro. Eu, ingenuamente, comentei que teríamos que tomar cuidado com a data, pois sabia que em agosto teria o meio Ironman (ou Ironman 70.3) lá, e que isso poderia afetar o trânsito na cidade dificultando para levarmos os meninos aos passeios (que, por sinal, são incríveis). Eis que ela sugere de irmos exatamente naquele fim de semana, pois assim eu faria a prova e curtiríamos a cidade.

Fiquei surpreso, pois, de fato, como não estava pedalando e não nadava 25 m desde o Ironman de Florianópolis de 2014, não havia pensado nessa hipótese de participar da prova, e, claro, o quanto isso iria impactar na rotina familiar e profissional já que teria que arrumar tempo para treinar. Mas para quem treina para provas mais longas, que exigem mais dedicação na rotina, ter uma oportunidade dessa de mão beijada da esposa (ou do marido) não é comum. Com razão, em geral a parceira (ou parceiro) "torce" o nariz, pois sabe que não estaremos tão presentes em alguns momentos. Fiz a inscrição e aí me dei conta de que faltavam sete semanas para a prova.

Havia começado a corrida contra o tempo novamente. Voltei a pedalar, aumentei o volume na corrida e deixei para colocar a natação mais adiante, já que o corpo não aguentaria tudo de uma vez.

Nesse meio-tempo, dia 2 de agosto (quatro semanas antes do meio Ironman) aconteceria a etapa em São Paulo da Golden Four Asics, e um amigo pediu ajuda para correr e fazer seu melhor tempo, o qual se assemelharia ao meu ritmo do longo. O Bruno é um amigo de voz mansa, cara de bonzinho, mas que, quando resolve fazer força, vira o Taz e sabe sofrer como poucos.

Durante o percurso da meia-maratona, correndo com o amigo Bruno Couri.

Ao chegar para largar, expliquei que o plano seria fazer a prova bem ritmada – gosto de seguir assim em qualquer distância –, e ele respondeu de maneira simples: "Beleza, Ricardinho, vou contigo".

Fomos na batida perfeita do início ao fim, chegando um pouco abaixo do que era o objetivo dele. A ideia era fazer abaixo de 1h20min e fechamos com 1h19min45seg. Foi um dia especial. Fazer um treino muito bom e ajudar um amigo a conquistar seu melhor tempo até então, me deixou mais feliz, além de ver como o corpo estava reagindo mesmo com poucas semanas de treino – isso mostrava que viria coisa boa pela frente.

Após completar a prova ao lado do amigo Bruno Couri, vendo que o sofrimento e a dor muitas vezes são proporcionais à satisfação de alcançar um objetivo.

Após oito dias da meia-maratona, resolvi fazer um teste de curva glicêmica. Com ele poderia entender e ver como meu corpo funcionava com relação à alimentação, ao consumo/necessidade de carboidrato e produção/concentração de ácido lático.

O protocolo era simples e da maneira que gosto, simulando o dia de uma prova: acordando na hora que acordaria para fazer o meio Iron, comendo o que comeria antes de largar e no tempo que também o faria no dia da prova. Seria feita uma medida da glicemia antes de começar, e, a partir do momento em que começasse a correr, seriam medidos a cada vinte minutos a glicemia e o lactato para ver como estava a concentração/produção de ácido lático no meu corpo sob o estresse da atividade.

Sem água, sem carboidrato gel e com a velocidade aumentando a cada vinte minutos, fui correndo. Entre uma furada de dedo aqui e outra ali, o papo com o dr. Ronaldo e o Doc Magliocca ia fluindo assim como a passada. Foram seis coletas de gota de sangue para obter as informações necessárias: antes de começar, com vinte minutos, quarenta minutos, uma hora, uma hora e quinze minutos e uma hora e trinta minutos. O que percebemos é que a glicemia ficou estabilizada 100% no mesmo número que comecei – comendo apenas a minha maçã vinte minutos antes de começar o teste. E o lactato subiu muito pouco, mesmo a velocidade tendo começado a 15 km/h e terminado a 16 km/h.

O teste mostrou que eu funciono muito bem com pouco consumo de carboidrato, e que, mesmo quando for ingerido, não posso consumir de uma vez um sachê de carboidrato gel, pois sairia do estado de equilíbrio e isso poderia prejudicar em vez de ajudar.

Aprendi muito olhando para mim mesmo nos últimos anos, aparando as arestas e acreditando no que me fazia bem, e não no que o mundo dizia ser o correto. Meu corpo respondeu a todas as teorias da melhor maneira possível. Você não precisa seguir receitas de bolo.

E foi assim que fui para Foz do Iguaçu. Estava feliz em fazer uma viagem em família para o mesmo lugar onde havia estado com meus pais e irmãos quando tinha 10 anos de idade. Meu pai, engenheiro, sempre foi aficionado por grandes obras, e Itaipu foi, durante minha infância, uma das maiores e mais valorizadas construções para a geração de engenheiros como meu pai.

"A maior usina hidroelétrica do mundo", em 2015, seria o palco da viagem. Eu levaria meus filhos para ver a usina, as Cataratas, os museus, as aves e, de quebra, teria uma prova de triatlo.

Nunca fui muito de pilhar e de querer colocar goela abaixo o esporte na vida dos meus filhos, então retirei o kit e fui encontrá-los. Após chegar ao hotel, separei rapidamente o que seria levado para o bike check-in (local onde deixamos a bicicleta e as sacolas com o que vamos precisar para usar na próxima modalidade, tanto ao sair da água para ir pedalar como depois, quando deixamos a bike e vamos correr).

À tarde, todos foram ao Vale dos Dinossauros enquanto eu fui levar a bike e as sacolas. Peguei um ônibus da organização, que nos levou até a área da largada e da primeira transição, onde deixaríamos a bike e as sacolas com os itens que usaríamos na prova: uma na transição da natação para o ciclismo (com capacete, sapatilha, luva, meia, óculos escuros), e a outra ao terminar o ciclismo e começar a corrida (com tênis, número de peito, vaselina, viseira e suplemento).

Nós nos encontramos e jantamos no hotel, pois no dia seguinte bem cedo eu sairia em direção ao local da chegada para pegar o ônibus que nos levaria até a largada no lado paraguaio da usina.

Largamos em um dia sem nuvens no céu. Entre tapas e pontapés, saí da água sem ter muita noção de como estava de tempo e posição. E, como sempre faço, olhei para a frente, pensei no que tinha que fazer e não no que estava por vir lá na frente ou no que já havia passado. Ou seja, fui vivendo intensamente o momento.

Com um circuito muito técnico (muitas curvas, subidas e rotatórias), o pedal foi mais lento do que eu imaginava, mas fui seguindo o ritmo dos atletas que marquei, embora soubesse que não era um circuito bom para minhas características. Pensei algumas vezes enquanto fazia força em uma das várias subidas: "Mas onde estava com a cabeça em vir fazer esta prova? Isso aqui é prova para o meu irmão fazer. Eu não sei subir bem." E, de fato, meu pedal, no melhor dia da vida, não chegaria aos pés do que meu irmão pedala.

117

Durante a etapa do ciclismo em um circuito técnico que desgastou muitos atletas.

Desde seus 15 anos de idade, ele gosta de pedalar. Chegou a ir algumas vezes pedalando em uma Cruiser (bicicleta antiga que nem marcha tinha) com uns amigos para o sítio de um deles que ficava próximo a Vargem Grande. Eram outros tempos. Pegavam uma caixa de ferramentas daquelas pesadas e grandes, colocavam na mochila, com água e bolachas e iam curtir um fim de semana. Onde meus pais estavam com a cabeça ao deixá-lo ir eu não sei.

Quando faltavam cerca de 10 km para acabar o ciclismo, tomei o restante do carboidrato gel. Eu sempre levo em uma minigarrafa, onde consigo colocar quatro sachês de carboidrato gel dentro; isso facilita para carregar na prova. Mas, para minha surpresa, a organização da prova fez um pedal maior por conta de solicitações dos órgãos que controlavam o acesso na usina. Em vez dos 90 km tradicionais, pedalamos 96 km. Nada assustador, mas fiquei por um bom tempo me perguntando se eu estava no caminho certo ou se havia errado alguma parte da prova. Cheguei e, quando peguei minha sacola para fazer a transição, tirei a meia – sempre troco em provas longas, pois me molho muito, e prefiro sair para correr com o pé seco e com vaselina para evitar qualquer dor ou bolha desnecessária. Passei vaselina no pé, coloquei outra meia, peguei óculos, viseira, número de peito e "Opa, cadê minha minigarrafa com o carbo gel da corrida?".

A organização da prova, ao transportar as sacolas, deixou cair da minha o meu carboidrato gel. Claro que a culpa não foi deles, afinal, fui eu que não fechei bem a sacola. Então, fiquei sem carboidrato para correr.

Seguindo o princípio básico de resolução de problemas "coopere com o inevitável", saí para correr com minha garrafinha de água na mão e na hora já pensei: "No teste comi uma maçã vinte minutos antes e consegui manter meu corpo em um ritmo bom sem a necessidade de repor carboidrato. Vou manter o ritmo próximo ao que fiz no teste e vamos ver o que vai dar".

Começo da etapa da corrida com garrafinha de água na mão em um percurso sem sombra.

Fui na tocada quilômetro a quilômetro e tudo que o circuito do ciclismo não ajudou para eu me sentir bem serviu para deixar todos cansados e com as pernas travadas. Nos primeiros 100 m, percebi que o sol, que dava o ar da graça desde às seis horas, já estava rachando o coco de todos. Foi então que tratei de me refrescar e em todos os postos de água pegava três, quatro ou mais copinhos, me hidratava e me molhava correndo, sem perder nenhum segundo e muito menos a concentração.

Controlando o ritmo em um percurso desafiador e quente, fui equilibrado o tempo todo e quando percebi estava próximo a um retorno beirando a barragem. Tinha no meu campo de vista vários atletas que serviriam de motivação para manter o ritmo. Aquela visão era como o espinafre do Popeye – senti uma energia e um arrepio no corpo todo. Pensei: "Vou buscar um a um, de quem estiver no meu campo de visão". Faltavam aproximadamente 8 km quando avistei dois atletas lá na frente, mantive o ritmo e, em 2 km, estava lado a lado com o primeiro e a menos de 100 m do próximo. Foi aí que coloquei na cabeça: "Falta pouco mais de 5 km, vou para cima, lutando por cada metro e deixando o que tiver pelo caminho". Faltando 2 km, estava avistando mais um corredor a aproximadamente 300 m e outro bem mais afastado, que imaginei estar a quase 800 m. Não pensei em mais nada, cheguei no outro atleta, que ameaçou vir no mesmo ritmo. Ele perguntou se éramos da mesma categoria. Para o alívio dele não éramos, e vê-lo sucumbindo (e eu bem) me deu mais força e pensei comigo: "Eu não vou diminuir o ritmo, se o próximo perder 20 segundos eu chego e passo". Faltando 500 m para a chegada, eu já feliz da vida pela prova que vinha fazendo, passei o outro competidor, que, para minha surpresa, era um amigo que sempre tive como referência, Arthur Ferraz, um baita psicólogo esportivo e um dos melhores triatletas amadores do país.

Corrida dentro da Usina de Itaipu.
O sol deixou suas marcas durante o meio Ironman de Foz de Iguaçu.

Antes de fazer a curva para ir ao pórtico de chegada, vi a Rê e os meninos (#1 e #2) pulando felizes e eu achando que estavam eufóricos porque eu estava chegando. Mas, na realidade, estavam mais eufóricos do que o normal; afinal, eu fui o sexto colocado geral. Nem nos melhores sonhos da vida eu imaginava aquilo. Havia largado para fazer o meu melhor; embora acreditasse em um bom desempenho, fiz a minha prova sem pensar em que pé nadar, como pedalar e com que ritmo correr. Deixei o que tinha pelo caminho, e a superação ao correr sem nada de suplemento me fez acreditar ainda mais em mim.

Cruzando a linha de chegada sem saber de fato quão bem havia feito a prova.

Poucas horas depois, estava na piscina do hotel brincando com o #1 e o #2 e deixando a Renata ter um merecido descanso, já que controlar, ao longo da prova, duas crianças de 6 e 4 anos por algumas horas sem ter o que fazer não é fácil. Além do mais, eu já tinha curtido meu momento. Agora era mais do que hora de retribuir. Mergulhos, bombas, lançamento de filho e um incômodo começou a aparecer no quadril. Não dei muita bola acreditando que eram sequelas do esforço feito na prova.

Fui à cerimônia de premiação e rolagem das vagas para o campeonato mundial que seria na Austrália, em 2016. De fato, havia ficado em sexto no geral, terceiro na categoria, e a vaga no mundial estava garantida.

Voltando a São Paulo, o plano era manter a rotina de treinos e encarar a Maratona de Amsterdã, pois um grupo de alunos iria fazer, e a Rê ia encarar a meia-maratona. Seriam os primeiros dias das nossas férias.

Passados cinco dias, fui retomar os treinos. A dor no quadril ainda estava lá. Pensei muito a respeito e abortei a maratona. A viagem a Amsterdã virou trabalho, pois teria que acompanhar os alunos na prova, mas depois ia aproveitar uma semana de férias com a Rê e alguns amigos.

Como eu não ia fazer a prova, marquei com meu médico para fazer vasectomia. Aproveitaria os dias de viagem para me recuperar da cirurgia, pois eu precisava ficar duas semanas sem atividades, inclusive sem dar aulas. Foi uma decisão muito bem pensada e sensata. Com três filhos, eu não queria e não quero ter mais filhos. Eles são a melhor coisa do mundo, mas dão muito trabalho, e quando não planejados podem tornar a tarefa dos pais um pouco mais complicada. Assim foram nossos três, e eu pensava que mesmo se um dia a Renata me deixasse, eu já tinha atingido a cota de filhos desta vida.

A viagem foi incrível, recheada de risadas, ótimas companhias e com a prova dos alunos e da Rê.

Quando voltamos, recebi alta médica e retomei a rotina. Estava animado por ter ficado muitos dias parado e ter voltado de uma prova. Sempre que acompanho provas, fico pilhado para voltar à rotina de treinos, definir um objetivo e levar a vida com esse objetivo para ser alcançado.

Meu quadril reclamou bastante, ligando um sinal de alerta. Falei com o Doc Magliocca e lá fomos nós mais uma vez fazer ressonância. Fui agraciado com uma fratura por estresse no colo do fêmur em consequência de ter ficado dois momentos do ano longe dos treinos e depois encarar duas provas duras e fazer força. A notícia veio como um banho de água fria. Eu não havia sentido nada até a prova em Foz do Iguaçu e, de repente, a fratura estava lá.

Assimilei o golpe, aceitei que o ano já havia sido bom e que agora era só descansar e esperar as famosas oito semanas – que eu sempre transformei em doze por precaução, pois sei que com fratura não se brinca e não dá para querer antecipar o retorno. Não tem super-herói que lide com fratura. Ela vai, mas você tem que esperar ela ir embora. Caso contrário, serão muitos outros meses de tratamento e de afastamento.

Isso foi em outubro; dei um até logo para a corrida e mandei a mensagem: "Nós nos veremos em 2016 e se prepare que seremos unha e carne".

CAPÍTULO 16

2016 – Aprender mesmo na ausência

Ouvi uma vez em um papo "extraoficial" com um dos entrevistados no programa da rádio, que ele, mesmo quando estava em férias, fora dos treinos e da temporada, treinava muito. Claro que minha cara de espanto deve ter sido a mesma que a sua lendo. Imagine eu, após uma entrevista de uma hora de duração com uma certa liberdade com o atleta, também sendo um atleta (amador, mas razoavelmente dedicado) e treinador, ouvindo que ele treinava muito quando não estava em período competitivo. Era surreal para mim, naquela fração de segundo, saber que nas férias ele se dedicava muito.

Tamanha minha careta (além da feiura natural), que ele começou a rir e já falou: "Calma! Eu descanso o corpo, respeito o pouco que tem que ser feito, mas treino minha cabeça para tudo que pode vir quando retomar os treinos. Lembro o que vivi, o que aprendi e o que vi com outros atletas ao longo do ano". Claro que depois ficamos conversando por muito tempo, fui tentando absorver o máximo possível. Esses papos sempre são muito valiosos e é muito bom conseguir aprender com o que esses atletas assimilaram ao longo da carreira.

Eu sempre ficava ouvindo, entendendo e me esforçando para trazer aquilo para a minha realidade como atleta e principalmente como treinador. A visão do mundo esportivo e do dia a dia de atletas e treinadores é algo que pode definir sucesso ou insucesso.

Eu estava vivendo uma fase pela qual a maioria dos atletas, sejam eles profissionais ou amadores, infelizmente passa. A fratura no colo do fêmur estava lá e por um bom tempo tive dificuldades de conseguir perceber alguma melhora no processo. As semanas que me diziam ser necessárias para poder retornar aos treinos, para mim não foram suficientes sequer para passar as dores e os incômodos.

Procurava lembrar todos os dias de cada atleta profissional que já havia passado por algo parecido e que tinha conseguido retornar aos treinos e às competições. Eu me apoiava nisso para poder aceitar que voltaria melhor, mais forte, pelo menos mentalmente. Foi aí que procurei lembrar dos treinos mesmo sem treinar, aceitei e não determinei prazos para o retorno, e sim para *quando pudesse* voltar aos treinos. Respeitaria além do que me foi orientado e do protocolo padrão. Já que o período de recuperação não foi no padrão, por que eu apressaria o retorno aos treinos com cargas elevadas (mais intensos e com mais volume)? O meu histórico já demonstrava que respeitando meu próprio corpo, eu voltaria ao normal.

Nesse meio-tempo, chegou a Olimpíada do Rio de Janeiro. O principal evento esportivo do mundo estava acontecendo em terras tupiniquins e com muitos dos amigos que havia feito nos últimos anos. Posso afirmar que tinha entrevistado pelo menos 70% dos atletas que formavam a delegação brasileira e que, para muitos deles, me senti na obrigação de demonstrar minha torcida e apoio mesmo estando longe da mídia. Eles eram exemplos para uma nação pobre em investimento e em projetos que têm o objetivo de descobrir e apoiar novos talentos, formando uma sociedade mais culta e ativa no âmbito esportivo.

Em 2016, um dos atletas de maior destaque foi Usain Bolt, o corredor mais rápido de todos os tempos e o mais carismático. Conseguiu levar milhares de pessoas ao estádio onde seriam disputadas suas provas. Enquanto os olhares da mídia estavam voltados ao corredor jamaicano, eu procurava saber como estavam todas as modalidades. Falava com todos os atletas e *staffs* que tinha contato (treinadores, fisioterapeutas, preparadores físicos, nutricionistas etc.) para saber como estavam os bastidores. Saber a respeito de diferentes modalidades esportivas sempre me cativou, mas o que me chamou a atenção foi constatar de perto que a delegação norte-americana era de se tirar o chapéu.

Sou fã da cultura esportiva, principalmente da valorização que os norte-americanos dão ao esporte, fazendo com que a sociedade plante e colha bons frutos. É de arrepiar ver que em qualquer evento por eles organizado, milhares de pessoas vão prestigiar, seja no calor do deserto ou no frio das montanhas. Compareçem de crianças de 2 anos aos mais experientes de 80 anos, que muitas vezes estão lá como voluntários. É um exemplo a energia que é despendida por todos e para todos eles.

Não seria diferente nos Jogos Olímpicos, onde os principais atletas de todas as modalidades estariam. A união entre eles foi algo que me impressionou muito mais do que ver o Bolt voar na pista. Foram algumas semanas de alento para o meu processo de recuperação. Já haviam-se passado onze meses desde o diagnóstico da fratura e ainda não me sentia bem para retomar os treinos.

Voltei do Rio de Janeiro com a ideia de que os norte-americanos têm o esporte correndo reforçado nas veias. Não acho que seja a melhor sociedade do mundo, mas são especialistas quando se fala da inserção do esporte no dia a dia das crianças, estimulando e valorizando quem pratica. O modelo de ensino deles oferece a garantia de uma boa universidade por meio do esporte para os alunos mais dedicados, ao saírem do *high school* (equivalente ao nosso ensino médio). Isso é algo que, indiretamente, faz com que o esporte seja levado a sério pelas crianças, desde muito cedo. Aliás, o esporte é valorizado por toda a sociedade, e não somente por aqueles que gostam ou praticam alguma modalidade.

Infelizmente nós, brasileiros, não temos isso; pelo contrário, faltam apoio e valorização. É comum muitos jovens deixarem o esporte de lado por pensarem que não têm muita alternativa, ou seja, ou entram na faculdade ou treinam muito, para que um dia, quem sabe, possam se tornar atletas profissionais,, mas sem garantias de que o esporte lhes trará algo de valor.

O legado olímpico envolve o desenvolvimento da seguinte ideia: mostrar para as pessoas que o esporte pode ser bom para quem pratica e também para a sociedade. Infelizmente, vimos que isso não acontece aqui... pelo menos não até o momento.

Fiz questão de levar meus filhos para verem algumas modalidades da Paralimpíada, para que eles possam valorizar os esportistas "anônimos" no mundo convencional, mas guerreiros da mais alta patente; afinal, por meio do esporte eles mostram como lutar para fazer o seu melhor, como olhar para o lado e competir consigo mesmo, fazer o seu melhor e valorizar quem está ao seu lado.

Para a minha surpresa, o #1 e o # 2 (então com 8 e 5 anos, respectivamente), ficaram enlouquecidos ao verem os atletas da natação e do rúgbi. Questionavam sem má intenção (com a ingenuidade de uma criança) sobre as deficiências. Naquela ocasião, assimilaram valores que nenhum livro ou campanha social seriam capazes de lhes ensinar para a vida.

Deixei minha lesão em 13º plano. Dei a ela a devida importância naquelas semanas. E, mais uma vez, ficou claro que tudo acontece no seu tempo e da maneira que tiver que ser. Reforcei o aceite das férias forçadas dos treinos e adotei o princípio de que queria viver bem com minha esposa, com meus filhos e praticando as atividades físicas que meu cotidiano e que meu corpo permitissem. Eu cimentei a ideia que sempre tive, de que eu manteria o esporte pensando na categoria após os 65 anos. Eu quero poder chutar uma bola de futebol com meus filhos, poder carregá-los e jogá-los na piscina, correr, pedalar e, quem sabe, desfrutar de alguns treinos com eles. E, para isso, eu precisava ajustar minha rotina, entender e aceitar que tudo seria diferente quando pudesse voltar a treinar.

Somado a tudo isso, um grande amigo estava passando por uma fase difícil e me pediu para fazermos juntos uma prova em 2017. Ele sugeriu o meio Ironman de Lima, no Peru. A Renata sempre quis conhecer Machu Picchu e entendeu que seria bom para o meu amigo, então me pilhou para que eu me inscrevesse na prova. Eu queria muito ajudá-lo, mas ao mesmo tempo ia contra a minha crença de que sair do Brasil para competir em triatlo é extremamente chato se comparado à maratona. Você tem que separar muitas coisas, como roupa de borracha, óculos de natação, meias, luvas, suplementos, tênis e etc., além de ter que levar a bicicleta em uma caixa que parece um sarcófago – dá muito trabalho, na hora que sai de casa, ao longo da viagem e na volta. Mas, apesar de tudo isso, o motivo era nobre. Então aceitei passar pelo perrengue no final de abril de 2017.

Em outubro, eu a Renata embarcamos para Portugal. Ela e alguns alunos iriam fazer a Maratona de Lisboa. Eu já estava recuperado da lesão, mas ainda retomando os treinos, então fiquei novamente (assim como em Amsterdã no ano anterior) como *staff*. Além de alunos, amigos e, a tiracolo, meus pais, que sempre acompanhavam minhas provas, apoiando e prestigiando as ações da Personal Life. Eles tornaram-se amigos de muitos alunos e sempre que podiam embarcavam em viagens como essa (que não é nada difícil), mas também em algumas roubadas... e não foram poucas durante tantos anos de empresa.

É muito bacana poder desfrutar desses dias na companhia de uma turma com a qual você se identifica. Eles passam a ser muito especiais, existindo apenas espaço para companheirismo, amizade e sorrisos. Em um desses momentos, lembro que pegamos uma van para fazer um passeio em cidades próximas e escolhi algumas músicas para ouvirmos no caminho, pensando em cada um que estava lá. Do rock ao jazz, alguns esboçavam diferentes reações, até que começou a tocar o *Bolero*, de Ravel, música que sempre gostei e que apresentei na escola, tocando com a classe toda nota por nota dos mais de treze minutos. Assim que o som começou a tomar o clima da van, percebi que a Cris – uma aluna que treinava comigo há muitos anos e que estava em dúvida de largar ou não largar na prova por alguns problemas enfrentados nos últimos meses – se emocionou muito. Minutos mais tarde confessou que era a música que ela sempre ouvia com seu pai (ele havia falecido poucos anos antes), e que escutá-la, naquele momento, era como um sinal de que fazer a prova seria um chamado de que a vida valia a pena. Ou seja, sem saber da relação dela com essa música, a coloquei na prova. O coração dela dizia que sim, ela estaria percorrendo os 42,195 km por terras lusas dias depois.

Em meio a paisagens, cidades históricas e o Santuário de Fátima, agradecia em silêncio por poder viver aquilo com muitos amigos e, claro, com meus pais e a Renata ao meu lado. Vê-la treinada e disposta a encarar mais uma Maratona sempre me fez muito bem. Lembro quando ela fez a sua primeira, em 2006. A sensação de conquista foi reforçada por entender que ela era capaz de tudo, bastava acreditar, se dedicar e deixar que o mundo que não enxergava a importância disso ficasse afastado.

E foi assim que ela largou em sua sexta Maratona. Era uma celebração dos dez anos da primeira Maratona, dos dez anos de casados e de uma família linda com três filhos. Ela saiu de Cascais e completaria os 42,195 km em Lisboa, com um sol escaldante que bateu 37 graus.

A baixinha correu, curtiu, sorriu e chorou. Conquistou mais uma Maratona e reafirmou para ela e todos que a conhecem que a corrida transforma, molda, fortalece e nos faz mais fortes.

Isso me deu forças para voltar a treinar no final de ano, colocando a rotina de bike e corrida bem leves. Na minha cabeça eu pensava: "2017, pode vir que estarei preparado para curtir o dia a dia, sofrer em alguns dias em que o corpo e a cabeça não querem, e o principal, sorrir para a vida como nunca, pois vale a pena".

Ao som de *Bolero*, de Ravel, a Cris completou sua melhor Maratona. Ela, assim como os outros alunos/amigos, retornariam à vida diária mais fortes e com a certeza de que somos muito mais resistentes e maiores que nossos problemas.

Terminei o ano menos treinado, mas forte e entendendo que mesmo sem treinar e em férias (no meu caso, elas eram forçadas) eu me transformei em uma pessoa mais madura, resiliente, emotiva, altruísta e aquilo foi revertido para o âmbito pessoal, profissional e esportivo. Que viesse 2017!

CAPÍTULO 17
2017 – A vida ensina e fortalece

O ano começou com mudanças profissionais. Após dezesseis anos lado a lado com minha irmã desde a criação da Personal Life, agora eu estava 100% à frente da assessoria. Para isso, contei com o apoio fundamental dos professores que compraram a ideia de fazermos as coisas acontecerem. O David e o Cleber estavam fechados comigo, eram quase dez anos juntos, e assim como eles podiam contar comigo, eu pude contar com eles.

Em alguns momentos achei que seria difícil conciliar a responsabilidade completa da parte administrativa da empresa com o que já me demandava. Mas nada que o esporte não pudesse ajudar. Encarei aquilo como mais um ciclo de treinamento para uma grande prova. Eu tinha que executar meus treinos (tarefas) no dia a dia e aí as coisas iriam se encaixando. E assim foi... muito menos complicado do que parecia e em poucas semanas tudo estava andando, e a rotina dos treinos mostrava que o corpo iria desfrutar de um bom preparo rumo ao meio Ironman em Lima.

Estava aliviado porque o corpo já não lembrava mais das lesões. Continuava me poupando de muita intensidade e volume nos treinos, pois em poucas semanas seria a viagem. Mas antes estaria com alguns alunos e com meu amigo que me convenceu fazer o meio Ironman na prova de revezamento Volta à Ilha, em Florianópolis.

Como já mencionado no capítulo 4, a prova é um revezamento em volta da ilha de Floripa com equipes de até doze pessoas. Corremos em asfalto, terra, areia fofa, passamos rios e trilhas por mais de 140 km. Costumamos dizer que é o programa de índio mais legal que existe, pois acordamos às três horas da manhã para largar às quatro e finalizar a prova perto das dezenove, ou seja, quase um Big Brother em uma van (já chegamos a ir em uma Kombi para completar a aventura).

Eu iria acompanhar a prova de fora, estaria com as equipes ao longo do dia, porém sem correr, mas esse meu amigo, que iria fazer os principais (e mais difíceis) trechos, teve um problema de saúde. Quando percebi, estava integrando a equipe para substituí-lo e com a incumbência de correr mais de 30 km para ajudar a equipe a completar a prova... O lema "equipe brother" sempre reinou na Personal Life. Treinamos e vamos às provas sem competição interna, nos ajudamos e nos tornamos mais fortes *sempre*.

Eu vinha de treinos mais curtos, tinha feito um único treino de 18 km no Parque Ibirapuera (100% plano). Sabendo disso, controlei ao máximo a intensidade dos trechos que antecediam os tais "Morros Malditos". Seria um pouco mais que 20 km com uma subida longa e muito íngreme. Ou seja, eu já teria corrido dois trechos que, somados, davam aproximadamente 16 km e teria que correr os "malditos" para ajudar a equipe a terminar a prova dentro do tempo-limite. Fui ouvindo música para não exagerar e não me empolgar. Não adiantou muito, pois, como já disse, gosto de calor e subida e aquilo era um prato cheio. Controlei o ritmo, mas prometi que não andaria na subida, e a brincadeira seria contar quantas equipes eu iria passar.

Confesso que depois de 62 parei de contar, pois estava terminando o trecho de terra – sim, a subida era na terra batida, assim como a descida que, naturalmente, fazia a sola do pé queimar tamanha a força que tínhamos que fazer para frear e não nos esborracharmos no chão. Quando saí da estrada de terra, entrei em uma avenida que tinha uns 7 km até a chegada; eu me sentia bem e mantive um ritmo bom, mas sem forçar muito. Claro que a sensação era que eu estava moderado, mas meu corpo não estava treinado para aquilo. O percurso, de fato, é maldito e, ao completar o trecho e ajudar a equipe, já senti que minha panturrilha não estava muito bem. Gelo na panturrilha logo na sequência e cerveja brindando com os companheiros de equipe à espera do último trecho.

A energia dessa prova e das nossas equipes é incrível. É um dia de convívio intenso e o fato de todos estarem na mesma sintonia faz o sorriso imperar mesmo em meio a dores e muito cansaço. Sempre vale a pena!

De volta a São Paulo, dei três dias de descanso e fui treinar, mas minha panturrilha não deixou. Tinha dez dias para embarcar para o meio Ironman. Aquilo ficou na minha cabeça: "Será que novamente vou passear?". Nessa mesma semana, o avô da Renata teve um problema de saúde, e no dia seguinte o pai dela foi internado às pressas com uma crise renal. Eu me vi na obrigação de estar com ela e ficar por perto. Cancelamos a viagem, e a minha panturrilha, que realmente havia lesionado, virou coadjuvante no meio dessa história toda.

Graças a Deus, o pai da Renata e o avô se recuperaram e após dez dias comecei a tratar da lesão que me assombrou até o meio do ano.

Como em janeiro de 2018 completaria vinte anos da minha primeira Maratona na Disney, conversei com a Renata para irmos com os meninos. Juntaria férias escolares com a comemoração de vinte anos da primeira Maratona, correndo-a novamente.

Retomei os treinos de corrida no formato que sempre fiz depois de me recuperar de alguma lesão, com corridas de baixa intensidade e intercalando com caminhada. Treinos curtos, sem pressa de melhorar sensação, ritmo ou ganhar volume. Quando completei dois meses de treinos, me permiti correr sem caminhar e aumentar um pouco o volume, chegando a 14 km. Estava animado, pois o corpo estava mostrando sinais de que estava recuperado. A panturrilha não incomodava mais e já não sofria para manter um ritmo aceitável e que não me machucasse quando fosse correr sem caminhada. Quando corro muito lento, o corpo sente mais do que quando corro forte, a mecânica muda e tudo fica mais sofrido.

Tínhamos uma viagem agendada para o final de setembro, e o plano com a Renata era manter a rotina, independentemente de sabermos que lá teriam vinhos, cervejas e comidas deliciosas (só que não as mais apropriadas para uma rotina de treinos). Viajei ao lado do Thiago Vinhal, triatleta profissional que estava a caminho de Kona, para participar do mundial de Ironman que aconteceria algumas semanas depois. Ele era um amigo que o esporte me deu e que naquela viagem serviu novamente como inspiração. Era um sinal para eu me manter focado nos treinos.

Mais tarde, no mundial, ele faria o melhor tempo brasileiro de todos os tempos em Kona, com uma lição de humildade, determinação e alto-astral. Ele tem um sorriso contagiante e que faz com que todos que estejam ao seu lado queiram que ele vá cada vez mais longe.

#LetsPush é o seu lema, e assim sempre foi e será!

No meio da viagem, depois de alguns dias já ambientado com o fuso, saí para fazer meu "longo" de 16 km. Para minha surpresa, com exatos 7 km, uma fisgada no posterior da perna quase me fez cair. Na hora me veio a cena de um jogador de futebol que ao arrancar, sente, coloca a mão no posterior e já sinaliza para o banco de reservas pedindo substituição. Sem celular, sem dinheiro e com dificuldades para andar, voltei quase rastejando e manquitola até o hotel. E ali começou uma preocupação. Teria pouco mais de três meses até a Maratona em janeiro.

Voltei de viagem, ressonância providenciada e eu já estava praticamente acumulando milhagens e pontos em um cartão platinum do laboratório devido a tantas imagens feitas. Em poucos dias chegou a notícia: lesão de grau um, ou seja, leve, mas demoraria aproximadamente cinco semanas para que eu pudesse me sentir apto para voltar aos treinos geriátricos novamente.

Eu não tinha como mudar o cenário e, seguindo aquele princípio que adotei para minha vida, de "coopere com o inevitável", eu não poderia fazer nada além de me cuidar na fisioterapia e não voltar precipitadamente aos treinos.

Passadas algumas semanas, o feriado de Nossa Senhora Aparecida se aproximava, e minha irmã mais velha combinou com a família de comemorar seu aniversário em Campos do Jordão. Mas no dia em que todos foram viajar, minha avó (mãe da minha mãe), que tinha 96 anos, não se sentiu bem e foi internada em um hospital em Sorocaba. Como eu iria na quinta-feira (dia do feriado), decidi passar em Sorocaba com a Renata e os meninos para ver minha avó, minha tia e meu primo, que estavam por lá com ela.

Sempre tive uma relação muito forte com minha avó. Acho que por eu ter sido o neto mais novo durante um bom tempo, convivi muito com ela aos fins de semana, e nas férias. Sempre que nos víamos eu tinha uma sensação muito boa, confortante. Tenho certeza de que ela sentia o mesmo.

Eu não queria mais ir para Campos do Jordão. Minha vontade era ficar lá, estar à disposição e próximo a ela. Ao chegar, encontrei a "veinha" (era como eu carinhosamente a chamava) bem "caidinha". Fiquei alguns bons minutos com ela, segurando em sua mão e tentando amenizar a situação. Quando uma pessoa com essa idade entra no hospital, realmente é difícil sair, muito menos em um prazo curto.

Quando voltei ao saguão do hospital, o #1 (Enrico) pediu para vê-la. Eu expliquei que ela estava bem ruinzinha, fraca. Mesmo assim ele disse que queria dar um beijo na bisa.

Ao entrarmos no quarto, ela olhou para ele, sorriu e com dificuldade disse que estava feliz de vê-lo. Ele segurou a mão dela, deu um beijo e ficou ali, imóvel, sereno, sem soltar a mão. Eu fiquei com os olhos marejados e com o coração apertado. Foram alguns minutos e ela pegou no sono. Era muito medicamento e o corpo estava cansado.

Decidimos pegar a estrada para Campos do Jordão. Meus pais e irmãos estavam lá e de fato seria bom para espairecer. Chegamos em Campos e no meio daquela noite, a ligação veio e confirmou que aquele momento tinha sido o último em que a veinha havia aberto os olhos.

Era esperado. Ela estava com uma idade muito avançada, mas aquilo mexeu comigo. Não foram poucos os dias em que ela não saía da minha cabeça, que fiquei pensando que poderia tê-la aproveitado mais, ter feito os meninos viverem mais perto dela. Mas a vida é isso, aproveitar os momentos, fazer valer a pena e sorrir sempre. Ela fazia questão de repetir isso sempre que nos víamos.

Última foto com a minha avó, Dirce.

Voltamos para São Paulo e no domingo à noite, os meninos estavam com febre alta, mal-estar e dor no corpo. Decidimos levá-los à pediatra e lá descobrimos que o trio estava com H1N1. A semana se arrastou para mim e para a Renata. Foram noites e noites mal dormidas e com encontros nada românticos no corredor entre remédios, banhos e choros.

A Renata, que sempre segurou a bronca muito bem, começou a ter dores de cabeça e claro que os nossos treinos ficaram esquecidos. Estávamos enfrentando uma semana atípica. Era natural que sentíssemos bastante a rotina, pois tínhamos que cuidar dos três filhos doentes, dormir pouco (e mal), trabalhar e eu ainda ter que dar aulas.

No sábado, com todos já recuperados, a Renata foi levar o #1 para ver o jogo do campeonato de futebol do time que ele fazia parte. A princípio, ele só assistiria o jogo, pois a médica havia pedido para evitar desgaste físico para não ter nenhuma queda de resistência. Mas, chegando lá, o time não tinha quórum e com insistentes pedidos a Renata, ele foi jogar. O dia estava bem quente.

Geralmente, eu estaria lá para prestigiar o Enrico e para poupar a Renata, pois ela estava inscrita em uma meia-maratona no domingo. Mas eu estava em um curso pela manhã. Insisti para que, na volta, ela passasse no hospital para ver o que era aquela dor de cabeça que não ia embora.

O jogo havia acabado, e encontrei a Renata em casa. Fiquei com os meninos enquanto ela foi ao hospital. Em pouco tempo estava de volta, com diagnóstico de "torcicolo" e uma receita para tomar um relaxante muscular. Sem saber ao certo como ela estava, sugeri que não corresse a prova no dia seguinte. Ela já havia feito algumas Maratonas e sei lá quantas meias-maratonas; não teria por que fazer aquela sendo que vínhamos de duas semanas bem atribuladas. Como grande parte dos corredores, e seguindo o "em casa de ferreiro, espeto é de pau", ela decidiu correr. Então só pedi para que não tomasse o remédio, pois não sabia como seria a reação dela.

Fiquei em casa com os meninos no domingo de manhã. Assim que acabou a prova, ela mandou uma mensagem dizendo que estava tudo bem e que tinha feito bem a prova... bem perto do melhor tempo da vida. Enquanto não recebia mais informações, a casa quase ia abaixo: música alta, café da manhã com muita bagunça e todos à espera da medalha para irmos almoçar e comemorar.

Ela demorou, mas chegou. Diferente do que seria depois de uma meia--maratona, a Renata chegou bem acabada, como se tivesse corrido alguma ultramaratona de 250 km. Sem se aguentar em pé, ficou o dia inteiro jogada na cama, com sensação de fraqueza e ainda com a dor de cabeça.

Eu via claramente que ela estava debilitada: havia corrido os 21 km, fez força e a resistência caiu de vez; provavelmente viria algum resfriado daqueles ou uma virose. O dia passou e na segunda-feira ela ainda estava caidinha, melhor que no domingo, mas ainda se arrastando.

Conversamos à noite, e a dor de cabeça não passava. Ainda achávamos que o corpo estava sentindo a corrida. Mas, para nossa surpresa, foi na manhã da terça--feira, 24 de outubro, que veio à tona o que estava por trás daquela dor.

Ela foi levar os meninos na escola e ao deixar na classe o #3, teve um mal-estar, caiu e, quase desmaiada, passou muito mal. Foi levada (carregada) às pressas para o hospital. Eu estava dando aula e nem sabia o que estava acontecendo.

Logo que acabou a aula, fui para o carro e vi 22 ligações não atendidas e pensei: "algum dos meninos deve ter aberto a cabeça". Liguei para a Renata e quem atendeu foi minha sogra, que, por uma obra divina, estava junto quando ela passou mal. Ela disse que a Renata não estava bem, que havia desmaiado, vomitado e estava no hospital.

Imediatamente cancelei a agenda e fui direto ao seu encontro, ainda com bermuda de pedal, camiseta e todo descabelado (mais do que o normal). No caminho, imaginei que a virose havia chegado. Fiz o seguinte planejamento mental: ela tomaria alguns litros de soro e na hora do almoço iríamos para casa. Doce ilusão. Quando cheguei ao hospital, percebi que a situação não era das melhores. Ela não conseguia ficar com olhos abertos. A fala estava comprometida e quando o clínico geral chegou com outro médico ela engasgou com o remédio que tentou tomar. Um engasgo sério que a deixou com uma grande dificuldade para respirar.

O outro médico era um dos responsáveis pela área de neurologia e, já percebendo os sintomas, providenciou para que ela fosse levada às pressas para fazer uma ressonância. Fui chamado para preencher a ficha pré-exame da Renata. Assim que entrou na sala, o clínico geral que estava à frente do atendimento desde a internação me chamou e apontou para o canto de uma sala de espera. Naquele momento a sala parecia ter o tamanho de um campo de futebol e ele apontou para a cadeira do canto, como se fosse a bandeirinha do escanteio. Ali sentamos e ele me deu a notícia: "Ricardo, ela teve um AVC (acidente vascular cerebral) isquêmico. Vamos fazer um exame de imagem agora para ver o tamanho da gravidade". Olhei nos olhos dele e só balancei a cabeça, concordando e firme. Sem entender bem a minha reação ou sem acreditar, ele perguntou: "Você entendeu o que eu acabei de dizer?". Respondi sem titubear: "Sim, temos que esperar para ver o tamanho do estrago. E, antes de qualquer coisa, traga as informações a mim, tenho que falar com minha sogra que está esperando para irmos ao quarto, tenho três filhos em casa... então você não me verá chorando, chutando cadeiras e perguntando 'por quê?'. Por favor, cuide dela e esperarei aqui".

Ainda meio incrédulo, o médico saiu andando quando o neuro já apareceu e explicou um pouco mais detalhadamente o que estava acontecendo. "A Renata teve um AVC isquêmico mesmo. Os danos aparentemente não foram tão grandes, mas só saberemos ao certo quando ela começar a se recuperar e se sentir melhor. Não temos o que fazer em um prazo de 72 horas. Não podemos tirar o trombo da artéria vertebral, pois isso poderia causar uma hemorragia que lhe daria menos de um minuto de vida. Vamos afinar o sangue bem lentamente e, até lá, só nos resta esperar."

Respirei e novamente pedi para que as informações fossem centralizadas em mim, eu queria dar as notícias para a família. Sempre ouvimos que nesses momentos os médicos são frios, e eu não queria causar mais pânico.

Encontrei minha sogra no bloco A do hospital. Achei melhor pedir para ela me encontrar lá para eu falar do resultado da ressonância. Imagine escrever "Sogriiiinha, me encontre no andar da UTI". Provavelmente eu teria que administrar outra internação e confesso que segurar a onda da esposa já era suficiente.

Naquele momento, minha cabeça instintivamente começou a trilhar o caminho das coisas, pensando em como administrar o dia a dia da vida dos meninos. Pensei que a prioridade seria estar ao lado dela e fazer o possível e o impossível para ajudá-la a ter uma breve recuperação.

Por capricho do Papai do Céu, o neurologista que atendeu a Renata é uma das maiores referências em AVC, e foi um anjo em nossas vidas que salvou a vida dela e da nossa família.

Entre ligações para começar a organizar a vida e avisar meus pais e meu irmão, fui para casa pegar roupas e conversar com os meninos. Acredito que os problemas são muito semelhantes em todas as nossas áreas da vida. Quando estamos diante de um problema, ele parece enorme, mesmo que seja uma teórica bobagem. Mas, para resolver ou dar andamento nesse processo, temos que organizar e antever tudo que pode acontecer e que está ao nosso alcance.

Quis ir cedo para casa. Arrumei a mala e fiz questão de ter uma conversa bem simples e não passar nada além do necessário aos meninos. "Vocês conhecem a mamãe, né? Ela vacilou e machucou a cabeça, então vou lá ficar com ela". O Felipe (#2) completou: "A mamãe sempre fazendo besuntada" – essa é uma expressão que usamos para dizer que alguém fez besteira, bobagem ou *cagada*. Dei risada e levamos numa boa. Os filhos sentem o que queremos que eles sintam, e eu não queria que eles tivessem medo, que ficassem pensando se a mãe deles iria viver ou quem sabe ter sequelas graves. Coloquei nas mãos do Papai do Céu e deixei o tempo mostrar o caminho e o resultado.

Durante alguns dias, alternei as noites dormidas no hospital e em casa. Na parte da manhã, procurava ficar sempre com os meninos. E a Renata ficava com nossas mães, irmãos e amigos, que foram *incríveis*!

Momento de um dos dias em que a Renata passou na UTI, apenas esperando o corpo reagir sozinho.

Foram longos seis dias de UTI, vivendo minuto a minuto uma evolução lenta no quadro e sem saber ao certo o que nos esperava. O dr. Rodrigo explicou com todo cuidado e paciência do mundo – contrariando a teoria de que médicos são frios – que o AVC da Renata era a síndrome de Wallenberg. Em resumo, ele havia se dado porque ela teve uma dissecção da artéria vertebral, o que ocasionou um trombo que impediu a vascularização de grande parte do cérebro, atingindo o bulbo lateral e o cerebelo. Ou seja, poderia ter diferentes sintomas.

Ainda na UTI, ela estava sem sensibilidade completa do lado esquerdo do corpo, sem equilíbrio do lado direito e disfágica (sem conseguir engolir nada, nem a saliva que produzia). Assim que o quadro evoluiu um pouco e ela saiu do perigo mais iminente, ela teve um *upgrade* e foi levada para a unidade de tratamento semi-intensivo.

Naquele momento foi a primeira grande vitória. A baixinha estava lutando e mostrou que não iria entregar os pontos facilmente. Nos dias de UTI, eu acordava e dormia pensando que a qualquer momento o quadro poderia se agravar e ela não ter mais como reagir.

Em alguns dias em que dormi em casa, fazia questão de mostrar aos meninos que a vida estava continuando, não dando muito espaço para sentirem a falta da mãe. Os avós dormiam, os tios passavam a visitá-los e eu dormia com o #1 e #2 em uma barraca dentro do meu quarto, todos no mesmo colchão, comendo, se divertindo e fazendo com que o tempo passasse e tudo fosse mais leve para eles.

A barraca em que dormi por algumas noites com meus filhos.

As noites começaram a ser mais duras no hospital. A Renata ainda estava disfágica, então era obrigada a dormir sentada para não se engasgar com a saliva. A cada dois minutos, era obrigada a cuspir a saliva. Virei um garçom de papel e saco plástico. O perigo de engolir e aquilo ir para o pulmão era o que mais assombrava os médicos, pois o corpo estava debilitado e não conseguiria lutar contra uma pneumonia ou algo do tipo.

A evolução estava lenta e o processo de fonoaudiologia e fisioterapia iria começar. A alimentação já estava sendo feita através de sonda nasal e era mantida para ter o mínimo de aporte para ajudar a recuperação dela e dar energia suficiente para o corpo poder reagir.

No primeiro dia da fisioterapia, fiz questão de estar ao lado dela. Queria ver, entender e saber o que seria feito para, se necessário, fazermos também em outros momentos, ou seja, aquela coisa da dedicação de quem quer muito alcançar seu objetivo, fazer tudo que está ao alcance. Peguei o celular para filmar, queria mandar para a família e os amigos imagens da minha baixinha guerreira, mostrando que estava voltando à vida. O fisioterapeuta colocou nela o colete obrigatório e, com muita ajuda, ela ficou em pé, mas sendo segurada. Ela não conseguia sentir o pé esquerdo, e o equilíbrio do lado direto era inexistente, ou seja, o cérebro dela teria que reaprender, como uma criança, a andar e ficar parada em pé. Ela havia tentado ficar sozinha em pé e só não caiu porque o fisioterapeuta a segurou com o colete. Naquele momento, apaguei o vídeo e tive uma certeza: ninguém precisava ver aquilo. A hora era de mensagens de otimismo e positivismo.

Valorizei cada movimento, cada esforço em tentar levantar o pé do chão, em ameaçar um passo. A família e os amigos recebiam estas informações quase em tempo real. Eram mensagens para acalmar a todos e de certa forma fazer com que uma corrente de pensamentos e energia positiva se criasse para que de alguma forma isso ajudasse na recuperação. Eu engolia em seco as dificuldades e barreiras que via. Propagava cada evolução, pois não queria compaixão e choros com ela, queria sorrisos e energia positiva naquele quarto.

A evolução foi acontecendo e, em menos de dez dias de tratamento intensivo, ela estava andando devagarinho e começando a fazer alguns exercícios com auxílio dos fisioterapeutas. Todo dia aparecia algum médico diferente e, com a mesma reação de espanto, perguntava se era ela a corredora que havia feito uma meia-maratona com dissecção da vertebral dois dias antes de ser internada às pressas.

O dr. Rodrigo foi muito claro dizendo que nem ele nem nada na literatura poderiam explicar como ela havia saído viva daquela situação. Se não fosse a vontade do Papai do Céu e ela ter atividades físicas com rotina na vida dela, as coisas seriam bem diferentes. O cérebro estava "acostumado" com a variação de fluxo sanguíneo e no momento em que tudo complicou ele encontrou outros caminhos para mantê-la viva e apta a voltar, com muita luta, a ser quem ela era.

Foram 28 dias de luta no hospital, que se estenderam por mais alguns meses a fio fazendo fonoaudiologia e fisioterapia diariamente, engasgando, dando susto em todos nós em casa. Mas sempre mostrando a força de querer viver, de querer poder ver o sorriso dos nossos pequenos, de sentir o toque e o gosto das comidas.

Obviamente que a comemoração da Disney em janeiro havia sido cancelada. Ela não poderia pegar voo por alguns meses e claro que aquilo não seria prioridade.

Terminei 2017 muito mais maduro, mais forte e com a certeza de que havia aprendido mais com a "baixinha", que se mostrou mais gigante naqueles dias do que nos quarenta anos vividos. A dificuldade e o susto que ela passou mexeram com muitos dos que viviam perto de nós, mas a força e a luta dela me inspira até hoje. Para o resto da vida vou encarar de frente tudo que a vida colocar à prova.

Parabéns pela força que demonstrou ter e obrigado, meu amor, por lutar com uma força jamais vista para manter nossa família unida. Te amo mais do que tudo e muito além do sempre.

O abraço recebido do Enrico no dia em que ela voltou para casa.

CAPÍTULO 18

2018 – 20 anos a mais e 10 minutos a menos

Olho no relógio e vejo que o *pace* continua firme. Ainda faltam alguns quilômetros para a linha de chegada. A essa altura já não me preocupo tanto com esse "detalhe". O cansaço toma conta do meu corpo, as dores invadem minhas pernas, rasgando todas as fibras que restam dos meus músculos. Os pés latejam por causa de uma bolha e uma unha encravada que vieram me fazer "companhia" a partir do quilômetro 8 e teimaram em me acompanhar até o final.

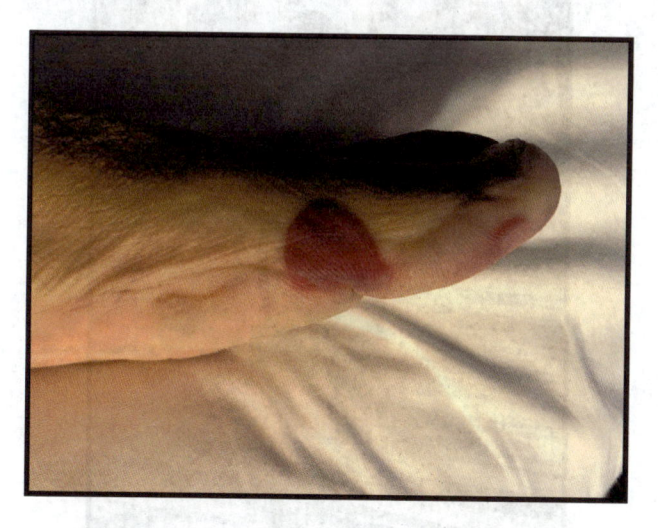

A bolha que apareceu no meu pé no quilômetro 8 e me acompanhou até o fim da prova.

Mas a mente e o foco, nesse momento, quase ignoram essas mensagens. Acho que já tinha entrado no que a neurociência chama de *flow*.

É aquele momento quando estamos trabalhando na mais alta performance, com muito foco, quase no automático, sem que nada ao redor ou qualquer influência externa possa atrapalhar. É aquele momento quando você apenas foca no objetivo traçado.

Bolha? Unha encravada? Dores? *Willkommen!* [Bem-vindas!] *Tamo* junto... até o fim!

Logo depois de dobrar à esquerda, após uma curva acentuada, pouco menos de 1 km para o fim, visualizo o Portão de Brandemburgo, marco histórico da cidade germânica e cenário de fundo para a chegada da Maratona de Berlim 2018.

Tenho uma sensação de alívio. Após sofrer por mais de 40 km, sentindo dores, câimbras, bolha e uma infinidade de sensações, percebo que todo esse sofrimento está perto de acabar, uma sensação de vitória que realmente não tem preço.

Mas no segundo seguinte vem aquela sensação de que ainda terei que sofrer por mais um pouco. A ficha não cai... despenca! Feito uma bigorna no desenho do Pica-Pau! A vontade de parar é tão intensa quanto a de continuar e completar a prova. Manter o foco é fundamental nesse momento. Não deixar a peteca cair ou o corpo travar é uma missão quase que impossível, especialmente quando você está sofrendo com tanto desconforto.

Correndo pelas ruas da capital alemã em busca do meu melhor.

Não deixo que nada me abata. Lembra do *flow*? Pois é, ele não me abandonou e agora o foco era total em apertar o ritmo e completar aquela que seria a minha melhor Maratona em todos os aspectos.

Nos últimos 3min53seg, para ser *bem* preciso – *pace* que consegui imprimir no quilômetro final da prova – mais de vinte anos se passam pela minha cabeça.

As recordações, desde a minha primeira Maratona (e, até então, a minha melhor prova em termos de resultado), passando por tantas outras experiências vividas ao longo de todo esse tempo, disparam instantaneamente as lágrimas que se misturam ao suor e lavam meu rosto e minha alma nos metros finais da prova até cruzar a linha de chegada.

Está lá... estampado no cronômetro oficial da prova: 2h46min04seg!

Eu quase não acredito no que meus olhos estão vendo. Não é possível! Eu havia completado a Maratona de Berlim, vinte anos após minha primeira Maratona, na Disney, em janeiro de 1998, dez minutos abaixo do meu melhor tempo registrado naquela época.

Eram 20 anos a mais e 10 minutos a menos!

Sorriso no rosto, medalha no pescoço e a certeza de ter feito o máximo.

Definitivamente, 16 de setembro de 2018 ficará marcado para sempre na minha história, assim como na história das Maratonas. Foi nessa mesma prova que Eliud Kipchoge, maratonista da elite mundial (preciso dizer de onde ele é?), completou a prova em 2h01min39seg, quebrando o recorde mundial das Maratonas, com o tempo mais baixo já registrado em uma prova de 42,195 km.

A Maratona de Berlim proporciona esse tipo de realização em razão das suas características, como percurso, altimetria, clima, organização, atmosfera, suporte, enfim, tudo o que compõe uma prova dessa natureza. Não à toa, muitos atletas, profissionais e amadores, atingem suas melhores marcas em Berlim.

E nesse ano foi especial.

O dia começou cedo. Às 6h58 eu já estava em pé, antes do despertar do relógio (raramente isso acontece), me preparando mental e fisicamente para o que vinha pela frente. A largada seria às 9h15, e eu estava hospedado relativamente perto de onde se daria a largada. A temperatura nesse horário era amena, por volta dos 15 graus, mas a previsão era de esquentar, chegar aos 24 graus.

Particularmente, como já mencionei, ao contrário da maioria dos atletas, tenho preferência em correr com temperaturas mais elevadas. Não me pergunte a razão. Pode estar relacionado ao meu "chassi de grilo", ou, quem sabe, a uma ancestralidade senegalesa; enfim, o fato é que meu corpo se acostumou a trabalhar melhor em ambientes mais quentes e inóspitos, a sentir o coração "batendo na cabeça" e a se manter sempre em alerta para responder aos estímulos. Ou seja, para o meu gosto, o clima estava perfeito naquele dia.

O ritual pré-prova é muito importante. No dia anterior deixo todo o material preparado. Uniforme separado, tênis amaciado e com chip afivelado, seis sachês de carboidrato gel para dar energia durante a prova, relógio para acompanhar o ritmo, viseira e óculos escuros (marca registrada). Tudo preparado. Não gosto de atropelos e sobressaltos no dia da prova, razão pela qual prefiro deixar tudo no jeito bem antes.

De forma meio incomum, a ansiedade tomou conta de mim na noite anterior à prova. Não conseguia dormir. Deitado desde as dez da noite, minha cabeça girava com todo tipo de pensamento que você possa imaginar. Até a uma da madrugada ainda não tinha dormido.

Começo a lembrar de todas as vezes que havia treinado com apenas quatro ou cinco horas de sono. Quantas e quantas vezes tive que acordar no meio da madrugada e depois entregar os treinos da planilha.

De repente uma calma toma conta da minha mente, ao perceber que tudo que poderia ser feito tinha sido feito e que estava pronto e preparado para fazer o que mais gosto: me divertir! Caio no sono, finalmente...

Na manhã da prova, sigo o ritual. Eu me visto em silêncio. Repasso mentalmente a prova que quero fazer, revisando todos os treinos realizados, perrengues superados e as metas traçadas.

Correr, antes de tudo, sempre foi minha grande diversão. É a atividade que me ajuda a encontrar paz de espírito. Tenho a oportunidade de me encontrar comigo mesmo, refletir, dialogar com meus pensamentos mais profundos e, sobretudo, evoluir a cada quilômetro percorrido.

Resolvo anotar em um pedaço de papel os tempos estimados para as marcas mais importantes da prova, assim a Renata poderia acompanhar minha evolução durante a corrida, até mesmo para qualquer eventualidade que pudesse ocorrer durante a prova. Caso eu não cumprisse aquelas metas, ela teria uma ideia de que algo poderia ter acontecido e, se necessário, tomar providências.

É sempre importante ter alguém acompanhando a sua evolução durante a prova. Imprevistos acontecem e, não raras vezes, precisamos de auxílio, caso algo não dê certo. Mas mais importante do que isso, é o apoio que essa companhia oferece, o suporte e a força para completar a prova e alcançar os objetivos. No meu caso, a Renata merece um destaque especial, que não deixarei mencionar mais adiante.

Agora sim, tudo pronto. Devidamente paramentado, partimos para o local da largada, mas não antes de cumprir outro ritual muito importante: "o café dos campeões". Sim... não preciso nem dizer o quão importante é a nutrição pré-prova. No entanto, também é importante dizer que essa alimentação deve ser específica para cada indivíduo e situação.

As pessoas possuem características distintas e nem tudo que funciona para um serve para o outro. Aprendi isso ao longo do tempo, com minhas próprias experiências ou de terceiros, que me possibilitaram entender o que realmente funcionava para mim e como meu metabolismo trabalha melhor.

Duas maçãs. É isso mesmo. *Apenas* duas maçãs servem, para mim, como "o café dos campeões"!

Meu organismo não precisa de nada além disso. Para complementar, mando um sachê de carboidrato gel em média a cada 45 minutos, deixando o "tanque cheio" para os próximos quilômetros que estão por vir.

Momentos antes da largada, me despeço de amigos e alunos queridos que também farão a prova, desejando uma boa corrida e muita, mas muita diversão!

Eu me dirijo ao setor designado ao meu pelotão de partida. Começo o aquecimento e logo percebo que meu corpo está totalmente alinhado com minha mente, pronto para responder aos seus comandos e seguir até onde for preciso.

O tempo correu rapidamente a partir daí. Logo os balões azuis e brancos que aguardavam o horário exato da largada foram soltos, espalhando-se e colorindo ainda mais o céu de brigadeiro daquela manhã, marcando o início da prova.

Logo imprimi meu ritmo. Configurei o relógio para que me mostrasse quatro indicadores: tempo da volta, distância da volta, ritmo/*pace* da volta e ritmo/*pace* instantâneo. Ou seja, pelo meu relógio, não saberia qual seria o tempo total e distância percorridos.

Optei pela estratégia de fracionar minha prova em 42 estágios, com a meta de manter um *pace* entre 3h53min, 3h58min. Assim, me propus a ciclos mais curtos e intensos, que me permitiriam manter o foco e a intensidade quilômetro a quilômetro.

Foi com base nessa estratégia e nesses tempos que tracei a rota e os tempos estimados que deixei com a minha esposa. Assim ela poderia me acompanhar e me ver passar nos quilômetros 10, 21 e 37. Defini cenários mais otimistas e pessimistas, criando um intervalo de tempo, o qual esperava cumprir.

Tinha consciência de que eram metas ambiciosas. Se eu cumprisse os objetivos, completaria a prova entre 2h44min32seg e 2h49min00seg. Qualquer tempo que eu chegasse, dentro desse intervalo definido previamente, seria meu melhor resultado. E realmente era factível. Os tempos dos treinos me diziam isso.

E essa é uma das lições que devemos tirar dessa experiência: acreditar sempre que é possível! Na medida que nos preparamos, nos dedicamos, os resultados aparecem, tenham certeza disso.

E assim foi feito. Desde o primeiro quilômetro da prova, fui marcando o *pace*, tal qual um relógio suíço. Logo nos dois primeiros quilômetros me livrei de um manguito que tinha levado para me precaver de um eventual clima frio, assim como das luvas para proteger as mãos. Sem falar no moletom, que deixei na grade da largada, cumprindo com a caridade do dia.

No primeiro posto de hidratação, no quilômetro 5, peguei dois copinhos com água e joguei cabeça abaixo. Sou daquela teoria de que "fusca velho só sobe a serra em dia quente se estiver bem refrigerado". E esse "fusca velho" aqui se manteve resfriado desde o princípio da prova. Manter a temperatura corporal mais baixa, em dias quentes como aquele, é fundamental para o corpo não sentir muito os efeitos do clima.

Até o quilômetro 8, *so far so good* [por enquanto tudo bem]. A partir daí, comecei a sentir um dos dedos do pé direito. Por um segundo pensei em parar para reforçar a vaselina nos pés, mas logo desisti, voltando a focar na prova e aprendendo a conviver com o incômodo. Logo me desliguei dessa dor e segui em frente. *Primeiro obstáculo superado!*

Completados 12 km, um fantasma do passado começou a rondar minha porta. Uma dor aguda na lateral do quadríceps direito, também conhecida popularmente como "coxa", passou a me assombrar, assim como tinha acontecido na minha última Maratona, em 2014, em São Paulo, prejudicando bastante minha performance. Foi quando um forte trabalho mental entrou em ação mais uma vez e pensei: "Você veio e será bem-vinda. Vou te levar para passear em Berlim e isso não mudará meu dia por nada". *Segundo obstáculo superado!*

Não demorou muito, mais 4 km, comecei a sentir a mesma dor na perna esquerda, agora um pouco mais para o lado interno, perto do joelho, no meu vasto medial. "Coxa" *again*! Não tive dúvidas, após as boas-vindas iniciais, disse: "Vamos juntos, porque sozinho não tem graça". *Terceiro obstáculo superado!*

Confesso que, a partir daquele momento, precisei gastar um certo volume de energia para manter o foco e a concentração. Ainda não tinha chegado sequer à metade da prova, e as dores (princípio de câimbras, na verdade) já tinham dado o ar da graça.

Correr com muitos corredores experientes ajudou para manter o ritmo até o fim.

Foi quando resolvi me valer de uma tática que não sabia se daria certo. Em um misto de raiva com desespero, comecei a me "estapear". Passei a dar tapas nas minhas pernas, no intuito de tentar fazer com que as dores dessem uma folga e me deixassem seguir em paz até meu objetivo final.

E não é que isso deu certo? Comecei a perceber que depois do autoflagelo tinha alguns momentos sem dor, de "folga", o que me conferia certo alívio e me permitia seguir no meu ritmo. Notei que os outros corredores não estavam entendendo muito bem o que estava acontecendo.

Imagina um sujeito passando por você, ou correndo ao seu lado, em um ritmo alucinante, se estapeando e, ainda, com um sorriso no rosto! Deve ter sido estranho para quem presenciou a cena.

Mas isso pouco me importava naquele momento. O importante era que estava funcionando. Meu ritmo se mantinha dentro do objetivo planejado e nada me faria desistir. *Quarto obstáculo superado!*

E assim fui tocando, até que encontrei o "urso", por volta do quilômetro 35. Minhas pernas urravam de dor. Ainda que meu pulmão tivesse fôlego de sobra até o fim da prova, minhas pernas não estavam suportando mais tanta dor. Essa brincadeira do urso, para quem já correu uma Maratona, sabe que entre os quilômetros 30 e 37, mais ou menos, é quando boa parte dos atletas costumam "quebrar". Daí a brincadeira de que um urso pula em suas costas e você passa a carregar um peso extra; é quando, não raras vezes, os atletas costumam desistir e parar.

Logo percebo que meu ritmo cai. Perco intensidade. Minha mente começa a lutar feito um tigre enjaulado e faminto contra as dores. A sensação de estar sendo chicoteado ininterruptamente nas pernas começa, de fato, a me desestabilizar.

E é justamente nesse momento que avisto de longe uma pequena figura que se destacava do público que acompanhava a prova, já no meio da rua, pulando feito uma criança que encontra seu personagem favorito dos desenhos animados ou o Papai Noel em pessoa, com o saco cheio de brinquedos.

Sim, era a Renata.

Conforme tínhamos combinado, àquela altura da prova, eu deveria passar pelo quilômetro 37. E ela estava lá, acompanhando a corrida e me aguardando passar, para me dar aquele incentivo e gás final que eu precisava para segurar as pontas e seguir firme para a linha de chegada.

Além da projeção que tínhamos planejado juntos, ela também estava acompanhando a prova pelo aplicativo que a organização disponibilizava e ia atualizando os tempos de passagem e estimativa de tempo total de chegada.

Até aquele momento, eu sabia que vinha cumprindo o plano traçado no início, mas já vinha lutando há algum tempo com as dores. O ritmo havia diminuído um pouco, já não sabia mais se conseguiria alcançar a meta predefinida.

Mas ao vê-la ali, na minha frente, parecendo uma criança, gritando euforicamente, me falando que eu chegaria por volta de 2h45min00seg, de acordo com a estimativa do aplicativo, minha cabeça voou por um instante.

Onze meses atrás, enfrentávamos uma situação totalmente diversa daquela que estávamos vivendo naquele momento. Como já contei aqui, em meados do segundo semestre de 2017, a Renata sofreu um AVC isquêmico severo, que quase levou aquele sorriso e alegria de viver para longe de mim e dos nossos filhos. Sem nenhum motivo aparente, lá estava ela, deitada em uma cama de hospital, lutando pela vida e para se manter firme, aqui, ao nosso lado. Foram momentos de muita dor e sofrimento para todos nós. Enfrentar um problema como aquele não é nada fácil. Só quem já passou para saber o que de fato é.

Foram muitas e muitas horas de luta, perseverança, resiliência e paciência até que ela se recuperasse de forma plena, livre de qualquer risco ou de sequelas mais graves.

E, agora, lá estava ela, diante dos meus olhos, radiante, feliz, sorrindo e cheia de vida. Recuperada de um problema sério de saúde, que quase nos separou definitivamente.

Foi como se um daqueles tapas que vinha desferindo na minha perna atingisse em cheio a minha cara. Logo lembrei de todo o esforço dela durante sua recuperação, toda a luta para poder voltar a executar funções básicas, e de todo o amor que ela jamais deixou de nos dar, a mim e aos nossos três filhos, mesmo nos momentos mais difíceis.

Não. Eu não tinha o direito de reclamar de nada naquele momento. Nenhuma dor que eu pudesse estar sentindo jamais se compararia ao que a Renata tinha passado naqueles últimos onze meses. Seria até leviano da minha parte fazer qualquer tipo de paralelo entre o que tínhamos vivido naqueles últimos tempos com o sofrimento momentâneo de uma prova.

Logo me recompus, física, mental e emocionalmente. A concentração e o foco retornaram ao nível máximo, me recolocando naquele estado tão buscado por qualquer atleta ou profissional que deseja alcançar sua mais alta performance.

Suportando a dor a poucos metros da linha de chegada.

Reajustei o passo e, assim, fui até cruzar a linha de chegada, em verdadeiro estado de graça. *Missão cumprida!*

Meu coração quase não cabia no peito de tanta felicidade e alegria. Não apenas pela marca alcançada, mas também pela oportunidade, pelas histórias, pelo amor e pela gratidão.

Amor e gratidão à minha mulher, Renata, que sem ela nada disso faria sentido. Aos meus filhos, que me dão a força diária para tentar ser, sempre, cada vez melhor. Aos meus pais, pelo gosto pelo esporte. Aos meus irmãos, que sempre me ajudaram a superar meus limites. Aos meus amigos, por me darem o suporte e o incentivo tão importantes. Aos meus alunos e colegas de trabalho, que, juntos, me mostram, a cada dia, a importância da força de vontade, da disciplina, do querer profundamente e da alegria em superar limites e seguir, continuamente, desbravando novas aventuras e desafios, com muita alegria e, sempre, muita perseverança.

Essas 2h46min04seg não me transformaram em uma nova pessoa. Continuo o mesmo Ricardo que largou lá em Berlim em 16 de setembro de 2018.

Comemorando logo após cruzar a linha de chegada por ter feito meu melhor tempo.

Mas esteja certo de que, hoje, tenho muito mais força para continuar lutando pela superação de limites, bem como para alcançar novos desafios, com muito mais consciência e apropriação das minhas capacidades, certo de que posso (e você também pode) realizar coisas incríveis, quando me proponho a isso.

CAPÍTULO 19

2019 – Mas que Boston

Quem convive comigo sabe o quanto amo correr; lembro que quando eu era bem pequeno queria correr e ter a sensação do coração batendo, do vento segurando e outras vezes empurrando. A corrida me permitia estar com os amigos dos meus irmãos fazendo a mesma coisa que eles, me comparar (com intuito de melhorar) e desenvolver minhas capacidades físicas para melhorar constantemente. Foi assim na escola, depois no *squash*, quando repetidas vezes meu professor não conseguia me fazer cansar e eu ganhava nossas apostas, e depois quando entendi que a corrida, por si só, poderia ser a minha maior paixão esportiva.

A corrida é democrática. Ela nos coloca em condições iguais, seja para o "tal do Kipchoge" (recordista mundial) ou para aquele que está fazendo uma Maratona pela primeira vez. O direito de correr é igual para todos, independentemente da forma, até rápido, se esta for a vontade da pessoa.

Costumo dizer que sou aquele corredor "xepa", fim de feira mesmo. Sem frescura. Que não liga para kit, que gosta de prova em que todos largam juntos (e não por ondas), que para se inscrever basta entrar no site na hora certa e fazer a inscrição, sem índice, sem vaga por colocação etc. Para mim, índices e vagas por performances prévias deveriam ser única e exclusivamente para atletas profissionais, e não para nós, atletas amadores amantes do esporte.

Por isso que até 2018 nunca havia cogitado correr a Maratona de Boston. Pensar em índice e estar com pessoas que só respiram tempo, média, quilômetro, segundos, enfim, não é minha praia. Gosto da corrida, da risada, do bate-papo, do "segura um pouco para irmos juntos" e do "valeu por me ajudar, sem você não conseguiria terminar...". Nada vale mais do que estar com amigos, fazendo o que ama e podendo nos ajudar. *Nada!*

Isso começou a mudar em 2017, após o problema de saúde da Renata. Apesar de ela ter conseguido o índice para Boston em 2016, em Lisboa, as chances de ela participar da Maratona praticamente se encerraram depois do

AVC em 2017. A saúde sempre será prioridade. Fomos para Boston em 2018 apenas acompanhar a prova. Foi um passeio em família.

Nos dias que antecederam a prova, ela até agradeceu, em tom de brincadeira, porque não teria de correr, pois o cenário era daqueles mais inóspitos para quem gosta de correr. Muito frio, muito vento, chuva... chegou até a cair um pouco de neve. Mas, vivenciando tudo aquilo, pensei comigo mesmo: "Realmente, Deus me livre! Mas quem me dera poder fazer isso por ela".

Logo desbaratinei e considerei como mais uma bobagem que se pensa em véspera de provas. É comum você ficar animado, vendo todos prontos e felizes por estarem dispostos a enfrentar o que for para ter mais aquela conquista.

Essa vontade, no entanto, logo passou. Essa história toda de índice, somada à logística de largada, espera, frio, perrengue, não me empolgam em nada. É a mesma coisa com a Maratona de Nova York. Ter que ficar horas esperando ao relento a largada é dose para leão.

Bom, mas nada como o tempo (em todos os sentidos) e uns "incentivos" para nos fazer mudar de ideia. Entre uma cerveja e outra, comemorando a performance na Maratona de Berlim, em outubro de 2018, junto com mais dois amigos e a própria Renata, aquela sementinha de ir para Boston, regada a muita cerveja nacional (alemã, claro!), começou a germinar novamente. Eles não precisaram de muito para me convencer – aproveitaram meu estado de felicidade e de volume etílico elevado, naquele momento – de que seria bom eu correr em Boston, especialmente do ponto de vista profissional.

Sob a ótica de um treinador que ama o que faz, corre direitinho (será?!), com a possibilidade de escrever mais uma história nessa trajetória, com uma das provas mais desejadas pelos maratonistas, por que não?

Para ser sincero, relembrando as memórias para escrever este texto, tenho certeza de que meus amigos e a Renata foram muito bem-sucedidos nesse processo de convencimento. Eles me fizeram seguir pela emoção. Aproveitaram que eu estava sob o efeito recente de ter feito uma boa prova em Berlim. Normal. Quem não ficaria feliz e realizado com uma conquista dessas? Sorriso estampado no rosto por lembrar de cada passo dado e por ter deixado tudo o que tinha no asfalto alemão.

Um dos brindes que fortaleceram os argumentos usados pela minha esposa e amigos para encarar a maratona em Boston. Da esquerda para a direita: Rodrigo Iglesias, eu, Renata, minha esposa, e Leonardo Dawadji.

Se pudesse voltar no tempo, talvez não tivesse encarado o desafio de correr mais uma Maratona, seis meses (apenas seis meses!) após a prova de Berlim. Largar em Boston e participar de uma prova que requer índice, como eu falei, nunca fez a minha cabeça. Eu sabia que o corpo poderia sentir o desgaste de tão "pouco" tempo de recuperação e preparo entre as provas. Parecia que eu estava adivinhando o que estava por vir.

Em novembro de 2018, meu corpo, teoricamente, já estava recuperado e eu animado para treinar como nunca, a fim de poder fazer a minha melhor Maratona em abril de 2019. Esse era o desejo. Eu me lembrava das palavras do meu pai, que sempre dizia: "O que for fazer, faça o seu melhor". Para alguns, isso poderia soar como um incentivo à competição. Para mim, a mensagem era muito clara: se eu fizesse o meu melhor, eu sempre estaria feliz e, naturalmente, a evolução ou o resultado viriam. E a cada degrau alcançado, novos objetivos surgiriam, se assim eu quisesse.

Os treinos iam bem. Estava conseguindo colocar um volume maior de treinos. Ritmos ótimos para a fase na qual eu estava: administrando o cansaço. Até que em dezembro, após fechar uma semana de treinos com uma prova de 10 km, senti um incômodo na panturrilha. Procurei descansar durante duas semanas. Retomei de leve nos quinze dias depois do Natal. Segurei a intensidade para conseguir encaixar a rotina. Doce ilusão!

O incômodo ainda estava lá, leve, mas estava. Na dúvida, segurei a onda e acionei o dr. Marcelo Filardi, santo médico que me acompanha desde 1996. Ressonância feita. Nada na imagem. Seguimos com os treinos, sem forçar. O incômodo estava controlado, eu estava conseguindo manter os treinos à base de fisioterapia e, de vez em quando, medicação, para diminuir ou tirar a sensação de dor.

No meio do Carnaval, a dor aumentou. Já não era mais apenas o sinal de alerta aceso. Era preocupação mesmo. A pedido do dr. Marcelo, fui para mais uma ressonância, agora sob estresse, ou seja, corrida e depois coleta da imagem. Mas naquela semana seria inviável pensar em correr, uma vez que andar estava praticamente impossível.

Novamente, nada na imagem. O plano adotado foi ficar cinco dias sem correr, tratando na fisioterapia e o limite era a... dor! Doeu, parou de correr. Se fosse "só" um incômodo, iríamos toreando até a prova. Fui treinar na esteira, a fim de evitar o impacto. Algo me dizia que seria o último dia que eu correria. Então aproveitei e fiz um último "longão". Trinta e cinco quilômetros. Incômodos leves e somente dores ao ter que ligar novamente a esteira a cada hora quando ela automaticamente desligava.

Ao final do treino (mais precisamente dez minutos depois), a dor apareceu. E veio com tudo, a ponto de me fazer apoiar para andar e de me tirar o fôlego em alguns momentos. A dor era insuportável.

Confesso que pensei que aquele seria um ponto-final daquela história ainda não escrita. Mas em questão de minutos já mudei o pensamento e o *mindset*. Disse para mim mesmo: "O que você puder fazer, faça para estar na largada no dia D". Bastava seguir o plano traçado.

A partir de então, a saga começou. Foram 35 dias até a prova sem correr, fazendo *deep running*, *transport*, escada e fisioterapia. Além de ser quase impossível lidar com essas obrigações que nenhum corredor gosta, eu também tinha que abrir mão de pegar meus filhos na escola nos dias em que sempre ia, deixando de ficar com eles, precisava administrar a Personal Life, além de gerir os alunos, comparecer às reuniões e continuar dando aulas. Era o momento de tomar a decisão: seguir em frente sem treinar, mas com a possibilidade de correr sem dor, ou arriscar, forçar nos treinos e correr o risco de não largar?

Não foram poucas as vezes que, fazendo os mais de 10 mil degraus na escada, eu continuasse trabalhando, respondendo e-mails, mensagens de alunos e de professores. Cansei de subir o Burj Khalifa (prédio mais alto do mundo) em treinos. Fiz Maratonas inteiras no *transport* e na sequência mais 1h30min de *deep running*. Aos poucos, o corpo começou a perder a capacidade de trabalhar com intensidade. Dificilmente esses treinos colocariam meu corpo em condições que a corrida proporciona. Em resumo, para correr em um ritmo moderado, meu corpo estaria bem, mas eu não queria correr moderado, e sim fazer o que meu pai dizia: "Faça o seu melhor com o que tem".

Esses 35 dias não passavam de jeito nenhum. Com apenas vinte dias, parecia que estava naquela rotina havia um ano. Até que um dia larguei mão do *deep*, literalmente, um minuto antes de começar a aula. Eu já estava de bermuda e colete, levantei e fui almoçar com a Renata. Precisava espairecer e ter um pouco do que me fazia bem. Acalmar a alma.

Não estava nada fácil conviver com a angústia diária e a autocobrança. Não poder perder nenhum dos treinos estava me consumindo e deixando o processo bem menos prazeroso do que seis meses antes, rumo a Berlim. O meu volume de treinos estava muito aquém do que a minha rotina normal de treinos para uma Maratona.

Esse almoço com a Rê foi um dos poucos momentos em que me permiti ter prazer durante aqueles 35 dias. O caminho até lá deveria ser de privação, abdicação e muita força de vontade. O meu peso corporal não podia subir e tinha que lutar para o corpo não perder (muito) o condicionamento. Eu sabia que o meu corpo não estaria nem perto do que estava no último treino de 35 km. Mas eu queria fazer tudo que estava ao meu alcance. Largar com a certeza de ter feito o que podia.

Para Berlim, estava com 63,6 kg. Para Boston, à base de muita restrição, consegui chegar aos 61,9 kg (recorde, desde a primeira Maratona em 1998). Ou seja, o meu corpo teria que se desgastar menos (princípio físico básico). Foram 35 dias sem nada de açúcar, álcool e nem um gole da famosa vermelhinha (Coca-Cola), que é meu vício.

Na minha cabeça sempre deixei muito bem definido o que fazer e como fazer. Se for para correr de forma burocrática, eu prefiro nem correr. Fico com a cabeça em conflito e o que deveria ser gostoso acaba sendo um martírio e, no caso de uma Maratona, seriam horas de martírio e sofrimento.

Se o treino tem que ser leve, ele é leve. Se tem que terminar podendo correr mais vinte minutos no mesmo ritmo, termino com a certeza de que poderia correr mais. E para provas em que coloco como objetivo, não seria diferente. Para Boston, eu segui o bom e velho lema do norte-americano Prefontaine (um dos principais nomes da história dos 5 mil metros e 10 mil metros): "*The best pace is a suicide pace, and today looks like a good day to die*" ["O melhor ritmo é o ritmo suicida, e hoje parece ser um bom dia para morrer"]. Largar para correr com desculpa pronta na manga e fazer um tempo "ok" não me interessava. Eu queria lutar para fazer o melhor que pudesse naquele dia, dentro das minhas condições.

Mesmo sofrendo, eu gosto da sensação, do prazer e de realizar, feliz, o que mais gosto de fazer. Gosto de deixar tudo o que tenho pelas ruas e em Boston não seria diferente. A marca e o resultado seriam a consequência de fazer o que deveria ser feito.

Assim como em Berlim, escrevi meus tempos estimados em um papelzinho e entreguei ao Léo, amigo que topou ir acompanhar a prova e me dar apoio e, claro, dividir aquela tão esperada e merecida "breja" pós-prova. O Léo foi um daqueles amigos e incentivadores que, em meio às cervejas alemãs em Berlim, acabou me convencendo de ir a Boston. Será mesmo que estava em boa companhia?

Dividindo o quarto comigo, ele já sabia que o meu plano não era tão conservador assim, mesmo diante de todas as condições. Preferi arriscar o meio-termo do que seria perfeitamente possível alcançar, caso não tivesse ficado os últimos 35 dias treinando de forma alternativa. Isto é, deixei de lado o plano de fazer 2h38min. Minha meta era algo entre 2h44min e 2h49min (já pensando em um cenário de bastante sofrimento).

Eram cinco horas da manhã e o despertador tocou. Dessa vez a noite de sono foi bem melhor que em Berlim. Demorei uns dez minutos para organizar tudo o que precisava. A previsão climática não era das melhores, então um kit sobrevivência foi comprado na Amazon antes de ir para a terra do Tio Sam. Capa de chuva com elásticos na manga e no tornozelo, bota impermeável para proteger o tênis até a largada, luva térmica, entre outras bugigangas, praticamente o cinto do Batman.

Quem esteve em Boston no ano anterior (como eu estive) entenderia perfeitamente a minha preocupação e precaução. A pedido da revista *Runner's World*, em 2018 fiz a cobertura dos dias que antecederam a Maratona. E as conversas e entrevistas com amigos que participariam da prova naquele ano justificavam agora todos os dólares que gastei para não ter surpresas com adversidades climáticas.

Daniel Mameri foi um dos melhores jogadores (se não o melhor) de polo aquático do Brasil. E, em um dos vídeos feitos para a cobertura, falou: "Eu nunca sofri tanto na minha vida quanto no ano passado nesta prova". Aquilo ecoava na minha cabeça e fez com que eu não esquecesse nada para a largada. Roupas e acessórios pré-prova e mais algumas coisas para a corrida (luva, manguito, camiseta segunda pele, colete impermeável).

Antes de pegar o ônibus em direção à largada, passei no hotel do Gus (Gustavo Evangelista), um amigo que largaria no mesmo grupo que eu. Ele é um corredor dos bons, *low profile* e um dos grandes presentes que a corrida me deu. A adrenalina estava a mil. Fomos conversando no ônibus, até que a organização da prova pediu para pará-lo (o ônibus, não o Gus), pois estava chovendo muito. Aquelas chuvas torrenciais que você olha e pensa "se tiver que correr assim, ferrou".

Como saímos cedo, a organização entendeu que, com a chuva que caía naquele momento, ficar debaixo das tendas não seria uma boa ideia. Então, dava para sentir no ar a tensão dentro do ônibus, os corredores aflitos e lembrando do caos que tinha sido o ano anterior.

Depois de um bom tempo no ônibus, chegamos à escola onde era feita a concentração e a espera para os horários de largada. Tratamos de achar um bom espaço, colocamos nossos colchonetes de ioga e ali ficamos deitados, protegidos do frio, vento e chuva.

Novamente tive a constatação do quanto as provas de corrida de rua, como as Maratonas, são democráticas. Ali estavam, juntos, talvez os melhores corredores amadores do mundo e todos nas mesmas condições: no chão, encapuzados e cobertos com capas de chuva ou cobertores que seriam descartados quando a prova começasse.

Chegou o tempo daquela última ida rápida ao "*pipiroom*" e percebemos que o clima estava melhorando. A chuva havia parado e as nuvens começavam a se dissipar, esboçando pontos azuis naquele céu cinza do nordeste norte-americano.

Para a minha surpresa, encontro em meio a milhares de corredores outro amigo, que poucos meses antes havia corrido junto comigo no fatídico 10 km de dezembro, o Thiago Ribeiro – outro corredor raiz, que ama corrida, transborda energia e contagia quem estiver por perto. Assim, fomos nós três para a largada, largando as roupas e os acessórios no caminhão ao lado da tenda para doação. Com toda a prova já na cabeça, era hora de me concentrar, de seguir o plano previamente definido e "sentar a bota".

Para quem não conhece o percurso da Maratona de Boston, o início da prova é muito rápido. É um sobe e desce (mais desce do que sobe) até o quilômetro 10, quando a prova começa a ficar mais ritmada em decorrência do percurso e do volume de corredores.

Para mim, já na marca de 6 km, apareceu uma dor inédita, com ameaça de câimbra na parte alta do quadríceps. Usando a técnica dos cinco segundos "desenvolvida" pelo triatleta profissional Thiago Vinhal, me livrei rapidamente daquela concepção de desespero pensando: "Você se preparou para a dor, ela veio cedo, então vai passear mais tempo com você pelas ruas de Boston". E de fato ela foi comigo até o final da prova. Não me limitava fisicamente, mas foi minando minha concentração mentalmente. Na marca de 10 km, bolhas no pé me fizeram esquecer, por alguns segundos, da perna. Mas logo à frente, ambas deram as mãos e resolveram me acompanhar até o final.

Para quem corre no ritmo em que passei os primeiros 10 km (38min12seg), geralmente estaria correndo razoavelmente sozinho em provas de até 10 km no Brasil. Mas não em Boston. Era um bloco de corredores que mantinham suas parciais e só mudavam de posição para se hidratar.

Sempre largo com uma garrafinha de água na mão, assim fico mais à vontade para não ter que me desgastar com desvios e ultrapassagens desnecessários, e se quiser beber água ou me refrescar, não preciso esperar os postos de hidratação (nos Estados Unidos os copos são abertos e de papelão). Quando dava uma brecha, eu pegava um copo com água e, além de me hidratar, me molhava, mantendo o bom e velho costume de sempre manter o fusca velho refrigerado.

Na marca dos 15 km, mais um amigo, o Lelo (Apovian), passou por mim e falou: "Vamos, Ricardinho!". Olhei para ele e foi como se um caminhão estivesse me atropelando! A cabeça estava tão longe do que eu deveria fazer que comecei a divagar: "Ele vai fazer 2h39/40min e eu vou tomar uns 5 minutos. Devo fazer na marca de 2h44min que eu tinha previsto".

Retomei rapidamente a consciência e comecei a me punir por gastar energia divagando e por me desconectar ainda mais do que deveria fazer. Em uma prova como essa, você tem que estar 100% concentrado. Logo percebi que estava quase perdendo o ritmo que vinha fazendo.

Em meio a tanta "porrada" que fui tomando, dores, passadas e aplausos dos milhares de espectadores nas ruas, cheguei ao ponto onde fica a "Milha do Beijo". Isso mesmo, para quem não conhece, estudantes da Wellesley College ficam segurando cartazes com frases do tipo: "You sexy beast... looking good" [Fera sensual... bonitão], "I only date runners" [Eu só saio com corredores], ou "Kiss me. I'm single" [Beije-me. Estou solteira], e por aí vai. Elas gritam como fãs adolescentes vendo seu maior ídolo passar. Em vez de me distrair e tirar o meu foco, a Milha do Beijo me deu tanta energia que me colocou na prova novamente (*Sorry*, Rê!). Senti o corpo entrar nos eixos novamente, mandei um carboidrato gel para dentro e pensei: "Estou no jogo, vamos lutar e fazer valer a pena".

Lutei até a marca de 25 km, mantendo o ritmo dentro do tempo previsto. Mas logo veio o golpe de quem não estava 100% na "ponta dos cascos". Tive de diminuir o ritmo. Nesse momento a lucidez e a experiência ajudaram muito. Foi ali que defini que faria força e, mais do que nunca, lutaria por cada quilômetro que viria, sem pensar em tempo final, em média, em nada. Lutar, concentrar e fazer o que poderia com o que tinha para entregar, em cada quilômetro que faltava. Era isso que deixaria meu pai orgulhoso. Fiz o meu melhor durante a prova toda... quilômetro a quilômetro.

Correndo com dificuldade, pensando em chegar logo no quilômetro 35, onde encontraria os amigos.

E fui levando assim até encontrar o Leo – lembra do amigo que me convenceu a vir correr? – e o Beto, outro amigo que veio de última hora acompanhar a prova a trabalho – e que aproveitou para ver e ajudar os amigos... afinal, ninguém é de ferro. Eles estavam na marca de 35 km, e aquilo me fez pensar em chegar até eles o quanto antes, pegar o gel extra que havia deixado, caso precisasse, e o que tivessem de comida e bebida.

Ainda dentro da previsão de tempo que eu tinha feito, eu os via de longe, com os braços levantados e gritando, um alento para a alma e a certeza de que estava valendo a pena lutar. Eram amigos que estavam lá para ver os amigos. Vibrando e apoiando, os amigos sempre nos empurram para a frente, seja nas provas ou na própria vida. É sempre bom ter pessoas de quem gostamos por perto, e quando estão torcendo por nós, é mais especial ainda.

Dessa vez, diferentemente do que sempre faço para me hidratar ou tomar o carboidrato gel, parei. Dei aquela reclamada básica de quem não aguentava mais sentir dor, peguei o carbo, uma cartela de Advil e retomei a corrida. Posso dizer que foi um *pit-stop à la* Ferrari na Fórmula 1, para encher o tanque.

Em cinco segundos já havia tomado o gel e quatro cápsulas do remédio para diminuir a dor e ter energia para chegar o melhor possível. Na hora do desespero, se pedissem para chupar limão, eu chuparia uns dez dos mais azedos acreditando que ajudaria.

Cruzando a linha de chegada, beijando a aliança para cumprir o que havia pensado em 2018.

 Cada quilômetro parecia não ter fim. Travei batalhas épicas com o GPS, que insistia em marcar que eu estava mais lento (e estava mesmo), mas com a força que eu fazia parecia que estava correndo no ritmo do vencedor da prova. Coloquei um piso para o ritmo mais lento do que poderia fechar o quilômetro, mesmo que tivesse que apertar faltando 200 m para fechar, eu não deixei chegar lá.
 Fui nessa toada até entrar na avenida da linha de chegada; sem saber o tempo total de prova, pois estava vendo sempre o tempo e a distância do quilômetro corrido. Olhei para o pórtico de chegada, ainda longe, e o filme do último mês veio e com ele um choro de alívio, livramento, missão cumprida e a certeza de ter feito o melhor que podia com o que tinha naquele momento.

E isso ninguém tirava de mim. A cerveja e a comemoração estavam garantidas. Beto, Leo e o Gus – que também sofreu na prova – estavam a postos para celebrar mais uma conquista e fortalecer a amizade.

Antes mesmo de ir ao hotel, já me deliciando com a reposição clássica calórica pós-prova. Brindando com o Gus e comemorando mais uma conquista.

A corrida, assim como muitos esportes, tem o poder de unir as pessoas. Eu e o Gus fomos com o intuito de fazer a prova da nossa vida, e em questão de tempo não foi. Mas voltamos com algo muito mais forte, a cumplicidade de quem divide momentos... sejam eles bons, ruins, difíceis ou que simplesmente possam nos ensinar e nos fortalecer. Entre risadas e alguns passos mancando, fortaleci ainda mais a minha certeza de que tempo são só números que nunca vão nos definir. Não podemos ser definidos por algo que dificilmente exprime o tamanho da nossa dedicação, do quanto lutamos e abdicamos.

Feliz e aliviado com a medalha após ter terminado.

E foi assim que, chegando a São Paulo, queria descobrir de fato o que era aquela dor que havia atrapalhado meus últimos 35 dias para Boston. Procurei o Doc e disse que queria fazer um teste para entender e descobrir o que eu tinha, mesmo que aquilo futuramente pudesse ser algo que limitasse minha corrida ou minha vida esportiva.

Sou daqueles que não fica procurando pelo em ovo, mas, se tiver que achar, que seja logo para poder tratar e minimizar o "prejuízo". O plano era simples, faria ressonância, sairia da máquina, correria uns 40 minutos e depois faria novamente a ressonância. A corrida entre os dois exames gera um estresse (sobrecarga) na região e aquilo poderia evidenciar as nossas suspeitas, para obtermos um diagnóstico conclusivo.

Feita a primeira ressonância, subi na esteira do laboratório, corri feliz e sem sentir dor durante 40 minutos. A felicidade tomou conta de mim, já que, mesmo depois da Maratona, corria 40 minutos e nada sentia. Na hora pensei: "Será que estou 100%?". Como a ideia era descobrir o que eu tinha, fiz a segunda imagem. E, para acabar de vez com a dúvida, apareceu uma mancha razoável na parte posterior da tíbia, revelando uma fratura por estresse em um local pouco comum.

Recebi ordens médicas para ficar afastado da corrida por oito semanas. No entanto, como diz o ditado "quem bate esquece, mas quem apanha não", já deixei estabelecido comigo mesmo que seriam doze semanas sem correr nem para atravessar a rua (nem se eu estivesse atrasado), nem para brincar com meus filhos (o que, de fato, me deixou muito mais chateado do que ficar sem treinar).

Em meio à recuperação, apareceu a oportunidade de fazer o meio Ironman de São Paulo (ou Ironman 70.3), que aconteceria no final do ano. Para mim, era óbvio que eu não podia perder aquela oportunidade; afinal, era o esporte que eu praticava, com o qual trabalhava, e na cidade que ainda não havia recebido uma prova oficial da chancela Ironman.

Claro que na minha cabeça eu queria competir, poder estar na companhia dos amigos, com a Renata e os meninos me assistindo, ou seja, a festa estaria completa. A canela era uma incerteza mas, mesmo assim, decidi que estaria na largada dia 10 de novembro e que faria a prova, mesmo que fosse no tradicional corre/caminha.

As semanas foram passando e no fim de setembro eu ainda estava correndo e caminhando em todos os treinos de corrida. Lembro que em uma prova que fiz como treino no autódromo de Interlagos, em 5 de outubro, foi o primeiro dia depois de Boston que corri 10 km direto, lento e sem me preocupar com ritmo, mas sem caminhada.

Não priorizei a prova na minha rotina familiar e profissional, fui fazendo os treinos de bike com duas alunas às terças e quintas-feiras, a corrida três vezes na semana e a natação eu retomei dois meses antes, em uma piscina no Care Club, onde não tem descanso, é como se fosse uma esteira de corrida, mas na água. Nadadores usam o Care Club para corrigir alguns detalhes no movimento, mas, me conhecendo como me conheço, ou faria lá para me comprometer com o dia e horário, ou não faria. Foram vários dias caindo na água e parecia mais um octógono com o Anderson Silva lá dentro e eu tomando porrada de todos os lados.

Ao longo dos meses, fiz questão de chamar amigos, alunos e postei nas redes sociais convocando aqueles que seguiam e gostavam de esporte para prestigiarem o evento e quem estaria lá. Como já disse, sou daqueles que não vive em função de números; procuro curtir o dia a dia o máximo possível e em dia de prova não seria diferente. Mas isso não impede que eu faça o máximo de força possível para sair com o tanque vazio e com a certeza de que não poderia mudar nem um segundo sequer.

Não sabia o que esperar da minha corrida na prova; fiz a natação que esperava e, quando subi na bike, confesso ter ficado preocupado. Mesmo não tendo treinado muito, sabia que poderia pedalar bem, mas com menos de 1 km sentia as pernas pesadas, como se estivesse no último quilômetro de um Ironman. Pensando que fazia anos que não competia em uma prova de triatlo, imaginei que as pernas estavam de fato como deveriam, eu que não estava tão treinado como poderia.

Sobrevivi ao ciclismo e agora era hora de curtir – afinal, estaria na modalidade de que mais gosto – e coroar aquele dia. Só não imaginava que seria tão bom. Foram os 21 km mais incríveis da minha vida.

Uma energia única, do início ao fim. Mesmo as câimbras pegando, já no começo da corrida, não tiraram o brilho daquele dia *incrível*. Câimbra não é uma coisa comum para mim, e só depois que peguei a bicicleta para ir embora entendi o que havia acontecido desde o início do ciclismo. Literalmente, fui um "roda presa". Com o freio "pegando" na roda, tive que fazer mais força do que o normal (a potência já mostrava isso), a média foi mais baixa do que gostaria e as pernas sentiram na corrida pelo desgaste extra.

Mas isso não diminuiu nem um milímetro do meu sorriso durante e pós-prova. Dei beijos na família inteira as três vezes em que passei por eles, e esses segundos valeram e ficarão marcados na minha memória. Para aumentar a emoção que senti na hora, e sempre lembrarei, como agora, com os olhos cheios de lágrimas, as pessoas que lá estiveram fizeram a diferença; um funil de pessoas gritando para todos os competidores no melhor estilo Tour de France. Vivi um dia mágico, um dia especial que valeu cada segundo de dedicação e abdicação.

Passada a euforia, o que continuava martelando na minha cabeça, assim como foi após Boston, era a certeza de ter feito tudo que podia, feito o melhor e feliz.

Meu pai provavelmente saberá disso lendo este livro, mas a frase dele sempre ecoou, reverberou e me levou até estas linhas de chegada.

Obrigado, pai!

CAPÍTULO 20

2020 – Valores

O ano começou com a promessa de alcançar um dos poucos sonhos que tinha na corrida: fazer a maratona da Muralha da China.

Lembro como se fosse ontem: eu estava na expo da Maratona da Disney em 1998, quando vi uma barraquinha promovendo a primeira Maratona da Muralha da China.

Participar de provas rápidas nunca foi o que me levou até os poucos países que conheci e as conquistas que obtive. Eu sempre busquei algo a mais, algo que fizesse mais sentido do que marcar um tempo considerado "bacana". Deixei por muitos anos essa vontade apagada, pois acabava indo na onda de amigos e alunos de fazer provas nas quais teríamos mais conhecidos juntos. Decidi que iria buscar algo que eu sempre sonhei e que percebi quando estava em Boston no ano anterior.

Assim que cheguei no hotel após comemorar a prova com uma bela cerveja, entrei no banho e ali percebi que eu tinha pagado caro para estar lá, para fazer uma prova que não me satisfazia, que havia chegado machucado e sofrido como nunca. Naquele instante decidi que assim que voltasse só iria encarar aquilo que fizesse meus olhos brilharem.

Fiz a inscrição para a prova na China no final de 2019 e, com a passagem comprada, agora era "só" treinar. Confesso que pensar em como chegar bem lá me dava energia extra. Os 42, 195 metros da maratona incluíam mais de 5.000 (CINCO MIL!) degraus entre subidas e descidas, ou seja, haja pernas para correr e praticamente escalar aquelas escadas.

Comei a subir os andares do meu prédio, incansavelmente, e alguns dias passei de uma hora, alternando degraus para subir e descer. Ia de um em um, de dois em dois, alternando um e três. Tudo que pudesse simular o que teria na Muralha.

Além de serem cinco mil, os degraus tinham tamanhos e comprimentos diferentes, eram feitos com pedras irregulares e em alguns pontos tinham uma inclinação que, nas fotos de divulgação, via os "corredores" escalando em quatro apoios... Imagine descer com as pernas cansadas, o quanto iria doer.

Janeiro e fevereiro passaram e quando chegou março, além da pandemia do Covid19 que estava começando a chegar ao Brasil e vinha assolando o mundo, um incômodo apareceu.

Em meio a minha preocupação em descobrir o que me incomodava, o mundo fechou. A prova (assim como todas no mundo) foi cancelada. A oportunidade de realizar um sonho foi substituída pelo tratamento de uma leve bursite no quadril somada a uma tendinite.

Foi uma mudança forçada na vida de todos. Eu estava na expectativa de realizar um sonho, mas virou um ano cheio de incertezas sobre condutas, sobre viver ou não próximo dos amigos e familiares. Aceitei a mudança e em momento algum reclamei pela minha prova não acontecer. O mundo ainda descobria como viver em uma pandemia jamais vista na era moderna.

Tivemos que repensar sobre como devemos viver, o quanto devemos nos privar, provar, doar, rir e chorar.

Eu vivi um ano com pouco esporte, mais tratamento, desenvolvimento pessoal e proximidade com a minha família.

Era a oportunidade para analisar a vida, as relações (mais próximas ou não) e isso, de certa forma, fortaleceu a minha crença de que precisamos de muito pouco para sermos felizes ao lado de quem amamos e nos faz bem.

Foi um ano no qual aquelas pessoas que sempre lamentavam por ficar sem poder correr ou fazer provas, começaram a entender que a vida vai muito além de quilômetros, ritmos, tempos e classificações.

Eu reafirmei a certeza do amor que tenho pela minha família, pela corrida e, principalmente, pela vida. Graças ao Papai do Céu estou aqui e quando o mundo permitir, subirei todos os degraus da muralha.

Que venham os próximos anos. Viverei o dia a dia com mais vontade, mais amor, mais empatia e sabendo que a corrida da vida é um eterno aprendizado.

Depoimentos
de amigos

DEPOIMENTOS DE AMIGOS

Um apaixonado pelo esporte

Há cerca de vinte e cinco anos, eu vi o Ricardo Hirsch chegar no que ainda era um embrião da MPR Assessoria Esportiva. Estávamos começando a trilhar o caminho do que se tornou o grande movimento *running* de hoje em dia. Ricardo foi um dos nossos primeiros alunos – bem encaminhado pela irmã, Camila, mostrando que o gosto pela atividade física estava no DNA da família. E desde o início, ele tinha o brilho nos olhos, o dinamismo e a dedicação de um apaixonado pelo esporte. A identificação foi imediata, transformando nossa relação de professor-aluno quase em uma relação pai-filho.

Disciplinado, para ele nunca houve "tempo feio". Missão dada era missão cumprida. Tanto que foi um dos nossos primeiros alunos a conquistar a icônica marca sub três horas na maratona entre amadores – isso no início dos anos 1990, sem tênis supertecnológicos ou suplementos, como temos agora.

Ricardo iniciou na corrida e depois partiu para o triatlo com o mesmo talento e a mesma garra, chegando até o Ironman. Virou seu estilo de vida.

O que chama a atenção no Ricardo é que ele é, ao mesmo tempo, competitivo, louco por performance, e um atleta que treina pelo simples prazer de treinar. Se tiver prova, vai lá e faz, arrebenta! Se for para rodar na USP, lá está ele com a maior alegria do mundo. Pode apostar: se o Ricardo resolver correr 42 km em volta da casa dele, ele vai correr. Numa boa, tranquilo, feliz! Não é o tempo, o recorde ou a medalha que o move – é a mais pura e simples paixão pelo movimento.

Com essas características, sua autenticidade e seu carisma, com seus conhecimentos teóricos e práticos, foi natural ampliar os horizontes nesse universo. Criou seu próprio negócio, tornou-se um comunicador (teve programa de rádio e hoje tem o podcast) e grande influenciador (considero um dos mais coerentes nas redes sociais).

Ele ama e vive intensamente a rotina do nada-pedala-corre e é esse o tom das histórias que compartilha por aqui. Sinto-me honrado em fazer parte desse enredo. A você, leitor, só me resta sugerir preparar o fôlego e embarcar de cabeça na essência do corredor, triatleta, esportista, pai, irmão e amigo Ricardo Hirsch.

Marcos Paulo Reis
Educador físico, fundador e diretor técnico da MPR Assessoria Esportiva

Com o amigo Marcos Paulo em uma das gravações do podcast *3 Lados da Corrida*.

DEPOIMENTOS DE AMIGOS

Concentração e foco

Os minutos pareciam horas e nada de chegar alguma notícia. Eu tinha entregado tudo que tinha, fisicamente e mentalmente. Mas o placar não mostrava o meu tempo real. Reunião de árbitros, ninguém vinha falar comigo, chegou a fazer silêncio em pleno complexo aquático, até que veio a confirmação: corrigiram meu tempo e conquistei a medalha de prata nos Jogos Olímpicos de Barcelona.

Aqueles dias vividos em Barcelona me ensinaram coisas que fui conseguindo enxergar conforme a vida foi passando e minha maturidade foi aumentando. Eu vivi naquela semana uma montanha russa mesmo tendo embarcado para a Olimpíada com a certeza de que poderia voltar com alguma medalha. Não imaginava o que encontraria, por mais que falassem e eu já tivesse nadado em outras competições grandiosas, aquilo mexeu comigo.

Fiquei tenso, era o primeiro dia de competição, o primeiro dia da Olimpíada. Dormi mal antes das eliminatórias, o que atrapalhou ainda mais a clareza de foco e perdi a confiança. Caí na água como um menino ingênuo, sem estratégia e nadei mal. Quase fiquei de fora e aquilo virou uma chave em mim, entendi que precisava analisar onde errei, o que poderia melhorar e onde deveria focar.

Virei uma máquina de concentração e foco. Vivi momentos em estado 200% ligado com aquilo que eu fui fazer, aquilo que queria buscar.

Dois dias depois, eu estava confiante, com foco no que queria e deveria fazer. A tensão por não aparecer meu resultado correto no placar era o reflexo de dias de expectativa e sem tirar o olho de onde eu tinha certeza que chegaria.

Em poucos dias, eu consegui transformar um resultado muito ruim em uma Olimpíada a ser lembrada para o resto da minha vida. Foi, afinal, uma decisão minha. Eu poderia ter ficado triste, frustrado, mas eu escolhi lutar, pegar tudo que tinha e me reerguer para resolver aquilo naquele momento.

Para mim, não existia a opção de esperar mais quatro anos para outra chance. Eu aceitei o meu erro, analisei, aparei as arestas e tive a maior conquista da minha vida.

Gustavo Borges
Ex-nadador medalhista olímpico

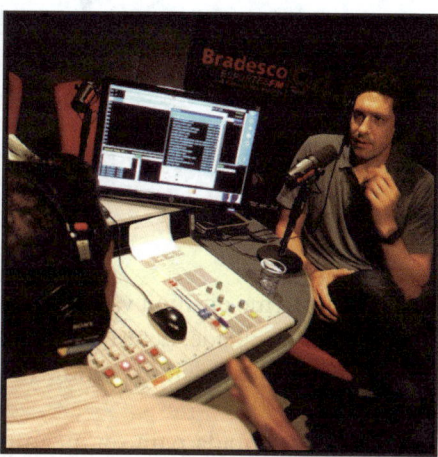

Com Gustavo Borges durante e após o programa na rádio. O papo fluía e os ouvintes percebiam a paixão pelo esporte na nossa conversa.

DEPOIMENTOS DE AMIGOS
Aceitar o golpe e não perder o foco

O esporte me ensinou várias coisas, como: ganhar, perder, superação, resiliência, ter humildade, determinação, entre outros valores. Mas um momento que me deu o meu maior aprendizado foi na seletiva dos Jogos Olímpicos de Sidney em 2000.

Eu estava cotada para ser a campeã, pois já tinha participado dos jogos anteriores, estava no auge da minha carreira profissional e pessoal.

A seletiva estava prevista para eu enfrentar cinco atletas e no final foram nove adversárias, pois a categoria de baixo não tinha se classificado para os Jogos Olímpicos.

Na minha primeira luta houve um erro de arbitragem, deram uma punição para a adversária, mas depois reverteram para mim faltando dez segundos para acabar a luta. Logo depois que saí do dojo, o árbitro central veio se desculpar comigo, assumindo que tinha errado.

No segundo combate estava tão abalada com a derrota da primeira luta que entrei sem foco. Estava ganhando e não soube administrar a vantagem e perdi no finalzinho. Com a segunda derrota fui eliminada da seletiva nacional que garantia a vaga para disputar os Jogos Olímpicos de Sidney em 2000.

Foi a primeira vez que fui para casa com o sabor amargo da derrota, pois estava como titular da seleção brasileira havia muito tempo. Saí desolada, chorando aos prantos como uma criança mimada.

Fiquei uma semana sem sair de casa, quase entrando em depressão. Depois de dois anos percebi que essa derrota foi um grande aprendizado, pois me preparou para outras que vieram depois. Ninguém é invencível, somos seres humanos e no esporte a vitória e a derrota são uma questão de detalhe.

Outra passagem que me trouxe mais um aprendizado foi na classificação para os Jogos Olímpicos de Pequim em 2008. O sistema de classificação tinha mudado, não era mais seletiva com confronto direto. Duas atletas iam para a Europa em duas competições diferentes e o melhor resultado era avaliado.

Porém, antes de chegar nesse momento decisivo, eu, que estava como titular da seleção brasileira no ano anterior, fui campeã dos Jogos Pan-Americanos no Rio de Janeiro, resultado que garantiu a conquista da vaga para o Brasil em Pequim.

Eu estava tão confiante na minha participação na Europa que deixei de ir ao casamento do meu irmão, até porque eu não estava mais nas melhores condições físicas por conta de um problema crônico da coluna lombar resultante de duas cirurgias de hérnia de disco. A minha concorrente, Ketleyn Quadros, era novata e estava pela primeira vez na seleção brasileira.

Fui mal nas duas competições, por motivos óbvios, e a Ketleyn foi muito bem. Em função disso, ela ficou com a vaga para disputar os jogos de Pequim. Mais uma vez meu mundo caiu, fiquei extremamente abalada, porém um pouco mais conformada, pois já estava em uma fase descendente da minha carreira. Tanto que, logo em seguida, fiz uma carta de boa sorte para ela e entreguei todos os vídeos que eu tinha das adversárias que ela poderia enfrentar nos jogos.

Resultado: Ketleyn conquistou a medalha de bronze em Pequim se tornando a primeira mulher brasileira a conquistar uma medalha em esportes individuais. Depois de alguns anos aceitei que aquela foi a melhor escolha da Confederação Brasileira de Judô, primeiro porque seguiram o critério de classificação à risca e segundo porque apostaram em uma atleta mais jovem, que conseguiu um resultado inédito para o Brasil.

Quais foram os meus erros? Menosprezar a capacidade da Ketleyn de conquistar a vaga e falta de humildade no primeiro momento, mas que depois foi corrigida com a entrega da carta e dos vídeos para ela.

Acredito que com todas essas passagens, me tornei um ser humano melhor com a capacidade de colocar em prática todos os valores que aprendemos com o esporte. Dizem que aprendemos na dor ou no amor, no meu caso foi na dor. Por isso, agradeço a todas as adversárias que enfrentei, por terem participado de alguma forma da minha evolução pessoal.

O judô não é apenas um esporte e sim uma filosofia de vida que vou carregar para sempre na minha vida.

Dani Zangrando
Judoca medalhista mundial

DEPOIMENTOS DE AMIGOS
O esporte ensina

    Minha vida inteira foi, e continua sendo, ligada ao esporte. Quando pequeno era uma coisa mais lúdica, brincadeira e aquela coisa de "é importante aprender a nadar". Depois a obrigação passou a ser diversão e, por uma fase, virou profissão.
    Levei o triatlo a sério por décadas, aprendi muito com tudo o que o esporte exige e, principalmente, com as relações que criei com todos os que viviam naquele mundo.
    Tenho orgulho em dizer que sou prova viva de que o esporte ensina, educa, forma caráter e nos permite levar todo o aprendizado para a vida pessoal e profissional.
    Então, a vida muda, o esporte passa a ser vício, paixão e, por fim, terapia. Durante todas essas fases, o que o esporte proporciona e ensina foi deixando uma marca, uma espécie de legado para a minha existência.
    Muito além da simples satisfação pessoal, das vitórias em provas, recordes, melhores marcas e as lições de vida aprendidas com muito suor, o que mais valorizo são as pessoas que o esporte trouxe para a minha vida.
    O gosto em comum pelas emoções e experiências que o esporte proporciona nos conecta e aproxima de pessoas que ficam registradas em nossas vidas.
    O Ricardo, com certeza, é uma dessas. Não digo isso apenas pelas boas lembranças dos treinos de ciclismo, da época dos primórdios das corridas de aventura ou pelas boas conversas na USP, mas por suas virtudes.
    Tenho certeza de que entre tantas histórias e vivências, este livro mostrou a você, leitor, o grande caráter e empatia que o Ricardo ostenta. Um estimado amigo.

Michel Bogli
Ex-triatleta profissional e podcaster

DEPOIMENTOS DE AMIGOS

Resiliência no esporte e na vida

Meu nome é Diogo Silva, sou atleta olímpico de Taekwondo e tenho 38 anos.
O esporte é um conjunto de sentimentos e desafios. No silêncio do nosso íntimo podemos ouvir as lágrimas que correm nos rostos de pessoas desconhecidas nas arquibancadas, as lesões que acontecem faltando poucos metros da vitória, o milésimo de segundo que separou o primeiro do quinto lugar, o grito do técnico ao ver em você o último suspiro.

A alta performance é viver entre o sucesso e o desgosto; é escalar o Everest sabendo que o oxigênio não vai dar para descer depois de fincar a bandeira no topo. E, mesmo assim, você vai.

Estive em alta performance por vinte anos, sendo doze destes como titular da seleção brasileira. Viajei por trinta e seis países e conquistei muitos títulos internacionais, sendo os principais os Jogos Sul-Americanos, Jogos Pan-Americanos, jogos universitários e os jogos militares. Fui a dois Jogos Olímpicos, Atenas em 2004 e Londres em 2012, chegando a duas semifinais.

Durante esse processo, descobri uma palavra poderosa: resiliência.

Resiliência é a capacidade de um indivíduo lidar com problemas, superar obstáculos, resistir à pressão, adaptar-se a mudanças.

Minha carreira como atleta foi tão conturbada como a vida social de um trabalhador brasileiro. Eu me senti muitas vezes em um tobogã, em que enxergamos a luz no começo e no fim, durante todo o trajeto não sabemos o que vai acontecer ao descer pelo tubo escuro e nesse momento nos apegamos à fé e à coragem. Coragem para enfrentar o desconhecido e fé para estabelecer um equilíbrio emocional que me possibilite continuar.

Venho de uma modalidade olímpica chamada Taekwondo, uma arte marcial de origem coreana que se tornou olímpica no ano 2000, nos Jogos Olímpicos de Sydney, Austrália. Nesse momento, quando o Taekwondo virou um esporte olímpico, eu tinha 18 anos e um sonho: ser o primeiro atleta masculino do Taekwondo a participar de uma edição olímpica.

O sonho é a máquina que motiva os homens, não existe tamanho ou barreira, enquanto puder sonhar tudo é possível. Mas a realização dos sonhos cabe a nós e coube a mim entender, mesmo que muito jovem, quais seriam as qualidades e os desafios que eu precisava ter para alcançar meus sonhos.

Como citado, a resiliência é a capacidade de resolver problemas, dá para imaginar a quantidade de problemas que um atleta jovem sem financiamento privado, dependendo de uma política pública para dar continuidade aos treinos, treinando em uma equipe pequena e tentando ser o melhor do mundo tem que enfrentar?

Pois é, foi bem assim que tudo começou, eu tinha um grande problema e precisava encontrar as soluções, e ano após ano, fui entre erros e acertos encontrando as respostas.

Todo o dinheiro que eu ganhava era investido em minha carreira, eu fui o meu maior patrocinador, cada oportunidade abracei como se não houvesse amanhã. Tudo que eu fazia na vida era para ser um atleta melhor.

Quando eu estudava, pensava que a leitura deixaria minha linha de raciocínio mais rápida; quando eu dormia, pensava que era a hora do meu corpo fazer seu processo de reconstrução; quando eu comia, selecionava cada alimento pela potência que poderia exercer em meu corpo, cada segundo era para ser o melhor.

Isso pode soar estranho ou exagerado, ser atleta de alta performance é ser exagerado, somos mais profundos que o oceano, é um mergulho em apneia.

Eu, como lutador, via tudo muito rápido, em questão de segundos alguém poderia ser nocauteado, eu via uma unha como uma lâmina passando entre os meus olhos, não dava para ser mais ou menos, tirar 9,5 na prova não era aceito, minha meta sempre foi 10.

Na resiliência também aprendi a me adaptar, precisei navegar com a água, usar a adversidade a meu favor. As dificuldades eram combustíveis e eu tinha muito combustível, então passei a jogar toda essa energia para me alavancar, me tornar forte.

Na minha mente nunca coube pensamentos negativos, como: não sou capaz; não sou bom; não vou conseguir, entre outros. Eu falava diariamente e pensava em expressões positivas, como: eu sou bom, eu sei fazer, vou aprender, eu sou capaz.

Pode parecer um exercício simples, mas a cabeça é um labirinto de ideias, e quando as ideias estão perdidas em um momento de muita pressão e estresse, em uma competição, uma disputa de vaga ou um grande torneio, se você não conduzir sua mente para encontrar uma saída através de palavras--chave, sua confusão mental será tão grande que nesse momento suas distrações resultarão em um retorno precoce para casa.

A resiliência foi minha chave para abrir as portas do mundo, realizei muitos sonhos e desejo realizar ainda mais. Tenho em minha corporeidade a busca e, assim como água, vou pouco a pouco encontrando as saídas.

Diogo Silva
Lutador olímpico de Taekwondo

Após o programa na rádio, o papo e o meu aprendizado continuavam.

DEPOIMENTOS DE AMIGOS

Lutar por todos os pontos (minutos) vale a pena

Diferente do futebol, vôlei, basquete, rúgbi e outras modalidades esportivas disputadas em equipe, o tênis é um esporte individual e eu venho dele. Nesse esporte, 100% do momento em quadra se resume a sua capacidade. É você com você.

Não tem como e para quem chorar. Não dá para ser substituído em um dia em que nada flui como desejado. A responsabilidade toda está nas suas costas, mesmo sabendo que conto com uma equipe completa e competente que me auxilia no dia a dia e ao longo do ano. A entrega tem que ser de 200% nos treinos e nos jogos, pois quem está lá tomando decisões somos nós, os jogadores.

É um esporte que em determinados momentos chega a ser frustrante, pois mais perdemos do que ganhamos. Mesmo em jogos em que saí como vencedor, eu perdi muitos pontos, games e sets.

Tirando lendas como Federer, Nadal e Djokovic, todos os demais tenistas que ficaram por muitos anos entre os dez melhores do mundo mais perderam campeonatos do que ganharam.

Quando você ganha um torneio, no dia seguinte você já está em outro país para disputar outro torneio e com apenas um dia de diferença, tem que se adaptar a altitude, bolinha, temperatura, idioma, se recuperar fisicamente e se recompor mentalmente sem tempo de comemorar ou viver a conquista.

Nos dias de derrota é a mesma coisa, você às vezes tem uns dias a mais para a cabeça e o corpo se alinharem novamente, mas é difícil quando nos punimos por erros bobos e derrotas não esperadas.

Vivemos em uma montanha russa: alegria, conquista, derrota, tristeza, frustração e isso pode te deixar para baixo ou te manter vivo, pois quando perdemos sabemos que em breve aparecerá uma nova chance de lutar por uma vitória.

Você tem que aprender a lidar com essas sensações no dia a dia e a sua capacidade de assimilar e revidar transparece dentro da quadra, pois acabamos tendo milésimos de segundos para definir o que fazer com a bolinha. Paralela, cruzada, lob, deixadinha, bola funda, passada etc. E a escolha errada faz com que você perca o ponto e aí tem que ter forças para reverter o astral depois da decisão equivocada. O ponto acaba e você tem que esquecer aquilo, estar com a mente calma para poder acertar a decisão no ponto seguinte.

Isso tudo vai nos deixando fortes mentalmente para saber lidar com o que virá e esquecer o que passou. Viver o momento se entregando e deixando tudo o que tem.

Foi assim que tive uma das maiores vitórias da minha carreira contra o russo Yevgeny Kafelnikov em Roland Garros. Em uma luta de cinco sets consegui sair da quadra com a certeza de que não poderia mudar nenhum ponto, nenhuma bola e que aquilo que ficou no saibro francês era o meu melhor.

Eu vivi isso durante anos, e vejo o tênis como um excelente esporte de formação. Trabalhamos concentração, disciplina, respeito ao treinador e às pessoas mais velhas, tomada de decisões durante o jogo e a cada ponto. O tenista aprende a fazer o seu melhor a cada minuto, se superar e seguir em frente fazendo a sua parte.

Hoje, como comentarista do grupo Bandeirantes, vejo o quanto o tênis me ajuda e abriu portas não só por ter sido campeão Pan-Americano e um dos principais tenistas brasileiros, mas porque consigo usar todas as habilidades desenvolvidas no tênis na minha vida pessoal e profissional.

FLÁVIO SARETTA
Ex-tenista profissional, campeão Pan-Americano

Com Saretta e Dani Zangrando depois de um dos programas na rádio.

DEPOIMENTOS DE AMIGOS

Fazendo por alguém, fazemos por nós

Em geral, tudo o que uma pessoa "normal" planeja fazer, ela avalia o famoso custo-benefício. "O quanto vou me dedicar? Por quanto tempo? Onde posso chegar com isso? Como traço um caminho para os meus objetivos?" Essas seriam perguntas razoáveis em qualquer situação, certo?

Desta forma, pais avaliam caminhos por seus filhos. Depois que crescem, filhos tomam suas decisões seguindo o mesmo raciocínio. E existem parâmetros do que seria razoável, bom ou exagerado.

Com isso em mente, imagine fazer algo, aprender e se desenvolver nisso por dez, quinze anos sem saber onde vai dar. Esse "algo" no começo tem diversão envolvida, mas também tem sofrimento. A relação começa a mudar, cerca de 90% do tempo é sofrimento. Então, além do sofrimento, tem o abrir mão da infância normal, do tempo com as pessoas e de outras coisas que gosta.

No topo disso, imagine se ver tão cansado que sua maior alegria é dormir. Não, não estou falando de depressão.

Imagine pais, em sã consciência, incentivando seus filhos a continuar nesse "algo", sendo que tira tempo e energia de estudos e de uma possível carreira acadêmica.

Quanto ao benefício, seria saúde? Nem sempre. Acontecem lesões, ansiedade, déficits de micronutrientes que podem afetar o crescimento.

Já ouviu falar em treino de madrugada? Mais um bônus desse "algo". E nesse ponto ainda estamos falando de um adolescente até 13, 15 anos. Feriado? Carnaval? Zeca Pagodinho? "Nunca vi, nem ouvi, eu só ouço falar". Poxa, parece que esse tal de "algo" só tem coisas ruins.

Isso é ser atleta. Mais especificamente: um atleta de natação.

Começa com o pretexto de saúde. De repente, a criança já está treinando com a equipe, tendo um compromisso diário, inclusive aos sábados.

Não é como aula de academia, que deu vontade, a criança não vai. É contar no calendário todos os treinos que fez bem e os que fez mal antes mesmo de saber o porquê. Que fique claro que a criança que faz isso, não os pais. E faltar não é uma opção.

Credo! Isso está parecendo um enredo de filme de terror. Um bem óbvio e maluco. Mas não é óbvio. Ok, é maluco. Mas a beleza está no quão não é lógico.

Sempre digo que meus pais são malucos, porque são. Eles olharam para isso tudo, com todo zelo e amor que têm por seus filhos, e decidiram que o esporte valia a pena. Lembrando que eu falei de uma trajetória até 13 a 15 anos. Depois melhora, não é? Não. Fica muito mais intenso, leia-se "pior". Pior se avaliado pelo prisma custo-benefício tradicional. Para os pais também, os meus me viam algumas vezes no ano, por alguns dias.

Treinamentos em altitude? É tipo um reality show, confinamento em uma região isolada, só que com treino absurdo e um bocado de oxigênio a menos.

E quando você para? Não possui garantia ou carreira nenhuma, e provavelmente não fez dinheiro o suficiente – às vezes abandonou estudos, como eu, já que no Brasil é mais difícil conciliar estudos e carreira de atleta profissional.

Que fique claro que eu tive essa oportunidade, minha família tinha como me bancar para isso, e achava que valia a pena.

"Ah, mas para você valeu muito a pena, não é? Finalista olímpica, duas Olimpíadas, quatro Pan-Americanos, doze mundiais, quinze anos de seleção brasileira...". Como eu faria essa avaliação, se eu não tinha como prever o resultado possível antes de toda a dedicação? Como planejar para isso? Eu poderia nunca ter chegado a uma final em campeonatos brasileiros – e acredite, muitos colegas de treino, que treinavam tanto quanto eu, não conseguiram. "Ah, mas é porque não se dedicaram como você." Mentira. Muitos se dedicavam como eu. Então por que sequer cogitar fazer algo por tanto tempo sabendo que seu esforço pode nem de longe ser o suficiente?

Pois é, isso não tem uma resposta simples. Mas você que gosta de esporte pode relaxar na cadeira, agora eu vou contar por que tudo isso vale a pena.

Começo afirmando que, mesmo que eu não tivesse tido nenhum dos bons resultados que tive, eu faria tudo igual. "Nossa, deve ser maluca, coitada." Isso já estabelecemos que é verdade, afinal sou filha dos meus pais, lembra? Eles são malucos. E todo atleta também tem que ser um pouco – e isso não é ruim.

Quando decidi ter outra carreira e prestar vestibular mais velha, pois parei os estudos enquanto nadei, até os 29 anos, olhei ao meu redor, muitos rostos de "vida ou morte". Pensei que poderia haver algo errado com minha calma, mas a verdade é que aquelas pessoas, novas ou com mais idade, em geral, estavam enfrentando pela primeira vez algo que gerava algum tipo de adrenalina: competição. Eu já havia entrado em uma arena lotada, e fui a oitava do mundo.

Comecei a faculdade grávida. Desenvolvi azia por causa de trabalhos em grupo no primeiro semestre. Depois montei meu grupo de três elementos que me acompanhou do segundo semestre até o final – aquele grupo que dá gosto de trabalhar, como um revezamento que faz trocas incríveis sem queimar.

No momento em que mergulhei na "vida normal", pós-carreira de atleta, eu tive a certeza de que gostaria que meu filho tivesse parte dessa vivência, para crescimento pessoal, independente do esporte ou nível de carreira, queria que tivesse algumas das coisas que carrego comigo.

Comecei a viajar com 12 anos, para fora do país, para competir, sem meus pais, sendo parte de uma equipe e responsável por mim mesma e meus treinos.

Aprendi inglês fluente e datilografia aos 15 anos quando fui treinar nos Estados Unidos, hoje sou a única nutricionista na clínica que trabalho que atende em inglês, além de digitar olhando nos olhos da pessoa com quem converso, em vez do computador; conheci meu companheiro de vida, meu marido, no esporte, mas isso foi um bônus; me conheci na derrota, aprendi a digerir e a vislumbrar que sempre há o dia seguinte; diferenciei adversário de inimigo, e convivi com isso de forma leve; fiz amigos que são meus maiores tesouros da carreira esportiva; saboreei a vitória, que me fez mergulhar em uma dedicação cada vez mais intensa, entendendo como explorar meu potencial.

A cada cidade do mundo que visitava, fui entendendo que meu ponto de vista é um em milhões possíveis por aí. Aprendi a ser mais tolerante com diferenças culturais, ao mesmo tempo que aprendi a valorizar meus pais, minha família e meu país.

Descobri que você desvenda um lugar visitando mercados de comida e supermercados – muito mais do que pontos turísticos e restaurantes. Aprendi que dinheiro não vem fácil, mas vai muito fácil. E que quando foi você que ganhou esse dinheiro, isso é mais difícil.

Eu me tornei a companheira de viagem mais preparada que poderia se esperar, todos me procuravam quando precisavam de ajuda.

Compreendi a fascinação que as pessoas têm com a televisão, a imagem do atleta, e a ideia errada sobre o que a vida do atleta realmente é.

Aprendi que, o que eu achava que perdia, dava lugar ao extraordinário; entendi como chegar a um nível de motivação e tirar o melhor de mim. E também entendi que eu não quero competir para o resto da vida, que a experiência de se desenvolver diz muito mais respeito a uma jornada interna.

E onde isso me levou? Posso dizer que a melhor resposta seria a um estado de espírito que, ao mesmo tempo que satisfeito, está sempre ávido por evolução, em paz com a vida, mas certa de que jamais estarei imóvel.

Sou mãe, nutricionista em uma das melhores clínicas de São Paulo, uso meu conhecimento de natação para comentar em competições transmitidas na TV, já fui coapresentadora na TV, participei de programa de rádio com o Ricardo, participo de conselhos e comissões ligadas ao esporte nacional, e participo de campanha publicitária para a marca de roupa da família do meu esposo e comento sobre nutrição em canal aberto de televisão nacional.

Tenho várias histórias lindas ligadas ao esporte, coincidências ou não, para quem acredita ou não. Tanto faz.

Todavia, a que mais alegra o meu coração é a da convivência com meu irmão mais velho, que chegou a ser atleta de natação até os 15 anos, quando sofreu um acidente ao mergulhar em um rio raso e quebrar vértebras do pescoço, ficando tetraplégico.

Ele amava natação, mais do que eu. "Amava", pois ele faleceu um ano após eu parar de nadar. Pensando bem, ele continua amando natação. E bem mais do que eu, com certeza. Eu amava vencer, mas nadar... ainda estou resolvendo essa relação com a psicóloga.

O fato de eu poder proporcionar a ele viver uma experiência olímpica através de mim e depois mais outra é algo que me dá uma alegria indestrutível. Mesmo nos piores momentos da vida, ela está lá, insistente.

No dia em que eu fiz o índice olímpico pela primeira vez, no Pan-Americano de Santo Domingo, ele estava lá, orgulhoso da irmã caçula, certo de que era uma extensão dele, do coração dele.

Foi como o dia em que meu filho nasceu. São coisas que dão razão à nossa existência, que cimentam o sorriso no rosto, que têm o poder de pôr energia na vida como nada mais. É como um sorriso do filho, que não precisa de mais nada no mundo, você tem a plenitude ali.

Penso que todos estão à procura de alguma felicidade. Procuram em lugares diferentes, e de formas diferentes, mas sempre procuram. Entretanto, esse tipo de felicidade, resiliente, é rara. Alguns nunca vão encontrar algo assim. E eu tive tantas! O esporte é um terreno fértil delas, é só saber olhar.

Quando conheci o Ricardo, treinando nas raias ao lado, indo assistir competições, eu vi que ele sabia, que conhecia o esporte. Quando o vejo hoje, vejo que sabe. Por isso, mesmo sem a carreira profissional, há a paixão pelo processo, pelo contato com essa parte dele mesmo. Uma paz ávida. Uma alegria curiosa e enérgica.

De repente, todo aquele cenário horrível que eu pintei parece mais leve, engraçado, não é? Tem uma lógica muito clara? Eu acho que não. Até porque a história de vida e experiência que construímos é muito individual, mas para mim parece que essa balança do custo-benefício está bem leve do lado do custo.

Flávia Dellaroli
Ex-nadadora finalista olímpica

Após um dos programas em que dividimos o estúdio.

DEPOIMENTOS DE AMIGOS

O importante é participar!

Desde criança esta frase me marcou e sempre esteve presente em minha vida. Com o tempo, pude entender melhor o significado dela e hoje, com quase meio século de vida, tenho certeza que ela transforma a vida das pessoas.

Venho de uma família grande, somos em quatro irmãos.

Graças aos meus pais, sempre tivemos apoio para participar de qualquer tipo de atividade ou evento. Isso nos trouxe muitos ensinamentos, que colhemos até hoje.

Muitas vezes no dia a dia me deparo com diferentes situações, com adultos ou crianças, umas embaraçosas, outras desafiadoras, algumas delicadas, outras desrespeitosas. Em todas elas faço alguma analogia com o esporte e tento resolver da melhor forma possível, com os ensinamentos que ele me trouxe até hoje.

Sempre fui incentivado a praticar ou assistir esportes. Eu me lembro perfeitamente, no início da década de 1980, de assistir e torcer para meus pais na então chamada Olimpíada dos Coroas, no clube em que éramos e ainda somos sócios. O ambiente era sensacional, dos torcedores aos competidores. As disputas eram acirradas em todas as modalidades, individuais ou coletivas. É claro que todos queriam vencer na sua modalidade, mas o objetivo maior desse evento, que durava um mês, era saber qual equipe seria a campeã.

Detalhe: eu olhava para os atletas, inclusive os meus pais, e me perguntava como pessoas tão velhas conseguiam praticar tantos esportes e tão bem! Hoje sou mais velho do que eles na época.

No último dia das olimpíadas tinha a minimaratona que, para mim, era algo muito desafiador. Todos os atletas das equipes participavam, pois dessa forma pontuavam para a equipe independentemente da colocação em que chegavam. A distância: inacreditáveis 2.600 metros nas ruas do bairro do Morumbi. Aquilo parecia uma insanidade. Eu aguardava a chegada dos primeiros colocados, parecia ser uma eternidade, mas em apenas oito minutos eles já apareciam.

Após os resultados finais, a equipe dos meus pais fazia uma grande festa, com churrasco e confraternização, isso integrava ainda mais os atletas, amigos e familiares.

Aquilo tudo me encantava, me inspirava. Eu queria fazer parte, não via a hora de chegar o ano seguinte para acompanhar mais uma olimpíada. Mal sabia que, em pouco tempo, o clube criaria a Olimpíada dos Jovens!

Enquanto ela não chegava, eu tratava de fazer a minha parte, continuar praticando esporte para um dia estar lá. Para isso, tive o privilégio de ter uma pessoa muito especial e com um potencial esportivo acima da média ao meu lado, meu irmão, Ricardo!

Além de praticarmos esportes quase que diariamente no clube, no prédio ou na rua, não parávamos nunca, eram jogos de taco, polícia e ladrão, circuitos na piscina e muitos outros. Isso nos deu muita base para diversos esportes e para os desafios da vida.

Assim, chegou a tão esperada Olimpíada dos Jovens, em 1987. Praticamos de atletismo a jogos de peteca e participamos também da minimaratona, última competição antes do término do evento. O desempenho do Ricardo foi fora de série; com apenas 10 anos de idade ele venceu a prova. A partir desse dia tive a certeza que teria para sempre um parceiro para estar ao meu lado no esporte.

Nos jogos de futebol, se jogássemos um contra o outro, não tinha moleza entre nós, mas quando jogávamos juntos eu sempre ficava de olho se alguém era maldoso ou queria se dar bem em cima do meu irmão. Aí a coisa esquentava, mas ainda bem que nunca precisei me expor demais, pois ele se virava muito bem, com grande habilidade e corria *pacas*.

Eu me lembro dos 10 km da Nike, em 1995, que era realizado na USP, com direito a subida na Rua do Matão. Quando atingimos o topo dela, eu vi que a respiração dele estava um pouco ofegante, cheguei a pensar que ele iria desacelerar ou até mesmo parar, porém, mais uma vez, ele mostrou que desistir não fazia parte do seu repertório; continuou firme e forte até o fim.

Foi em 2004 que tivemos uma passagem que me marcou bastante. Treinamos juntos para o Ironman de Florianópolis, foi o ciclo mais bacana de treinos que eu fiz para uma prova de triatlo, fizemos todos os pedais juntos. Um deles foi inesquecível, eram 150 km na Rodovia Rio-Santos. Um dia daqueles com calor infernal acabou com as nossas energias. Ao terminar o pedal, ainda tínhamos que fazer uma transição para a corrida. Só que o estado em que chegamos mal nos permitia tomar a tão desejada Coca-Cola gelada. Ali foi onde fortalecemos ainda mais nossas relações e nos conhecemos melhor ainda.

Outra corrida que me marcou foi uma meia-maratona no Rio de Janeiro, em 2011. Desta vez, ele iria correr e decidi acompanhá-lo, já que estava com uma credencial e teria acesso ao longo do percurso. Fui lado a lado de bicicleta por todo o caminho. Não era "aquela" bicicleta, estava mais para uma "Ceci" (só faltaram as flores na cesta). Para quem é mais "antigo" sabe do dinossauro que estou falando. Foi um perrengue acompanhá-lo com aquela bicicleta, ou melhor, carroça velha! Conversamos pouco durante a prova, dava alguns incentivos apenas e passava referências de tempo de outros competidores, mas sempre estava ao lado dele para dar qualquer suporte. Após 10 km de prova não se via mais multidão no horizonte e a brincadeira acontecia apenas entre quatro corredores cada vez mais solitários. A partir daí a concentração era fundamental e o desconforto se tornava inevitável, ia aumentando quilômetro a quilômetro, mas no final, o resultado foi um sucesso.

Esses treinos e provas nos ensinam todos os dias a sermos pessoas melhores hoje do que ontem, podem ser curtos ou longos, mais fáceis ou mais difíceis, o que importa é evoluir.

Acredito que eu e ele aprendemos um pouco do que é ser companheiro, ninguém chega longe sozinho, tem muita gente envolvida em qualquer jornada na vida. Aprendemos a ser mais humildes, isso nunca é demais, sempre podemos melhorar; aprendemos a respeitar o próximo, isso só nos fez viver em um meio com pessoas mais bacanas; aprendemos que nada vem de graça, a dedicação e a persistência precisam ser diárias, não existe milagre para colher resultados. Temos que ser pacientes; aprendemos que o foco é essencial para atingir objetivos, é necessário saber adequar o seu comportamento para as diferentes situações.

Enfim, tentamos ser entusiastas para inspirarmos e influenciarmos pessoas a fim de que atinjam seus objetivos.

Mais uma vez, obrigado Ri por me fazer uma pessoa melhor e poder dividir tantos aprendizados junto contigo. Continuamos na batalha diária para evoluir e tentar ajudar as pessoas à nossa volta com os aprendizados que o esporte nos deu!

RENATO HIRSCH
Irmão e atleta

Minimaratona 1988. Comemorando a vitória na prova, aos 11 anos, ao lado do amigo Christiano Portugal.

DEPOIMENTOS DE AMIGOS
Lições do esporte

O que eu trago do esporte para a vida?

É impossível relatar qualquer passagem da minha vida em que o esporte não esteja atrelado de alguma maneira.

Comecei a nadar com 3 anos de idade. Logo em seguida, meus pais incluíram o judô na minha rotina de atividades físicas. Dos 5 aos 18 anos joguei polo aquático e com o passar dos anos a corrida e o triatlo entraram na minha vida.

Estar em contato desde cedo com uma certa carga de atividades e responsabilidades, gerenciando a combinação de treinos e competições com os estudos e o lazer, sem dúvida nenhuma fez com que eu me tornasse uma pessoa extremamente disciplinada.

Diferente da minha "carreira esportiva", minha vida profissional não esteve sempre ligada ao esporte, embora eu estivesse sempre perseguindo uma oportunidade nessa área.

Até o ano de 2000, eu trabalhei no mercado de capitais. Tinha êxito financeiro, mas não me sentia realizado. Foi nesse ano que eu resolvi "virar a chave", pensando em fazer algo que mudasse para melhor a vida das pessoas através do esporte.

E então, ao longo dessa jornada de 20 anos à frente do Ironman Brasil, eu, sem dúvida nenhuma, hoje me considero uma pessoa realizada por realmente entregar experiências e oportunidades para que pessoas tenham o seu momento ao cruzar a tão sonhada linha de chegada!

Acabei vivendo, no decorrer desses anos, o desafio também de manter a minha rotina de treinos aliada a tantos compromissos profissionais. Apliquei toda disciplina que aprendi desde cedo e me inspirei em muitos dos que também abdicavam de momentos pessoais e profissionais, aprendi que era possível ter o equilíbrio e que se doar à árdua rotina de treinos nada mais é do que se doar a você mesmo, a fazer o que pode para alcançar o que tanto deseja.

Somando isso tudo, me sinto realizado por contribuir não somente para a evolução do esporte no nosso país, mas também para que pessoas transformem suas vidas. Temos inúmeras histórias de pessoas que mudaram seu estilo de vida, a perspectiva nas relações interpessoais e até mesmo de si próprias perante a vida.

Ver o Ricardo em 2013 conduzindo sua assessoria esportiva, apresentando o programa diário na rádio, vivendo a vida com sua esposa e seus filhos, treinando e competindo no Ironman Florianópolis é um dos exemplos dentre tantos que nos inspira.

Eu tive a sorte de ter o esporte na minha vida desde muito cedo, e através dele ter naturalmente construído meus valores. Hoje, eu me sinto muito feliz e satisfeito por contribuir para que muitas pessoas usufruam dos inúmeros benefícios que o esporte proporciona.

CARLOS GALVÃO
Organizador do Ironman Brasil por mais de vinte anos

DEPOIMENTOS DE AMIGOS
Em busca do seu melhor

Tinha dias em que eu acordava toda dolorida do treino do dia anterior e pensava: se está difícil de sair da cama, como irei saltar hoje? Rotina de atleta é assim, acordar já pensando no treino.

Aos poucos eu ia me movimentando, espreguiçando e o corpo começava a me obedecer. No treino, iniciava o aquecimento e doía tudo, ia me arrastando, mas depois da segunda volta correndo na pista o corpo entendia que era hora de trabalhar. Muitas vezes eu me surpreendia com a reação do meu corpo em dias assim.

Quando começava a treinar, a vontade e a concentração eram tão grandes que o treino fluía. Não eram treinos em que eu saltava alto ou fazia saltos perfeitos, mas eram treinos em que eu aprendia, melhorava a minha técnica, tinha sensações diferentes e conseguia fazer movimentos que eu tanto procurava em outros treinos. Nesses dias aprendi a entender que meu corpo não estava 100%, talvez 60%, mas com paciência e concentração conseguia conquistar coisas importantes para o meu salto e estar melhor preparada para as competições.

Eu sempre fui muito perfeccionista nos treinos, na técnica do salto e dos exercícios, e foi isso que me ajudou a saltar alto. Biologicamente, eu não sou uma pessoa forte e veloz, mas a preocupação em fazer bem-feito me fez saltar alto, estar entre as melhores do mundo, ser campeã mundial e realizar vários sonhos.

Eu sempre queria saber o porquê das coisas, assim eu entendia o motivo da movimentação e a consequência. Com esse entendimento eu poderia pensar em formas diferentes de chegar no objetivo que o meu treinador pedia.

Se tivermos paciência e entendimento do que está acontecendo, aprendemos e evoluímos. Isso não ocorre só no esporte, mas em qualquer profissão. Minha profissão era ser atleta até 2016 e depois passou a ser fisioterapeuta. Trabalho com postura e muitas vezes vejo a dificuldade de as pessoas entenderem a movimentação dos exercícios ou chegarem na postura que peço, mas com a minha experiência de atleta, consigo encontrar outros caminhos para que a pessoa chegue no objetivo final.

Para crescer, aprender e melhorar na carreira profissional é importante ter disciplina, estudar, dedicar-se e querer muito. Não precisa ser radical, dá para abrir algumas exceções para descansar um pouco a cabeça e então voltar novamente ao objetivo: fazer o seu melhor sempre.

FABIANA MURER
Bicampeã mundial de salto com vara

Ao lado de uma das maiores atletas brasileiras com seu troféu da Diamond League na antiga sede do clube de atletismo BM&F.

DEPOIMENTOS DE AMIGOS
Ode à maratona

Te desafiará. Te quebrará. Te transformará

Apesar de a modalidade estar cada vez mais popular, não há nada simples sobre terminar uma maratona. Independentemente de ser um competidor de elite ou um estreante ansioso na distância, o comprometimento necessário é espantoso. Isso porque a maratona não é sobre correr: é sobre salvação. Veja, gastamos muito tempo de nossas vidas duvidando de nós mesmos, pensando que não somos bons o suficiente, não somos fortes o suficiente, que não temos o que é necessário. A maratona oferece uma oportunidade de salvação. Digo oportunidade porque o resultado é incerto.

Oportunidade porque só cabe a você, e só você, fazer acontecer. Não há nenhum tipo de sorte envolvida no que se refere a terminar uma maratona. Os ingredientes para isso são simples: comprometimento, sacrifício, garra e pura determinação. Nada complicado, mas, também, nada fácil.

Você planeja seu treinamento para preparar seu corpo para o desafio de correr 42,2 km. Você se compromete, se dedica de corpo e alma ao desafio apresentado, colocando tudo que tem no preparo. Mas você sabe que a maratona pedirá por mais. No fundo da sua mente, uma voz *macabra* está dizendo: *Você não pode fazer isso, não você.* Você faz o seu melhor para ignorar, mas essa voz irritante, que faz você duvidar de si mesmo o tempo todo, não vai embora.

A maratona te sacode por dentro, desconstrói sua essência, arrancando todas suas barreiras protetoras, expondo sua alma. No momento em que você está mais vulnerável, a maratona não tem nenhuma pena. A maratona te machucará, te deixará desmoralizado e arruinado, quebrado e sem vida em algum lugar na rua. A maratona fala que ela não pode ser conquistada, não por você. "*HA!*" Te instiga, "*Nos seus sonhos...*"

Entretanto, você revida, e corajosamente vai à linha de largada, esperando aflito o disparo da arma. E quando isso acontece, você abaixa a cabeça e entra em um abismo, sabendo honestamente em seu coração que, ou você pagou todas as suas dívidas, ou fará isso pelo caminho. Veja, não há como mentir para você mesmo nessa situação. A maratona enxerga através das desculpas, atalhos e autotransgressões. Você não pode mudar seu caminho por uma maratona.

Tudo vai bem na primeira metade. Mas devagar, passo a passo, a intensidade da dor se acumula à medida que o esforço aumenta. Você permanece firme, sabendo que não falhou em seus treinamentos, que não tomou atalhos, que cada passo foi ganho através de meses e anos de uma rigorosa preparação e trabalho duro. Mesmo assim, tendo cada impulso seu dificultado, aquele autoquestionamento irritante na cabeça passa a crescer cada vez mais.

Sem guerra, a pessoa não sabe se é um herói ou um covarde. A maratona te mostra a guerra. No quilômetro 32 sua coragem está em xeque. Aquela voz da incerteza é a única coisa que você pode ouvir. Dói tanto que você quer parar. Dói tanto que você precisa parar. Mas você não para. Agora, você ignora a voz, você ignora os pessimistas que disseram que você não era bom o suficiente, que não era feito do que é necessário, e começa a ouvir, com paixão, seu coração. Aquele desejo intenso te diz que você precisa continuar indo para a frente, que precisa continuar a colocar um pé à frente do outro, independentemente de qualquer coisa. A coragem vem de muitas formas, e correr uma maratona obriga a coragem a continuar tentando, e não desistir independentemente do quão desafiadoras as coisas se tornem. E as coisas se tornam desafiadoras. No quilômetro 42 você mal consegue definir o percurso, sua visão fica embaçada em meio a pensamentos desafiadores.

Então, de repente, a linha de chegada se agiganta a sua frente. Lágrimas caem em suas bochechas no momento em que você percebe que pode terminar, que você realmente pode terminar uma maratona. Finalmente, depois de anos de tormento e trabalho pesado, você pode responder àquela voz irritante da dúvida que estava em sua cabeça com uma resposta em alto e bom tom: *Ah sim, eu posso!*

Você explode pela linha de chegada e está para sempre liberto da prisão que o fez duvidar de suas limitações. Você aprendeu mais sobre si mesmo nesses últimos 42,2 quilômetros do que aprendeu em toda sua existência. Você se libertou para sempre das correntes que te seguravam. Mesmo que não ande por dias, mesmo que fique na cama, você nunca esteve tão livre.

Ao passo que te leva para longe da linha de chegada, embrulhado em um frágil cobertor térmico, mal podendo manter-se ereto, mas você está em paz. Aquele competidor voraz que o assustou por uma vida agora é seu libertador, seu maior e melhor aliado. Você fez o que poucos farão em toda uma vida, você fez o que achou que nunca poderia, e isso é um magnífico, inesquecível despertar.

Acima de tudo, você é um maratonista, e você usará esta condecoração, não somente pela medalha que eles colocam ao redor de seu pescoço, mas também em seu coração, até o final de sua vida. Nada pode tirar este momento de você.

Assim como Fidípides, o maratonista Grego "original", você é parte de uma ordem fraternal sagrada dos poucos e corajosos. Você tem almas gêmeas através das fronteiras e através do tempo. Outros podem te admirar, parabenizar e dizer o quão orgulhosos estão de você, mas somente aqueles que atravessam a linha de chegada sabem a real sensação. Um maratonista não é somente algo que você é, mas uma pessoa que você se tornou.

Dean Karnazes
Ultramaratonista

Durante a entrevista que realizei para a revista *Runner's world*

DEPOIMENTOS DE AMIGOS

Da incerteza ao topo

Parece fácil olhar para o esporte e tentar traduzir e trazer para o papel o que senti e vivi através do tênis.

Assim como no mundo corporativo ou estudantil, a vida do atleta é baseada em desafios constantes. E muitos deles aparecem quando menos esperamos. Às vezes estamos em uma boa forma física, ou em um bom emprego e quando menos esperamos, algo muda e faz com que tenhamos que olhar para o lado e encontrar um novo caminho a percorrer.

E meu primeiro desafio foi a minha lesão em 2005, quando fiquei afastado das quadras por dois anos. Nesse período tive que me reinventar, não só como atleta, mas como pessoa. Eu tinha 23 anos de idade e, naquele momento, tudo indicava que minha carreira, breve até ali, estava para encerrar.

Foram dias, meses vivendo com a incerteza de um dia poder ou não voltar às quadras. Logo de cara, eu coloquei a cabeça para trabalhar, fritava o peixe e olhava o gato, ou seja, comecei a trabalhar já investindo em um futuro plano B, mas sem deixar de lado o tratamento na fisioterapia que as duas cirurgias que passei me obrigavam a encarar.

Ter o possível fim de carreira próximo me dava força para lutar, para fazer com que o fim, que um dia chegaria, não fosse tão breve. Não pensei muito e simplesmente fazia o que precisava, fui vivendo e acreditando sempre.

Felizmente e graças a muitas pessoas que me ajudaram nesse período, voltei às quadras, mas além da readaptação ao meu esporte raiz, tive que optar por seguir um caminho diferente do que vinha trilhando, larguei a carreira simples e mirei a carreira de duplista. Sairia de ser dono das minhas decisões, de seguir as minhas vontades, para começar a ter um "casamento" dentro e fora das quadras. Saí de um esporte individual para um esporte em equipe, e isso me motivou. Eu acreditava que meu potencial voltaria e que eu teria sucesso.

Treze anos se passaram, lembro que nem mesmo nos meus sonhos mais surreais em 2007, no meu retorno, eu imaginava alcançar tudo isso. Passei por muitos desafios como essa lesão, mas eu não aceitei a condição, não joguei a toalha, pois eu queria muito conquistar tudo que poderia vir. E veio, foram trinta e seis títulos, sendo seis Grand Slam, e por ter alcançado isso tudo, hoje tenho certeza que sou muito realizado.

O último título serviu para reforçar o que sempre acreditei: que além de querer muito, eu precisava trabalhar, me dedicar muito e buscar sempre estar pronto. Assim foi quando em meio à pandemia do Covid-19, em abril de 2020, todos os torneios foram cancelados.

Para um atleta profissional, não ter competição significa ficar sem cachê de participação em torneios, prêmios de possíveis vitórias, menos exposição de seus patrocinadores e, em alguns casos, diminuição de salário. Isso gera estresse, muitas vezes pode nos tirar o foco, mas lembrei da época em que estava lesionado e não sabia se voltaria a jogar, ainda sem profissão, sem ter vencido nada, e eu não desisti! E agora também não deixaria o tempo fazer com que eu me apoiasse nesses problemas, eu treinei como se estivesse embarcando no dia seguinte para qualquer campeonato. E foi quando, em agosto, fomos avisados que o US Open aconteceria. Seria em um formato diferente, nada comparado ao que vivíamos, pois seriam jogos sem torcida e com um protocolo extremamente complexo para garantir a saúde e bem-estar de todos (jogadores e pessoas que trabalhariam no evento).

Eu ouvi o barulho da bolinha pingando, olhei para o meu parceiro e em apenas uma troca de olhar vimos que o esforço desses meses valeu a pena; aos 38 anos de idade eu era CAMPEÃO de um Grand Slam novamente.

Minha persistência e dedicação ao trabalho no dia a dia fizeram com que eu estivesse preparado para quando fosse necessário. Isso só foi possível porque contei com profissionais que não mediram esforços para me ajudar e me motivar. Obrigado meus filhos, que com seu amor incondicional me deixaram tranquilo para saber que aquilo valia a pena... e valeu!

Bruno Soares
Tenista profissional

Ao lado de um dos maiores jogadores brasileiros da história do tênis em dupla, Bruno Soares.

DEPOIMENTOS DE AMIGOS

Ética, respeito e amor no trabalho e na vida

Recentemente, meu filho disse que eu trabalhava demais, que saía de casa todos os dias muito cedo e quando voltava para casa ainda ficava fazendo reuniões até tarde. Olhei nos olhos dele e falei: está vendo? Por isso você deve escolher um trabalho que você ama fazer. Eu amo o meu trabalho!

Cresci em um universo esportivo, ou futebolístico, muito intenso. Meu avô foi um grande jogador de futebol e meu pai um tradicional brasileiro fanático e corintiano. Cresci entre bolas, campos e quadras. Sou de uma geração da cidade de São José dos Campos, São Paulo, beneficiada por grandes encontros esportivos entre escolas. Eu participava de competições de atletismo, futsal, handebol, voleibol, basquetebol e futebol de campo. Vivíamos competições inter e intraescolares.

Nesse período vivi grandes lições no esporte. Talvez o primeiro grande aprendizado tenha sido que a dignidade e a ética estão acima do desejo de vencer, ou que pelo menos devem orientar as nossas decisões em momentos de competição.

Aos 7 anos de idade, participei em uma competição de futsal entre escolas. Estávamos no ginásio, esperando a outra equipe. Já havíamos aquecido e esperávamos pelo jogo, mas a equipe adversária ainda não havia chegado. O árbitro veio até o meu professor, que se chamava Diógenes, e disse que já poderia dar WO. Meu professor chamou a todos nós e nos contou o que estava acontecendo. Disse que poderíamos vencer aquela partida por WO, mas que ele havia decidido esperar pela outra equipe, pois tinha certeza de que se o atraso houvesse acontecido conosco, eles iriam fazer o mesmo. Claro que nós concordamos, pois estávamos loucos para jogar. Era o que importava naquele momento. Porém, nós perdemos. Foi um sentimento muito ruim, porque afinal poderíamos ter vencido, aliás, havíamos vencido por WO. E passei a questionar a atitude do meu professor. Com o passar dos anos e tantas outras experiências que vivi no esporte, fui entendendo que o resultado de uma competição não pode orientar quem somos, e nossas atitudes em momentos de pressão são as que nos definem.

E foram os esportes coletivos, como o futsal, que mais me atraíram. Sempre me encantou a ideia de equipe, de apoiar e ser apoiado e das relações que se fortalecem dentro destas atividades. Nós dividimos os sacrifícios da preparação e as responsabilidades da conquista, ou do fracasso. Mas o que mais me motiva é a ideia de **fazer parte**, a ideia de **pertencer** a algo em que se acredita e colaborar para a sua construção coletivamente.

Na minha primeira seleção adulta de rúgbi, quando ainda estava na passagem de juvenil para adulto, com apenas 18 anos, tive um capitão, Mario Domingues, o Marião, que tinha 36 anos de idade. Era uma figura muito presente, forte no discurso, na conduta simples, transparente e completamente entregue à causa. Meu primeiro jogo com Marião de capitão foi em um amistoso que fizemos em Florianópolis, como preparação para o Sul-Americano do ano 2000. Depois da partida, como é tradicional no rúgbi, as duas equipes foram para o terceiro tempo, que nada mais é que um momento de confraternização entre as duas equipes, no qual o time da casa, em forma de agradecimento pelo jogo, oferece comida e bebida aos visitantes. Estávamos em um bar e nos divertíamos muito, quando ouvi o Marião me chamar. Ele gritou: "Portugal." Eu olhei de longe e fui chegando devagar para ouvir o que o capitão queria. Ele era mais reservado, a farra do terceiro tempo já não fazia mais tanto sentido. Precisava mesmo era se alimentar para se recuperar da partida e desfrutar da confraternização com seus jogadores, os da equipe. Quando cheguei perto da mesa em que ele estava sentado, imediatamente me pediu que sentasse. Morri de medo achando que iria levar uma bronca. Juvenis em equipes adultas costumam ser chacoteados, mas não foi o que aconteceu. Marião me olhou nos olhos e disse: "Portugal, eu gostaria de dizer que tenho muito orgulho de jogar ao seu lado. Hoje a seleção brasileira está ganhando uma nova cara, um novo jeito de se relacionar e de jogar e você contribui muito com isso!". Eu fiquei sem saber o que falar. Senti orgulho de mim mesmo. Fiquei pensando como poderia um dos maiores capitães da seleção brasileira de todos os tempos falar daquele jeito comigo? Como ele poderia ter orgulho de jogar comigo? Como eu poderia contribuir para a construção de uma nova seleção? Estas foram as respostas que ao longo da minha vida dentro do rúgbi tentei responder. Tentei ser um exemplo. Tentei confirmar aquele orgulho que eu senti e que ele disse sentir. Tentei contribuir durante a minha vida toda para a transformação de uma nova seleção, uma nova maneira de jogar e de fazer rúgbi no Brasil.

Desta lição aprendi que as pessoas precisam se sentir **seguras** para se desenvolver, elas precisam se sentir parte da construção, precisam se sentir reconhecidas e se elas sentirem tudo isso, terão um enorme poder transformador em suas mãos.

Mas as carreiras de sucesso não são feitas só de vitórias. Ainda tenho muitos sonhos a buscar nesta luta diária do rúgbi brasileiro, mas acredito que tive uma carreira de sucesso dentro dos campos, como jogador. Sem fazer grandes contagens, devo ter perdido muito mais jogos do que ganhado. E foi em uma dessas derrotas que senti uma das minhas maiores emoções.

A primeira participação do rúgbi brasileiro em uma competição olímpica, foi nos Jogos Pan-Americanos de Guadalajara em 2011.

Naquele período concentramos uma geração de talentosos jogadores de rúgbi e um *staff* técnico apaixonado e desbravador. Tivemos grandes conquistas, inclusive uma vitória contra a seleção da Argentina no Sul-Americano de Bento Gonçalves naquele mesmo ano. A vitória brasileira contra a Argentina em 2011 representou uma quebra de tabu de setenta e sete anos, nos quais a Argentina dominou a região em todas as categorias masculinas de XV e 7, sem nenhuma derrota em jogos de campeonatos sul-americanos. Sentíamos que tudo era possível e trabalhávamos muito duro por isso.

Uma medalha em Guadalajara seria a coroação de uma geração. Entre os veteranos, combinávamos de pendurar as chuteiras caso tivéssemos esta conquista. Já no primeiro jogo um banho de água fria. Perdemos para o Canadá, equipe que sairia campeã da competição. No jogo seguinte um empate histórico contra os Estados Unidos e uma expressiva vitória contra o Chile. O segundo dia de competição seria decisivo. Se vencêssemos o Uruguai, entraríamos na disputa por medalhas. O jogo contra o Uruguai foi tenso. No início da partida o Uruguai marca seu primeiro try, sem conversão. O placar ficou em 5 a 0. No final do primeiro tempo quase empatamos. O segundo tempo foi mais duro que o primeiro e ninguém mais pontuou. Perdemos de um try a zero e deixamos de poder seguir lutando pela tão sonhada medalha. A partir daí dois momentos muito marcantes e de muito aprendizado. O primeiro, um grande companheiro da minha vida de rúgbi, João Luis Da Ros, o Ige, saía de campo chorando. Nós nos olhamos e ele me disse: "Nós merecíamos mais. Merecíamos mais do que isso." Ainda hoje me emociono de lembrar. Então, o abracei e disse que nada, nenhuma vitória, nenhuma derrota, ou qualquer conquista seria mais importante do que tudo o que havíamos vivido juntos, do que a nossa **amizade**. Ainda depois dessa partida, chegando no vestiário, naquele clima terrível de sonho acabado, entrou o médico da delegação que nos acompanhava, João Granjeiro. Ele pediu desculpas por estar invadindo um lugar tão íntimo, num momento tão difícil, mas disse que queria dar algumas palavras. A fala do médico foi o segundo momento marcante: "Eu fui de uma geração do voleibol brasileiro que nunca ganhou nada. A gente treinava feito uns loucos, mas nunca ganhava. Mas nós mudamos a maneira de fazer voleibol no Brasil. Passamos a ser sérios, ter **disciplina**, acreditar que poderíamos e a trabalhar duro. Hoje, quando um menino sobe no pódio para receber uma medalha de ouro para o voleibol brasileiro, eu tenho certeza de que ajudei a construir aquela história. Vocês talvez sejam essa geração e estão colocando as primeiras pedras para que as futuras gerações possam desfrutar".

Na construção de uma história, não há trabalhos perdidos. O tempo não volta, a experiência, os aprendizados e as memórias, ninguém pode apagar. Por isso, temos que seguir trabalhando duro, refletir sobre os processos e os resultados, olhar para a frente e não deixar de **acreditar**. A segunda-feira depois de uma vitória ou de uma derrota é igual para todos, sempre há grandes lições para se tirar de ambos os momentos.

FERNANDO PORTUGAL
Ex-capitão da seleção brasileira de rúgbi

Companheiro de rádio que virou amigo e foi um dos maiores jogadores da história do rúgbi nacional.

DEPOIMENTOS DE AMIGOS

Lute para trilhar seu caminho

Comecei muito cedo a praticar esportes, alguns deles de forma mais lúdica, desenvolvendo algumas capacidades e habilidades, e aos 9 anos iniciei no handebol.

Eu lembro que bem cedo eu já comecei a viver situações com as quais, ao longo da vida e da carreira de um esportista, temos que lidar.

Um menino mais velho, que também jogava handebol, quis se impor, tentando me colocar para baixo me acuando. Disse que eu não conseguiria, com meus 11 anos, participar do time sub15.

Aquilo mexeu muito comigo, pensei na hora *quem é este menino que está falando que eu não posso? Eu posso, SIM!* Foi o gatilho que eu precisava para lutar com unhas e dentes para estar junto do grupo, competir, querer mostrar não só para ele, mas para mim mesmo que eu era capaz de estar uma ou duas categorias acima.

Esse dia foi antes mesmo de pensar em seguir como jogador profissional, de sonhar estar nos principais campeonatos do mundo. Eu carrego comigo a fome de vencer, de lutar, de provar para mim mesmo que eu sou capaz e que o que eu desejo eu alcanço.

Nunca fui o mais forte ou o mais rápido da equipe, mas eu sempre fui um jogador agregador, que sabia se doar para o time, para fazer a equipe deixar tudo que tinha dentro da quadra e transbordar para a vida pessoal.

Devido à minha força, dedicação e espírito de equipe, eu consegui passar por diversos momentos difíceis na minha carreira. Foram lesões, renovações de contrato, incertezas e tudo que gira em torno da vida de um atleta (ou funcionário em uma empresa). Este sou eu em um clube ou seleção que represento. Exerço um papel importante dentro da equipe como jogador, como exemplo de dedicação e doação.

Trago isso para minha vida pessoal, foram sete cirurgias e em todas elas enfrentei um doloroso processo e nunca me questionei quanto a voltar ao alto nível, a poder ajudar meus companheiros e estar na quadra novamente.

Pelas manhãs, a caminho das centenas de sessões de fisioterapia, eu pensava *se eu não fizer isso, ninguém fará por mim. Se eu não me dedicar como devo para poder voltar bem, alguém estará no meu lugar e não chegarei aonde quero chegar.*

Representar a seleção brasileira adulta foi uma das maiores conquistas que tive o prazer de desfrutar por treze anos. E após quase trinta anos de carreira, tenho certeza que minha perseverança, o desejo de se dedicar ao dia a dia e a paixão pelo processo, além dos jogos, fez com que, aos 37 anos, eu tenha lenha para queimar e me faz seguir em frente com o mesmo sorriso no rosto e o mesmo desejo de luta daquele menino de 11 anos.

Diogo Hubner
Jogador de handebol

DEPOIMENTOS DE AMIGOS

Esteja pronto para as oportunidade da vida

O meu início no esporte foi difícil, como é para todo atleta no Brasil nos dias de hoje. Imagine o que foi na década de 1980. O início da vida de um atleta no Brasil é muito duro para todos que querem ir além da prática. Na década de 1980, tínhamos mais barreiras por conta da falta de informações e exemplos positivos que pudessem fundamentar nossas decisões e vontades. Mas mesmo assim, segui firme com os primeiros passos no esporte rumo a um sonho, e jamais imaginei poder viver tudo que conquistei. Era o desejo de um garoto que tomou corpo e até hoje me traz grandes realizações.

E a minha história começou bem antes, pois quando meu pai, Juraci Negrão, ainda namorava minha mãe, ele tinha muito interesse por esportes de maneira geral e jogava basquete pelo Palmeiras (que me fez herdar a paixão pelo time que é o do meu coração até hoje). Vivi e ouvi muito sobre o Palmeiras e esportes.

Quando eu tinha 2 anos de idade, meu pai, que é engenheiro mecânico, foi transferido para Recife, pois apareceu uma oportunidade de montar uma empresa lá e envolveria uma grande melhora de vida pessoal e profissional.

Por ter sido esportista, chegando em Recife, viu uma oportunidade de estabelecer novas relações em seu novo habitat praticando esporte, mas diferente do que se acostumou em São Paulo, não havia quadras de basquete, e sim, quadras de vôlei de praia por toda orla.

Como sempre praticou muito esporte e se desenvolveu, tomou como principal atividade de lazer o vôlei de praia, e eu fui crescendo vendo aquilo, vivenciando a dedicação, amizade e tudo que ele e seus amigos esbanjavam nas areias pernambucanas.

Com 10 anos e mais de 1,80 de altura, eu destoava dos demais meninos da minha idade e meu pai sempre me levava para ajudar a montar a rede e ser um dos primeiros a chegar na praia. Foram incontáveis as vezes em que chegávamos antes das cinco horas da manhã e éramos os últimos a sair, às seis horas da tarde. Indiretamente, eu aprendia através do exemplo a ter dedicação e me doar a algo que me fazia bem e que queria muito.

E o destino me colocou dentro da quadra, quando em um dia, faltando um jogador para completar o quarteto, os amigos do meu pai nem pensaram duas vezes e me colocaram na areia para que pudesse sair um jogo.

Lembro como se fosse ontem, meu pai me chamou no canto e me orientou de forma simples, lembrando que o importante era passar a bola para o outro lado e que eu ficaria próximo à rede, jogaria a bola para cima fazendo o papel de levantador para nosso quarteto. Claro que no começo me senti inseguro em algumas situações, e meu pai, que já havia treinado outras modalidades, entendia um pouco que eu deveria aprender os gestos simples e mais usados, então todo dia em que acabava a brincadeira dos adultos, ele me chamava e ficávamos por muito tempo treinando o toque, manchete e ensaiando uns ataques.

Em um dia, batendo bola com o meu pai, tivemos uma surpresa, pois apareceu o técnico de vôlei, Murilo Amazonas, do Colégio Boa Viagem, uma escola tradicional que existe até hoje e que sempre participava dos campeonatos regionais e interescolares. Era uma escola conhecida por dar muito apoio ao desenvolvimento do esporte entre seus alunos.

Em uma breve conversa, o Murilo disse que gostaria que eu fizesse um teste para o time e que isso poderia envolver uma bolsa de estudos. Para mim aquilo ainda era muito além do que imaginava e aos olhos do meu pai uma grande oportunidade de vida, ao unir o esporte a uma das melhores escolas de Recife.

Sem pensar duas vezes, eu estava lá no dia e hora marcada, com o tênis do meu pai, uma meia social e uma bermuda de passeio, o que gerou risos dos outros meninos que por lá estavam, todos de joelheira, tênis próprios e tudo mais. O aquecimento passou rápido e quando acabamos, já fomos para a quadra jogar e, para minha surpresa, o levantador, normalmente o mais marrento da turma, me perguntou que bola que eu gostava. Para mim aquilo não existia. Na praia, a bola subia e nós batíamos com o máximo de força que tínhamos tentando tirar de quem estava do outro lado da rede. Lembro com clareza "joga alta no meio que eu me viro".

Foi a primeira subida que calou os risos. Por sempre jogar na areia, o chão duro parecia ter molas. Subi alto, bati com força no meio da quadra. Ponto! O treinador não pensou muito e já pediu para sacarem novamente e colocarem a bola para mim, quando subi para cortar, todos do outro lado estavam agachados, escondendo a cabaça com os braços com medo da pancada que sairia da minha mão. Foi um susto, pois sempre que atacava na praia, os adultos defendiam as bolas e o jogo seguia. Aquela cena dos meninos se protegendo me petrificou e tirou um sorriso gigantesco do Murilo que prontamente disse que eu havia passado no teste.

Depois disso, já matriculado na escola, comecei a vivenciar campeonatos escolares e logo em seguida eu estava na Seleção Pernambucana. Era o começo de algo que nem meu pai havia sonhado.

Enquanto eu estava feliz e lutando para defender a Seleção Pernambucana, a seleção brasileira de vôlei foi jogar lá em Recife, no Geraldão (maior ginásio de esportes do estado). Cedi, sem muita resistência, ao convite do meu pai para irmos assistir ao jogo. Eu não fazia a menor ideia do que era a Seleção Brasileira e o que envolvia um evento como aquele. Entrada de todos jogadores e comissão uniformizados com camiseta e o nome do Brasil no peito, hino nacional, torcida vindo abaixo a cada "Jornada" (saque do Bernard). Olhei para o meu pai e disse "é isso que eu quero para mim, eu quero ser jogador de vôlei". E ele que sempre esteve presente e me apoiava, respondeu de forma simples: "Então corra atrás do seu sonho, vá treinar e faça o seu melhor".

Depois disso, ele passou a me puxar, me estimular para que eu fizesse o que estava ao meu alcance para chegar aonde ninguém poderia imaginar. Às cinco horas da manhã, ao acordar para ir trabalhar, ele passava no meu quarto e indagava: "É assim que quer ser jogador da seleção? Vai treinar antes de ir para escola! Vá correr na praia, volte, tome banho e às sete horas esteja na escola".

Acredito que muitos poderiam não querer isso, mas as imagens de Brasil *versus* Estados Unidos no Geraldão não saíam da minha cabeça; eu queria viver aquilo e para aquilo, precisava me dedicar, como meu pai falava. Entrei nesse modo operante de acordar às cinco horas da manhã, alternava corridas com saltos na areia, inventava uns exercícios da minha cabeça, tomava banho e às sete horas estava na escola. Hoje olho para trás e vejo que não tinha como não colher resultados de tamanha dedicação, eu com 11 anos de idade executando uma rotina extremamente extenuante.

Foi aí que em pouco tempo recebi um convite de um clube de São Paulo, Banespa, que na época era um dos principais formadores de grandes jogadores. O convite veio com moradia, alimentação, bolsa escolar, um salário mensal com condições de integrar futuramente o time profissional.

Eu acreditava que o primeiro dia não teria grandes novidades como foi no teste inicial do Colégio Boa Viagem, mas antes mesmo de começar, estava sentado na arquibancada com outros meninos, passando frio devido a diferença do clima entre Recife e São Paulo, quando o Montanaro, ídolo da seleção naquela época, olhou para mim e perguntou: "E aí menino, você vai querer ser jogador de vôlei?". Respondi animado "Quero, este é meu sonho". Ele respondeu o que eu já havia ouvido do meu pai, e que mexeu ainda mais comigo: "Então corra atrás do seu sonho, só depende de você".

Aquilo despertou em mim uma força interna que eu jamais acreditei ter e, somado aos ensinamentos que meu pai colocou na minha formação, busquei treinar mais, me dedicar além do pedido para ter certeza de que eu chegaria aonde poucos conseguiriam. Eram bolas extras que eu ficava batendo, corridas na pista ou subindo e descendo as arquibancadas.

Eu gostava tanto, e queria evoluir o máximo possível, que sempre que podia, assistia o treinamento do time profissional; alguns dias eu aprendia mais vendo todos aqueles monstros jogando do que no meu treino. E foi em um dia desses que, faltando um jogador para completar o treino, o técnico me chamou para estar na quadra com todos aqueles que eram a minha inspiração. Morrendo de medo, com receio de não conseguir atender ao que o técnico queria, entrei na quadra e deixei tudo que podia. Fui com tanta vontade que no 2x2 ataquei e quando vi, aquela medalha no rosto do Paulão (que já era da seleção e foi campeão comigo em 1992 em Barcelona). Naquela hora pensei *minhas chances acabaram*, mas antes mesmo da bola cair no chão, ele já me acalmou dizendo que acontecia, que fazia parte.

Aquilo era o mundo dos adultos, dos jogadores que passam por tudo para chegar aonde poucos conseguem. Eu queria aquilo, eu vivi anos acordando às cinco horas da manhã pensando nisso, e a oportunidade estava na minha frente, nas minhas mãos. Fomos para o jogo com o time completo, o treinador me orientou dizendo que não estava à altura dos demais, pediu que eu não fosse à rede, mas o rodízio andou e o levantador colocou a bola para mim, o tempo parou, eu subi e dei uma castanhada por cima do bloqueio que para surpresa do treinador, pediu mais uma bola e repeti o feito.

Estava aí, carimbei a minha passagem para o time profissional nesse dia. "A partir de hoje, você treina conosco", falou o treinador. Com 15 anos de idade eu estava alcançando a oportunidade de treinar com os melhores.

Depois disso, mantive a minha dedicação de treinamento, descanso, alimentação e com 17 anos eu era titular do time, me tornei campeão brasileiro e o sonho de chegar à seleção virou realidade. Nunca esquecerei o dia em que coloquei pela primeira vez a camiseta da seleção, me arrepia até hoje lembrar e ver o caminho que trilhei.

A paixão pelo esporte que via no olhar do Ricardo a cada dia em que nos encontrávamos, lembrava o amor ao esporte e os ensinamentos do meu pai.

Tudo que o esporte me trouxe só foi possível através do exemplo, dos ensinamentos do meu pai, que despertaram minha dedicação, minhas realizações e o sucesso na vida profissional e pessoal. Obrigado, pai!

MARCELO NEGRÃO
Ex-jogador de vôlei, campeão olímpico

DEPOIMENTOS DE AMIGOS

O céu é o limite

Ser um dos melhores do mundo! Esse era o meu maior desejo desde o começo da minha carreira.

Eu queria ser um dos melhores, figurar entre a elite mundial. Mas logo no início da minha jornada como ciclista profissional, vi que meu nível estava muito aquém.

Digamos que as minhas qualidades como atleta não eram afloradas naturalmente. Aquilo que chamamos de talento, não era algo presente de uma forma clara nas minhas performances e aos meus olhos, sempre me vi distante dos grandes nomes que figuravam nas revistas e *sites*.

Ao longo dos anos, dando murro em ponta de faca, eu fui desenvolvendo um método: coloquei na minha cabeça que eu seguiria trabalhando mais, me dedicando mais do que eu poderia imaginar quando apenas brincava em Petrópolis.

Foi na base do empirismo que decidi que para chegar aonde eu queria, deveria ser muito honesto comigo para analisar meus pontos a serem melhorados, criados, desenvolvidos para que fosse possível aparar as arestas e encontrar o Avancini que eu acreditava existir dentro de mim.

Busquei evoluir em pequenos passos e de forma constante e consistente, fazendo com que eu fosse no caminho da evolução, sem pensar em quanto tempo aquilo aconteceria.

Segui acreditando que a minha melhor versão estava longe de ser alcançada. Eu queria estar na elite mundial e, para isso, não poderia me dar por satisfeito em ficar entre os melhores do Brasil.

Comecei a galgar ao longo de algumas temporadas sozinho, mas logo percebi que mesmo sendo um esporte individual, eu precisaria ter pessoas por perto que me ajudassem a encontrar e encurtar este caminho.

Era claro na minha cabeça que ninguém deveria querer mais do que eu melhorar, evoluir. O meu afinco, minha dedicação, não eram norteados por outras pessoas que não usassem a minha sapatilha e não subissem na minha bicicleta. Procurei por profissionais que somassem, que quisessem fazer parte deste processo de forma unida, bem fundamentada e que desejassem muito.

Quando analisei meu perfil e o caminho que havia trilhado, percebi que eu me enquadrava em um molde de atleta que em alguns momentos tinha muitas justificativas para a minha performance. É a coisa mais fácil e natural que acontece na vida de um esportista desde os seus primeiros passos dentro do esporte, ele delegar a culpa, apontar o dedo para outro lado dizendo que falta apoio, investimento na base, federações e confederações desorganizadas, patrocínio etc. E nesse exato momento de reflexão, percebi que eu deveria assumir a minha responsabilidade. Eu deveria fazer o meu máximo sem pensar no que o mundo externo poderia ou não ajudar e/ou atrapalhar.

Isso me ensinou o efeito reverso das pessoas que estavam a minha volta. Eu passei a perceber que só conseguimos influenciar as pessoas com aquilo que transborda de nós mesmos.

Se eu quisesse mais dedicação de alguém, antes de pedir, eu precisaria demonstrar uma dedicação absurdamente alta. Antes de pedir que alguém trabalhe mais, eu tenho que, através do meu exemplo, mostrar que eu trabalho mais do que qualquer outro atleta. Antes de falar que os outros precisam evoluir, eu preciso demonstrar com as minhas atitudes diárias e constantes que eu busco evoluir com insistência, mesmo não tendo a certeza do grau da evolução que será conquistada. Desta forma, as pessoas são convencidas internamente a ser como você. Querem ser batalhadoras e comprometidas para fazer um trabalho tão bom quanto o seu.

Desta forma, você não pede nada, não precisa ter atrito e estressar qualquer relação. Ninguém é colocado sob pressão. As pessoas abraçam seu processo e sua causa, pois elas se inspiram e se enxergam. Entendem a importância do seu processo, compram sua ideia e enxergam de maneira clara sua parcela de responsabilidade no processo como um todo e se sentem parte disso quando dá errado (ou não 100% certo) e também curtem quando dá certo.

Assim fui construindo um time de pessoas a minha volta, antes deles confiarem em mim, eu confiei neles. Antes de qualquer pedido, qualquer palavra que pudesse colocá-los sob pressão, eu sempre me coloquei contra a parede. Assumia a minha responsabilidade antes de querer aumentar a responsabilidade de qualquer outra pessoa.

Eu acredito que é por isso que sou cercado de tantas pessoas capacitadas, porque sempre busquei me capacitar e ser melhor hoje do que eu era ontem.

E foi assim que eu fui em frente, até chegar no ponto que eu almejava lá nas minhas primeiras provas como profissional, e que nós passamos a almejar juntos. Então, o sucesso ficou mais próximo e o sabor da conquista coletiva foi além de um sonho juvenil.

Henrique Avancini
Campeão mundial de MTB

Privilégio de poder ver e ouvir, desde a época da rádio,
o maior nome do moutain bike nacional.

DEPOIMENTOS DE AMIGOS

O amor ao esporte une e fortalece

A vida é feita em facetas, eu nasci, cresci e vivo desta forma. Quando resolvi estudar medicina, eu decidi não me limitar a ser um médico que ficaria atrás da mesa somente clinicando, eu queria viver a vida das pessoas que acreditariam em mim, no meu trabalho e na minha vontade de ser melhor.

O Ricardo é assim: único corpo e mente, que transborda dedicação, disciplina, gratidão e amor à profissão.

Eu o conhecia do mercado esportivo de São Paulo, o mundo da corrida e do triatlo é grande, mas os profissionais competentes sempre estão em destaque. O contato inicial foi como treinador de uma das grandes assessorias esportivas da capital, depois como atleta, um excelente triatleta que estava a caminho de mais um Ironman. Ele me procurou na busca por querer evoluir, entender, conhecer melhor o seu corpo e quem sabe quebrar algumas barreiras.

Desde o primeiro dia em que nos vimos, era clara a empatia por tudo que gira em torno do mundo esportivo. No olhar certeiro, era clara a paixão pelo que fazia como atleta e, principalmente, como treinador. Ele carrega consigo até hoje o significado ao pé da letra de EDUCADOR, aquele que transcende o desenvolvimento das capacidades físicas dos seus alunos, se transformando em um orientador completo e, muitas vezes, amigo.

Lembro como se fosse ontem o dia em que na antiga rádio Bradesco Esportes FM, conseguimos colocar nossa paixão unida em alguns programas que ele apresentava diariamente sobre esportes olímpicos e em um episódio no meu programa, junto ao Thiago Pereira, um papo de uma hora em que parecíamos estar na mesa da padaria. O estúdio transbordava conhecimento e fez com que nossa relação só se fortalecesse.

Eu via nele uma inquietude que também vivia comigo, o querer atender bem a todos que passavam pela Care Club (minha clínica esportiva fundada em São Paulo), ir além do que um simples médico faria.

Aquilo tudo, capacidade de administrar assessoria esportiva, conduzir (com maestria) um programa diário na rádio, família e seus treinos, mostrava a qualquer um ao seu lado que basta querer muito para alcançar o que se deseja.

E como desejo e disciplina não faltavam, em maio de 2014, a exatos vinte dias do Ironman de Florianópolis, ele me ligou, pois havia sentido uma pontada no posterior da coxa. Após meses acompanhando os treinos que ele vinha fazendo, senti na voz dele a incerteza e o medo de não poder fazer a prova. Foi quando unimos forças, progredimos dia a dia sem treinos e somente um tratamento intenso que o colocou pronto para largar na prova, executando e se superando de forma tão brilhante que me inspirou, alimentou minha centelha para ter a certeza de querer viver aquilo mais vezes e transbordou através do exemplo o verdadeiro amor pelo esporte.

Mais do que a prova em si, ele mostrou o quanto estava grato a mim e aos fisioterapeutas por estar em condições para poder largar e concluir, independentemente do tempo ter ficado aquém do que vinha executando com maestria ao longo dos meses de preparação. Como lição, deixou o que tinha e podia no dia a dia para ficar tranquilo com sua consciência e inspirar, mesmo àqueles que como eu já tinham vivido diversos jogos olímpicos e campeonatos mundiais.

Muito além de um treinador brilhante, um grande atleta, um amigo que todos querem ter por perto.

GUSTAVO MAGLIOCCA
Médico do esporte

Acima, à esquerda, o médico, amigo e um dos maiores entusiastas do esporte, o Doc Magliocca. Abaixo, dois integrantes da clínica analisando a minha performance na esteira.

DEPOIMENTOS DE AMIGOS
Ajude e seja grato

Eu estava voando, no famoso peixinho que sempre faço em minhas chegadas. Parecia que o tempo havia parado. Um filme passou na minha cabeça naquela fração de segundo. Era semifinal olímpica no Rio de Janeiro dos 110 metros com barreiras e quem me conhecia sabia que deixaria tudo que tenho lá, usaria toda minha força para ir até onde pudesse, até onde havia sonhado.

Em 2014, dois anos antes dos Jogos Olímpicos do Rio de Janeiro, coloquei para mim aquele que seria o mais difícil dos objetivos: me mudar para San Diego, nos Estados Unidos, para me preparar e conseguir a tão sonhada vaga olímpica, algo que para a realidade na qual eu vivia seria muito difícil. Mas um detalhe muito importante ditaria todo esse processo: era o fato de esse projeto ser custeado quase inteiramente por mim, exceto as passagens de ida e volta as quais eu tinha direito do meu patrocinador na época, a Asics Brasil, mas no geral era sem envolvimento de federação, confederação ou clube.

Dois anos para se preparar para um objetivo tão audacioso pode parecer pouco e de fato era, mas a verdade é que os dois primeiros anos daquele ciclo olímpico foram somente para conseguir guardar um valor que traria uma certa segurança para os outros anos que viriam.

No meio de 2013, já com a ideia no papel, conheci o Ricardo. Logo de cara o "santo bateu", um cara do bem, sonhador, realizador e com uma qualidade ímpar: ser um verdadeiro incentivador de pessoas. Pois bem, guardem essa última.

Ele foi uma das pessoas que insistiram que eu embarcasse nesse sonho, pois a oportunidade estava nas mãos e não poderia deixar passar.

Em setembro de 2014 fui para San Diego e os meus olhos se abriram para o que era de fato o esporte de alto rendimento, os treinos difíceis como nunca tinham sido antes, começavam a tomar forma de boas performances.

E chegou 2015, o ano em que a nossa amizade ficou marcada para sempre. Já com os títulos de campeão brasileiro e sul-americano na prova dos 110 metros com barreiras, eu continuava a não fazer parte de programas de apoio a atletas de alto rendimento, e, somando a alta do dólar, parecia ser um duro golpe nos meus sonhos, pois o mais importante naquele ano era conquistar o índice para o Campeonato Mundial de Atletismo que seria realizado em Pequim, na China, que era de 13 segundos e 47 centésimos e essa marca exigida já me qualificaria também para os Jogos Olímpicos do ano seguinte. Era início de junho, o calendário de competições nos Estados Unidos já tinha encerrado, no Brasil a mesma coisa, me restava uma única chance: conseguir viajar para a Europa dentro de duas semanas, que era o prazo limite, e conseguir melhorar 16 centésimos dos meus 13 segundos e 63 centésimos que tinha como recorde pessoal.

Entrei em contato com uma gerente de provas europeias, ela me garantiu entrada em três competições: uma na Inglaterra e duas na República Tcheca, mas com uma condição: que eu embarcasse no prazo de três dias, caso contrário colocaria outro atleta em meu lugar. Assim, tinha pouco tempo para conseguir um valor que garantiria as passagens de ida e volta.

Lembro como se fosse hoje, eu e o meu treinador da época viramos a noite procurando passagens promocionais, algo que fosse acessível, mesmo sabendo que era quase impossível encontrar. Mas o que tinha nos levado até ali era a certeza de que tudo daria certo e não era hora de desanimar. Fomos dormir pela manhã, faltava um dia para aquele prazo encerrar, poucas horas de sono e acordei, veio uma pessoa em minha cabeça: o meu amigo, aquele incentivador de pessoas, o Ricardo Hircsh. Mandei uma mensagem exatamente assim: "Meu irmão, vou ser direto, nunca pensei que um momento de tanta necessidade como esse fosse chegar, mas estou pronto para fazer o índice Olímpico e para isso terei que viajar para Londres até amanhã, mas não tenho condições de comprar as passagens, se você me ajudar eu garanto que me classifico para as Olimpíadas, você é a minha única e última esperança".

A resposta dele foi ainda mais direta: "Quanto você precisa? Aguenta aí que vou fazer alguma coisa". E fez! Criou um grupo de amigos no WhatsApp e nele sugeriu uma "vaquinha de apoio a um futuro atleta olímpico". Passaram-se três horas até que recebi a tão esperada ligação, era o Ricardo, e logo que atendi ele disse: "Prepara as tuas coisas que você vai viajar". Ainda hoje me emociono em lembrar.

Comprei as passagens e viajei no dia seguinte. Na primeira competição consegui melhorar em nove centésimos a minha marca, na segunda mantive o resultado e a realização veio na terceira competição: 13 segundos e 47 centésimos, em cima, exatamente a marca exigida. Estava cumprida a primeira missão. Logo em seguida fui ao Campeonato Mundial, corri 13,45 e já com a vaga assegurada tive um pouco mais de tranquilidade para me preparar para as Olimpíadas, o que foi um marco, tanto na minha vida profissional quanto na minha vida pessoal, pois depois da minha apresentação nos Jogos Olímpicos do Rio em 2016 recebi uma proposta para representar o Sport Lisboa e Benfica, tradicional clube português que tem como um dos destaques em suas modalidades olímpicas o atletismo. Hoje sigo morando em Lisboa com a minha família que construí depois dessa passagem e vivo aquilo o que todo atleta sonha em viver: estar em um lugar com estrutura física e com todo o suporte que se entende ser necessário para figurar no topo mundial da modalidade.

Poucas pessoas foram tão decisivas em minha vida como o Ricardo foi, uma atitude, um gesto que mudou a minha vida por completo e para sempre. Quando soube que ele iria escrever este livro, mandei uma mensagem a ele dizendo para separar um capítulo para mim, pois essa história, que mostra bem não só a sua personalidade mas também o seu coração, tinha que ser contada aqui.

Queriam saber algo sobre o meu sucesso? Receita simples: mistura de abundância de disciplina, dedicação, doação, empatia e gratidão.

João Vitor
Atleta olímpico dos 100 metros com barreiras

O encontro nas visitas que o João faz ao Brasil virou tradição.

DEPOIMENTOS DE AMIGOS

Analise e entenda a ação *versus* reação

Sete horas e cinquenta e nove minutos, avistei o pórtico de chegada e mesmo não tendo sido o campeão da prova, me senti realizado. Completei o Ironman 2015 em Florianópolis (3,8 km de natação, 180 km de ciclismo e os 42,195 m da maratona) e após esse dia comecei a entender melhor muito do que havia vivido.

Claro que foi uma das maiores conquistas da minha carreira, mas assim como um executivo, a carreira de um atleta não é feita somente de alegrias, conquistas, vitórias. Ela é feita de muito trabalho, de suor e dedicação mesmo em dias e momentos em que estamos entregues ou com grandes dificuldades.

Durante muito tempo e em diferentes momentos, tive que lidar com lesões, machucados e acidentes. Isso é inevitável e passar por esses percalços faz com que sejamos mais fortes e completos.

Sempre que acontece algo assim você sente culpa, você pensa o que poderia ter feito diferente. Este é o ponto: entender que querer evoluir, buscar marcas, ter novas conquistas exige que tenhamos que andar no fio da navalha. Vivemos além do conforto e muitas vezes temos que passar a linha da segurança, pois o limite está ali. E quando o corpo sinaliza que exageramos é a hora de ganhar mais conhecimento de como funcionamos, de quanto nosso corpo está preparado para aguentar naquela fase. Aí é reavaliar o caminho e definir outra maneira de chegar aonde desejamos.

Não fortaleci o suficiente? Não alonguei o quanto precisava? Exagerei no volume e na intensidade? Ou seja, entender o que pode ter me colocado em risco. Nesse momento temos que cooperar com o inevitável, assimilar o quanto antes que semanas ficarão para trás, que perderei um pouco do que ganhei, mas que é a hora de olhar para a frente, de me dedicar 200% para a recuperação para voltar a treinar e competir o quanto antes.

A maneira que encaro hoje um processo de lesão é muito diferente do que vivi lá no começo da minha carreira. Claro que me sinto mal e me dá angústia, mas procuro analisar o que gerou aquilo e canalizo toda minha energia e disciplina dos treinos para o tratamento ideal para que esse período acabe o quanto antes.

Quando olho para trás e vejo tudo que passei, tenho certeza de que sou mais forte, resiliente e um atleta melhor, pois consegui lidar com diferentes dificuldades. Essa vivência me ajuda a encarar os milhares de quilômetros de treinos e também momentos duros em competições em que todos nós nos colocamos à prova. A cabeça pode definir se sustentamos ou sucumbimos; se aceitamos ou nos superamos.

No meu dia a dia, seja no treinamento ou tratamento, pedalando, nadando, correndo, fortalecendo ou reabilitando, eu sigo o plano que deve ser feito: mantenho alinhado corpo e mente e faço com que o processo seja menos doloroso, mais leve e que no final de um Ironman ou do dia, valha a pena.

Igor Amorelli
Triatleta profissional

DEPOIMENTOS DE AMIGOS

Amizade e cumplicidade

Eu e o Ricardo estudamos na mesma escola, Colégio Rainha da Paz, no bairro de Alto de Pinheiros, em São Paulo. Apesar de ele ser dois anos mais velho, estudamos na mesma classe no 1º ano do Ensino Médio, quando ele repetiu. Richard, como era chamado na escola, não era um dos alunos mais dedicados aos estudos, ele era hiperativo, gostava dos esportes e da galera, e ficar sentado quieto por horas escutando o professor não era uma das suas melhores habilidades.

Ele preferia se juntar à turma do fundão e organizar a zoeira. Por ser mais velho que todos, ganhava um certo poder na sala e usava isso para manter sua autoridade durante a bagunça na classe. Já eu, era daquelas alunas que sentava na primeira carteira, dedicada e CDF, achava naquela época que ele me só atrapalhava.

Apesar de ele me incomodar na aula, sempre foi um amigo querido no recreio, conversava com todos, tinha assunto para tudo, sempre foi muito comunicativo e sensível às pessoas. Essas qualidades ele foi aprimorar mais tarde, nas faculdades de comunicação e de educação física.

A capacidade de se expressar e se comunicar o levou para a rádio, e atualmente ele utiliza no seu Podcast *3ladosdacorrida*. Certamente a comunicação objetiva e assertiva é uma das suas maiores características como treinador. Saber se comunicar e ser sensível às necessidades dos seus alunos/atletas é algo que ele faz com maestria.

Ricardo sempre foi muito autêntico, tinha opinião para tudo e coragem para enfrentar as ordens e regras estabelecidas. Nossa escola era daquelas mais conservadoras e não tinha muito espaço para tanta personalidade e hiperatividade, quem fugia do padrão estabelecido não tinha muito espaço e por isso aquele foi o último ano em que estudamos juntos.

Algum tempo mais tarde reencontrei o Ri em outro contexto, no esporte. Eu sempre pratiquei esportes, assim como ele, mas comecei na natação desde pequena, a corrida só entrou na minha vida quando me interessei pelo triatlo.

Meu primeiro treinador foi o Marcos Paulo Reis, em 1998. Sem querer escolhi o mesmo treinador do Ricardo, na mesma época. Foi uma festa reencontrá-lo. Mais maduro e experiente, pudemos curtir experiências juntos no esporte e não foram poucas.

Naquela época, na década de 1990, o triatlo era praticado por pessoas de perfis que me interessavam. Gente que gostava de desafios e aventuras, era um estilo de vida que envolvia os treinos como parte da vida. Era gente que se animava em se juntar para fazer força e se divertir junto, que não ligava tanto para quem vencia no final ou quem era o melhor do treino, o importante era estar entre os amigos. Se um pneu furava todos esperavam juntos e ajudavam na troca. O treino longo era à base de batata, mel e pão tipo bisnaguinha. E claro, uma Coca-Cola, de preferência com pão de queijo, nos esperava no posto da rodovia.

Era uma tribo que me inspirava muito, gente jovem que gostava *pacas* de viver intensamente conhecendo lugares incríveis, correndo, pedalando, nadando, surfando, remando. Sim, os triatletas daquela época não apenas nadavam, corriam e pedalavam. As corridas de aventura também estavam bombando naquela época e ir para o mato e se desafiar na navegação por mapa e bússola era bem divertido também.

O esporte estava na veia daquelas pessoas, e fazia parte do cotidiano, e a superação era um ingrediente presente, mas não era o fim. O mais importante era fazer o que se gostava e se imaginar fazendo isso pelo resto da vida, na presença de pessoas queridas com objetivos e valores semelhantes.

Esse público era o que chamamos atualmente de triatlo raiz, não tinha frescura, não havia muita tecnologia e os praticantes também não tinham tanto dinheiro, era um monte de gente jovem cheia de empolgação pela vida e pelo esporte. Que privilégio ter feito parte dessa geração.

As meninas competiam de maiô e os meninos de sunga, não havia macaquinho com a tecnologia de hoje, as bicicletas também eram aquelas que a gente tinha acesso e dinheiro para comprar, medidor de potência não existia, nosso controle era a velha e boa percepção de esforço, a percepção subjetiva de esforço (PSE). E quando tinha um pódio, a gente ficava feliz porque tinha a possibilidade de ganhar um tênis novo.

Eu era uma menina de 19 anos que treinava com os adultos, o Ri não era muito mais velho, mas o nosso ambiente de treino era o mesmo. Como não existia relógios com GPS, a gente aprendia a controlar nosso treino na sensação: fraco, moderado, ritmado e "para a morte". E assim a gente ia aprendendo a olhar para dentro do nosso corpo, para os nossos limites e possibilidades. Na hora de competir cada um deixava o seu melhor, mas durante os treinos reinava um ambiente muito contagiante de sentir e compartilhar o prazer do esporte.

Tive o privilégio de treinar com as meninas profissionais da época: Cristina Carvalho, Adriana Piacsek, Silvia Nabuco, e mesmo elas sendo atletas profissionais, muitas vezes treinávamos juntas e não havia muita distinção, apenas uma admiração e respeito e um espaço de muita aprendizagem. Aprendi demais com elas, especialmente com a Cris com quem eu treinava natação no Projeto Acqua com o Marcos Paulo, nosso treinador. Na corrida e ciclismo eu admirava de longe o que elas faziam e observava tudo para tentar reproduzir parecido.

Assim acontecia com o Ricardo também, nunca passei perto do pace dele na corrida, mas não importava, sempre que dava a gente treinava junto. E até hoje se nos encontramos no parque ele vem correr comigo e batemos altos papos e trocamos altas ideias, rimos muito e choramos também se for preciso.

Foi um privilégio fazer parte de uma época da corrida e do triatlo que todos eram incluídos, os novatos e as novatas, como eu, os *pebas* e os *fodas*. Existia uma conexão através do esporte que juntava essas pessoas, e mais do que pace e colocações, eu aprendi sobre desfrutar o esporte, fazer amigos, ter fontes inspiradoras e a superar meus limites e medos.

O triatlo para mim foi uma escola de vida. Fiz muitos amigos, aprendi a me conhecer melhor, a me relacionar com pessoas, a me comunicar melhor. Fiz grandes parceiros de trabalho, ganhei um espaço de aprendizados e descobertas, me revelei uma boa atleta amadora e competidora e me inspirei demais nos meus amigos de treino. E o mais importante de tudo isso: me diverti MUITO!

E de novo estávamos lá, eu e o Ricardo, mas agora em uma escola em que ele se sentia à vontade e cujas regras favoreciam quem gostava do vento na cara, da aventura, da parceria, do suor e, sobretudo, da risada, aquilo que eu e o Ricardo adoramos, acho que por isso somos tão amigos. Gostamos de gente, da conversa, da relação e da conexão que o esporte proporciona.

Se precisar treinar sozinho, treinamos porque adoramos o treino por si só, se precisar treinar sem meta, treinamos também porque a nossa motivação não está ligada a resultados e sim pelo simples fato de se exercitar e curtir o coração pulsando, a respiração ofegante e o suor escorrendo.

O esporte acima de tudo, para nós, é um lugar de aprendizado, experiências diárias e de prazer. A motivação pelo treino é intrínseca, vem de dentro, nada é mais recompensador do que você ser capaz de produzir a sua própria endorfina. O esporte me faz sentir viva! E nele tenho, além da capacidade de produzir prazer para mim mesma, alguns dos meus maiores tesouros: os meus amigos.

Ricardo, obrigada por dividir comigo esses momentos, conte comigo para correr por aí.

Carla Di Piero
Psicóloga esportiva

Amiga de infância que o esporte reaproximou, junto com o Gustavo Borges após a participação em um dos programas da rádio.

DEPOIMENTOS DE AMIGOS

Faça você mesmo a sua história

O início de tudo poderia transformar minha história ou fazer com que ela nem existisse. Foi difícil, muito difícil, pois sendo nordestina, baixinha e desconhecida já seria o suficiente para qualquer um.

Deixei as praias de Fortaleza, rumo ao Rio de Janeiro, praticamente sem condições financeiras para passar poucos meses de forma escassa. Foi o amor ao esporte que me levou para lá, eu queria viver do vôlei e acreditava tanto que tranquei a faculdade que cursava depois de muito tempo pensando e tomando coragem para também enfrentar a não aprovação do meu pai.

Por muitos anos fui a jogadora mais baixa do circuito brasileiro e mundial de vôlei de praia. Aquilo poderia me desanimar, mas cada vez que eu ouvia isso, eu era impulsionada para treinar mais, trabalhar mais todas as minhas deficiências técnicas e físicas. Tudo que pudesse fazer para me deixar mais perto da realização do meu sonho, eu fazia o dobro.

Em todos esses anos, após chegar ao Rio de Janeiro, ninguém treinou mais do que eu. O prazer que me dava ao ver o espanto de todos que acompanhavam o circuito achando que eu e a Adriana Behar éramos a zebra, era meu combustível. Aos poucos, fomos conquistando respeito, espaço e a vontade de estar cada vez mais treinadas e melhores transbordava junto com o suor que escorria nas areias das praias cariocas.

Viramos a mesa, nos classificamos para a Olimpíada de Sidney e éramos cotadas por todos como as favoritas.

Chegamos na Austrália com a vontade de sempre, mas voltamos com a medalha de prata. Hoje vejo o quão grandioso é isso, mas naquele momento, senti pela primeira vez o sabor da decepção. Foi um momento difícil de digerir e aceitar, pois mesmo treinando tudo que treinamos, abdicando de tudo que abdicamos, perdemos, e aquela derrota na final olímpica para as donas da casa, as australianas, nos surpreendeu e nos obrigou a crescer, amadurecer.

Antes da dor da derrota e o sabor amargo irem embora, juntamos os cacos, engolimos o choro e começamos a olhar para a frente. Não foi fácil. O pensamento de ter perdido a oportunidade da vida me fez questionar se deveria parar de jogar. Foram anos sofrendo com pesadelos sobre aquela final, ouvindo cada palavra proferida após o jogo e na volta ao Brasil por pessoas que nunca imaginaram o que passei e lutei para chegar até lá.

Éramos uma dupla dentro da quadra, mas tínhamos uma equipe que estava conosco desde o início, pessoas que acreditavam muito em nós e que me ajudaram muito para que eu não jogasse a toalha, para que eu não largasse de mão o vôlei, que eu amava e que me fez sair da minha terra natal para conquistar o mundo.

Um jogo não poderia me definir, nos reinventamos e definimos que a solução para superar aquilo era treinar ainda mais, seguir trabalhando com afinco, dedicação e amor para nos mantermos no topo do *ranking* mundial e assim conseguimos deixar aquela experiência em um lugar que nos alimentaria para retomar o vôlei que jogávamos, a vontade de treinar, e chegássemos a ser campeãs do circuito mundial ainda naquele ano e campeãs mundiais em 2001.

Ao final dos doze anos de dupla com a Adriana, nós ainda sorríamos e hoje tenho certeza de que o que havia dentro do meu coração, além do amor ao esporte, era a minha crença no meu sonho e na minha capacidade de alcançar o que eu quisesse.

SHELDA BEDE
Campeã mundial de vôlei de praia

Em um evento ao lado de uma das maiores jogadoras da história mundial do vôlei de praia.

Agradecimentos

Acredito que todos nós podemos aprender, evoluir e alcançar melhores versões nossas sempre que contamos com pessoas que nos apoiam, que estendem a mão e ajudam.

Tenho certeza de que a maioria das conquistas e aprendizados relatados neste livro só foram possíveis devido a muitas pessoas às quais não poderia deixar de agradecer.

MUITO OBRIGADO:

À minha esposa Renata, por topar e apoiar todos os meus projetos, por seu amor incondicional e inspiração;

Aos meus 3 filhos que me ensinam diariamente e fazem com que eu queira ser uma pessoa melhor SEMPRE;

Aos meus pais, Leda e Carlos por todo amor, apoio, conversa e principalmente pelo exemplo de mostrar o quanto vale se dedicar, se entregar e fazer aquilo que se ama;

Ao meu irmão, Renato, por me doutrinar no esporte e na vida. O amigo que desejaria a todos.

A Paulo Castro, aos diretores do portal Terra e à equipe de esportes montada para os jogos Panamericanos de 2011 por abrirem as portas e me ajudarem a trilhar um caminho também na comunicação.

A todos que estiveram comigo na Rádio Bradesco. Vocês me ajudaram a viver literalmente quase 2 anos respirando esporte, aprendendo, evoluindo profissional e pessoalmente. (Ricardo Capriotti, Sergio Patrick, Sergio Xavier, Hugo Botelho, Guilherme Henrique, Murio Borges, Gustavo Ribeirão, Bruno Camarão, Gui Casão, Guipa, Roman, Camila, Bruna, Beth Romero, Ivan Zimmermann, Ivan Bruno, Celso Miranda, Fernando Camargo e todos os outros que cuidavam da parte técnica, estúdio e gravações).

A todos os atletas que me emocionaram e me inspiraram. Sem vocês o programa não teria sido o sucesso que foi. Feliz em poder contar com muitos de vocês até hoje de forma profissional e pessoal.

Aos empresários e assessores dos atletas, dirigentes dos clubes que abriram as portas incontáveis vezes e contribuíram para o fomento do esporte. Sem vocês tudo seria muito mais difícil.

Ao amigo e aluno Luiz Sanches pelas conversas, apoio e ajuda para o título e a capa deste livro.

Ao dr. Marcelo Filardi, o ortopedista que cuidou de mim para a primeira maratona e todos os outros desafios que inventei e virou um grande amigo.

A Marcello Junqueira e Maykow Lenzi, grandes amigos que me encorajaram e ajudaram muito para que este projeto saísse da cabeça para estas páginas. Sem vocês este livro não teria saído.

Pela paciência nos ensinamentos, tratamento e amizade do Doc Magliocca, Paulo Puccinelli, Guilherme Siga, Renato Carvalho, Chico Menez e Wanderley Santos, vocês são monges tibetanos por me aguentarem.

Aos amigos, por entenderem minha ausência em vários encontros, aniversários, viagens, festas e ainda assim torcerem e sempre mandarem energias positivas.

Aos companheiros de trabalho e de treinos, alunos e ouvintes do podcast (*3 Lados da corrida*), cada minuto faz valer a pena e nos transforma em pessoas melhores.

Que as histórias contadas possam inspirar e transparecer o amor que tenho pelo esporte, pela família e pela vida.

Bora nessa!

grupo
novo
século

Compartilhando propósitos e conectando pessoas
Visite nosso site e fique por dentro dos nossos lançamentos:
www.gruponovoseculo.com.br

<ns

facebook/novoseculoeditora
@novoseculoeditora
@NovoSeculo
novo século editora

gruponovoseculo
.com.br

Edição: 1ª
Fonte: Adobe Caslon Pro